圖解系列

圖解

韓國史 第二版

王永一／著

閱讀文字

理解內容

觀看圖表

圖解讓
韓國史
更簡單

五南圖書出版公司 印行

從韓國史看韓國的崛起
한국사로 본 한국의 굴기

韓國崛起是韓國史的歷史新頁

20世紀末期起,受到經濟危機的大韓民國【대한민국】,力圖振興,其中的民間韓流旋風自然形成,成為主流,文化產業大興,於是政府建立文化立國政策【문화입국정책】,致力經濟復甦與發展,使得韓國在21世紀起,韓流【한류】旋風持續席捲全球至今,如同再造第二次的「漢江奇蹟」【한강의 기적】,也可謂「韓國經濟奇蹟」【한국경제의 기적】。如此,韓國的民生社會逐漸繁榮進步,國力逐漸提升增強,國家形象受到世界各國重視,國家地位於是與世界強國並駕齊驅,由此可知,韓國崛起【한국굴기】了。韓國在這現代時期如此成功的景象,可說是創造出韓國史的歷史新頁。

韓國崛起是韓國史上的現代歷史新成果

一般世人都認為韓國的確不可思議,能在浴火重生之下,創造出經濟、政治與文化等三項奇蹟,即韓國在經貿發展方面,創造出經濟奇蹟;在徹底民主化方面,創造出政治奇蹟;而在文化方面,也創造出奇蹟,那就是韓國民間的韓流風潮與韓國政府大力推動文化立國政策。但是韓國在經貿發展的成功,其實主要的原動力是從文化所創造的奇蹟,亦即韓流使韓國文化產業發達,進而促進經貿活絡,科技產業與資訊產業也隨之發達。如此,韓國在經貿發展趨勢更躍升為全球最先進國家之列,以致再次締造經濟奇蹟。因此,目前韓國已經被視為世界上經濟發展最活躍與增長前景最看好的國家。也是東亞地區的明日之星。如此的發展是,韓國將成為世界經貿的重心所在。

再者,韓國現在是亞洲第四大經濟體(其一至四的順序為中國、日本、印度、韓國),而且是亞洲製造業與出口業的龍頭之一,更是在主要已開發國家中名列前茅,成為新興的國家。其成功的準則是,實事求是,講求競爭,也講究效率,而效果與速度是為王道,以致大步躍進,積極進取與奮發向上的精神發揮到淋漓盡致。因此,韓國經貿的急速成長,令人稱羨。以上,也可說是呈現出韓國史上的現代歷史新成果。

韓國崛起是展現韓國史上自主獨立的國史

所以,學習韓國、了解韓國、仿傚韓國,甚至旅遊韓國等活動,就成為熱門的課題了,而形成哈韓族的新興族群。首先,大都以韓國語文【한국어문】的研習為主,目前世界各國皆將韓國語文提升為第二外語,可知其重要性。但是為了讓哈韓族能深入韓國,韓國史是不可或缺的。如果,研習韓國語文之同時,並配合韓國史【한국사】的理解,將能更體會韓國,親近韓國,以及認識韓國的國族觀,揣摩韓國的民族文化精神,相信韓國史與韓國語文兩者相互研習,更能精準地熟悉韓國、深入韓國。

韓國史記錄了韓國半萬年的國家民族文化的發展,無論是史前遠古、古代、近代或

是現代，都是彌足珍貴的史料。眾所周知，韓國比鄰中國東北地區，自古與中國關係密切，積極學習中國，而有「小中華」之稱。雖然如此，但是韓國也有自主獨立【자주독립】的意識與情操，韓國歷代王朝的崛起過程及其近代化或現代化的崛起過程，皆可從韓國史得知。尤其是崛起的成功是後人學習的榜樣，而當然也有式微的情形，是為後人引以為戒的啟示。因此，韓國史可謂是一部自主獨立的國家歷史。亦即每一個國家必有其自己的自主獨立的國家歷史。

韓國史是見證韓國崛起的實錄

筆者初為國立政治大學民族法學碩士專攻，主修中國東北地區的滿語族系與中國朝鮮族，次為濊貊族與肅慎族，以及延伸至渤海國與女真族。再者，為了永續先世族屬的興趣與志業，赴韓考取高麗大學校【고려대학교】史學系博士班，專攻韓國史，副專攻中國史。取得博士學位後，在大學教授與研究項目，赴韓考取高麗大學校【고려대학교】史學系博士班，專攻韓國史，副專攻中國史。榮獲韓國教育部BK21（頭腦韓國21世紀）優秀獎學金，並且取得博士學位後，在大學教授與研究項目，如：韓國學〔韓國語文、韓國語文教育、韓國學課程與講座系列〕；民族學〔文化人類學、國際族群〕；史學〔韓國史、東亞史、世界史、中國史〕；社會科學課程〔中山學術思想、東亞文化、東亞現勢、全球化〕等。此外，曾經榮獲韓國西江大學校韓國語教師研修課程公費審查通過，通過試教合格，取得結業證書，學以致用，應用於教授上述課程中。其中，對其各國的歷史發展與脈絡，皆有共同特色，即人類事務一向錯綜複雜，負面的衝突對立、強凌弱、眾暴寡，一再重蹈覆轍。因此，永久和平與互不侵犯應為正面的首要，而邪不勝正才是最終永恆真理的歷史法則，就是如同韓國開國始祖檀君王儉【단군왕검】的「弘益人間」【홍익인간】的理念。

《圖解韓國史》【도해 한국사】共分為六個篇章，緒論與結論各一個篇章，本文則有四個篇章，即韓國古代王朝史、韓國高麗王朝史、韓國朝鮮王朝史、大韓帝國與大韓民國近現代史。以深入淺出的敘述，以及條理分明的圖解，一探韓國史的全貌。從遠古時代開始，直今現勢與未來的歷史發展，簡明扼要地闡述韓國的民族、政治、經濟、社會、文化、涉外等項目，內容以主題式重點論述，簡潔易懂，再配合圖示架構的解說方式，更有助於理解，加深印象，增添閱讀興趣。再者，文前撰寫主題的主旨大意，具解題功用；文後皆有小型專欄，即《韓國史小提醒》，以補充說明韓國重要的人事物，具有輔助之功能；而文中有重要的名詞附註韓文，以利檢索之用。總之，《圖解韓國史》是為一部適合研究古今韓國的概念學術著作。

十分榮幸，應五南圖書出版股份有限公司主編朱曉蘋小姐的盛情邀請，撰寫國內第一本以「圖解」方式的韓國史，在此深表萬分感謝。同時，也非常感謝三所母校，即韓國高麗大、國立政大、韓國西江大，都提供頂尖與優秀的學術研究環境。最後，書中如有疏失之處，敬請不吝指教。

王永一（왕영일）教授
撰於韓國學術研究中心

第3章 高麗王朝時代史
【西紀918年-西紀1392年】

第4章 朝鮮王朝時代史
【西紀1392年-西紀1919年】

第5章 大韓帝國與大韓民國近現代史
【西紀1897年-現今】

第6章　結論

第1章
緒論

韓國史是韓民族的民族史，也是韓民族所建立的大韓民國的國家歷史，也稱為國史。再者，韓國史是韓民族五千年來的發展過程的重要記錄，尤其是韓國特別重視韓國史的教育，因為具備韓國史的觀念，才能發揚愛國愛族的團結意識。

1-1　韓國史的展開與階段

1-2　韓國史的理解與應用

1-3　韓國史的民族與文化

UNIT 1-1
韓國史的展開與階段

大韓民國位於東北亞，從古至今，歷史悠久，具有其自主獨立的國族歷史，稱為韓國史。而韓國史的發展，主要以王朝史的時代來劃分，再配合世界史的分期方法，來將韓國史做有系統的分析歸類。

韓國史的展開

　　大韓民國【대한민국】的歷史悠久，從原始時代開始，直到今日的現代，號稱五千年或半萬年，稱為韓國史【한국사】。而韓國史的展開，主要以王朝的更迭興替作為基準，即所謂王朝史觀。雖然王朝的變動頻繁，但是其社會仍然具有同質性的特點，或是一個王朝中，也有異質性的變化。因此，以王朝為中心的歷史觀是研究歷史的基本架構。另外，韓國史的展開過程，還有一種新的研究方法，即以世界史的分類法，將時代區分為五大時期為基準，如：古代、中世、近世、近代、現代。而韓國史的歷史階段就是以王朝來劃分的歷史分期，如：原始【원시】（先史、上古、史前）時代〔西紀前 2333 年以前〕；檀君王儉朝鮮【단군왕검조선】、三韓【삼한】（馬韓【마한】、辰韓【진한】、弁韓【변한】）時代〔西紀前 2333 年 - 前 108 年〕；三國【삼국】（高句麗【고구려】、新羅【신라】、百濟【백제】）時代〔西紀前 57 年 -676 年〕；南北國【남북국】（統一新羅【통일신라】、渤海國【발해국】）時代〔660/668 年或 698 年 -935 年〕；後三國【후삼국】（後高句麗、統一新羅、後百濟）時代〔892 年 -936 年〕；（王氏）高麗王朝【（왕씨）고려왕조】時代〔918 年 -1392 年〕；（李氏）朝鮮王朝【（이씨）조선왕조】時代〔1392 年 -1897 年〕；大韓帝國【대한제국】時代〔1897 年 -1910 年〕；韓國獨立運動【한국독립운동】（日本統治）時期〔1910 年 -1945 年〕；大韓民國光復【대한민국광복】（大韓民國）時代〔1945 年 -1948 年〕；大韓民國分斷【대한민국분단】時代〔1948 年迄今〕（大韓民國＜南韓【남한】＞、朝鮮民主主義人民共和國【조선민주주의인민공화국】＜北韓【북한】＞）。

韓國史的階段

　　依照上述兩種韓國史展開的基準，再配合韓國史的歷史階段，韓國史的展開與階段，如：古代時期＝原始、檀君王儉朝鮮、三韓、三國、南北國；中世時期＝高麗王朝；近世時期＝朝鮮王朝；近代時期＝大韓帝國、韓國獨立運動；現代時期＝大韓民國（南韓）、朝鮮民主主義人民共和國（北韓）。最後，韓國史的展開與階段有更新的方法，即新民族主義史觀，以民族的族群變化為基準，如：以民族學的分類項目來論述，可再細分為，如：語言、地理、政治、經濟、社會、文化等。這是由於韓國史學者認為韓國史就是韓國國家的歷史，也稱為「國史」。等同於韓國民族的歷史，所以也可稱為韓國民族史。

韓國史的展開與階段

時代區分	朝代區分	分布地域		
史前史（西紀前2333以前）	先史時代（西紀前2333以前）	北部		南部
古代史（西紀前2333-936）	古朝鮮時代（西紀前2333-前108）	檀君朝鮮 箕子朝鮮 衛滿朝鮮	扶餘國、東瀛、沃沮	三韓社會　馬韓/辰韓/弁韓
	三國時代（西紀前57-676）	高句麗		百濟/新羅/伽倻
	南北國時代（660/668或698-935）	渤海國		統一新羅
	後三國時代（892-936）	後高句麗		後百濟
中世史（918-1392）	高麗王朝時代（918-1392）	高麗王朝		
近世史（1392-1910）	朝鮮王朝時代（1392-1897）	朝鮮王朝		
	大韓帝國時代（1897-1910）	大韓帝國		
近代史（1910-1948）	韓國獨立運動時代（1910-1945）	韓國獨立運動		
	大韓民國光復時代（1945-1948）	大韓民國光復時期		
現代史（1948-今）	大韓民國分斷時代（1948-現今）	朝鮮民主主義人民共和國（朝鮮『北韓』）		大韓民國（南韓）

＋ 韓國史小提醒

　　韓國史學界已經不再使用「李氏朝鮮」及「李朝」這兩種名稱，因為韓國史學界認為這是早期日本史學界對「朝鮮王朝」的卑稱。中華民國臺灣與中國大陸也沿用已久。因此，目前韓國所有的出版品都是使用「朝鮮王朝」一詞來正名。簡稱則以「朝鮮朝」與「朝鮮」等兩種名詞來正名。而高麗王朝在稱呼上，比較沒有爭議。但是以此類推，也是盡量不要使用「王氏高麗」，因為高麗王朝的簡稱則是「高麗朝」、「高麗」、「麗朝」，無須添加王姓的簡稱。

UNIT 1-2
韓國史的理解與應用

了解韓國史才能深刻了解韓國。同時將韓國史加以運用，則有助於知古鑑今、知己知彼，可以作為日常生活的準則，也可以培養愛護國族的情操。

圖解韓國史

韓國史的理解

歷史【역사】就是人類生活經驗的記錄，透過文字，記載於紙張中，而加以保存。由於日積月累，使內容逐漸繁多，經由研究方法，分析、判斷、考證等過程，所產生的理論與知識，歷史就成為一門學問，稱為歷史學【역사학】。每一個國家都有其歷史，代表一個國家民族的意識、精神、命脈。因此，在韓國，國中與高中教育的歷史課程，皆稱為國史【국사】；國家最高歷史機關稱為國史編纂委員會【국사편찬위원회】，其中，制定了韓國史能力檢定試驗【한국사능력검정시험】，以端正國史，以重視國史，並且強化韓國史教育，設置各種韓國史研修課程，由此可知，韓國十分重視自己國家的歷史。因此，對韓國史的理解，便能夠正確且精準地掌握並加以運用，成為日常生活的常識。所謂知古鑑今、知己知彼，以及好的一面必須奉為典範，不好的一面則必須引以為戒、避免重蹈覆轍，這些都是耳熟能詳的教誨。因此，善用歷史則能舉一反三，可預知未來，反之，如果濫用歷史、誤解歷史、扭曲歷史，則會顛倒是非，造成嚴重紛爭，勢必後患無窮。

韓國史的應用

一般人認為歷史是死的，過於嚴肅單調，是一種枯燥無味的學問，往往被忽略輕視。為此，如果能夠將歷史活化，變成生動活潑而有趣的學問，引起學習興趣，則是當務之急。因此，將歷史轉化為平易近人的故事或典故，應用於生活當中，成為一項推陳出新的文化創意，也是振興歷史學的方法。尤其是韓國史方面，由韓國國家政府領銜積極發展，民間出版業界也積極投入發行數量龐大書籍，且多以漫畫方式，或是以新聞、報紙的型態來吸引閱讀。此外，以韓國史為題材的影劇，從古至今，歷代的史實，內容十分完整，嚴肅中帶有趣味，每部歷史劇題材都造成轟動，深受歡迎。難以想像的是韓國史的魅力，更透過媒體運用動畫卡通方式來宣揚歷史，活化了韓國史。再者，韓國各種業界陸續將韓國史融入與應用在其自己的產業之中，呈現出宣揚韓國史的新面貌，也有助於消費者大眾來重視韓國史。總之，韓國對於韓國史的理解是具有愛族愛國的理論。同時，藉由多樣化的表現，廣泛應用於日常生活當中，使韓國史成為普及化的知識，進而發揮出韓國的民族意識、愛國精神、愛族情操。從此可知，21 世紀之際，以文化立國的韓國，以韓國史為主的文化創意可說是成功的。

✚ 韓國史小提醒

國史編纂委員會原在1946年，由高麗大學校教授申奭鎬（1904-1981）為首的史學家們在韓國首爾市景福宮內的「緝敬堂」創設國史館，並擔任館長。1949年，國史館改制為國史編纂委員會，繼續擔任委員會長。而該會在2006年開始施行「韓國史能力檢定試驗」，分為六級，各級成績及格，皆授予認證書。

歷史與歷史學的比較

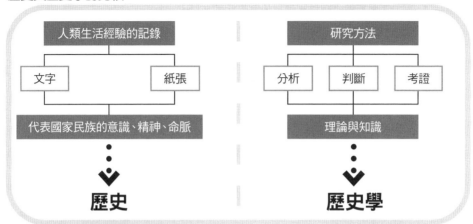

韓國政府對韓國史教育的政策

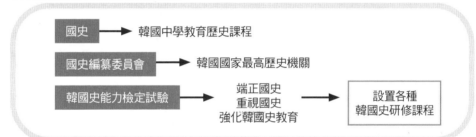

韓國史的重要性

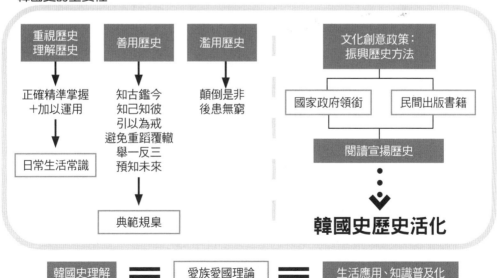

UNIT 1-3
韓國史的民族與文化

韓國民族一向自認為單一民族，主要在強調團結合作的國族意識，同時凝聚向心力，而發展出韓民族自我的傳統文化特色，呈現韓國史的自主獨立精神。

圖解韓國史

韓國史的民族理念

韓國的歷史範圍，可以分為時間、空間、人間三種理念。以時間而言，從先史時期開始至今，不斷進行中。因此其主體民族——韓民族【한민족】也一直繁衍著，其傳統文化也一直被保存著。以空間而言，以韓半島【한반도】為中心，由北擴及到中國東北地區（滿洲），而南到韓半島其南部的濟州島及其所屬海域為止；由東而西為東海到黃海的所屬海域為止。如此，歷史悠久的時間與版圖廣大的空間，再加上這時空的主人，即人間——韓民族。時間、空間、人間三者理念相互結合，就成了韓國史。韓國史的內容特色是具有民族與文化的色彩，民族與文化是一體的。韓民族一向以單一民族【단일민족】自居，以身土不二【신토불이】為榮，其民族性極為剛毅強烈、團結合作，民族意識也極為根深柢固，在社會中的民族傳統風格也極為濃郁，因此，韓民族傳承發展的韓國史，其特性可謂天・地・人三者合一的一部實錄，強調自主獨立的精神。韓國十分重視本國歷史，特別是其民族精神與民族文化，而致力於韓國史教育。因此，韓國史教育也可說是韓國民族史的教育。

韓國史的文化理念

韓國民族文化是東北亞的主軸，可以分為史學【사학】與民族學【민족학】兩種理念。在史學上，屬東夷族【동이족】；在民族學上，則屬阿爾泰語系滿・通古斯語族【알타이어계・만퉁구스어족】，而韓民族與周邊鄰國成為跨國民族，如：中國東北地區（滿洲【만주】）有韓民族（中國朝鮮族【중국조선족】），而韓半島北方則有女真族【여진족】（滿族【만족】），因此，韓國除了具有自身的主體民族文化傳統之外，也含有中國文化（漢族、女真族、蒙古文化）的一部分，或是具有韓中兩國共同點的民族文化，而融入韓民族中，成為韓民族的一部分。學習韓國史之後，依據韓國史學者的正確史實研究成果，便可清楚理解韓國民族文化自身存在的自主獨立體系與優越性，這是韓國史所要闡明的理念與重點。而韓民族的發展史過程中，可以區分為東夷民族【동이민족】、濊貊民族【예맥민족】、三韓民族【삼한민족】（馬韓・辰韓・弁韓）、三國民族【삼국민족】（高麗・百濟・新羅）、渤海民族【발해민족】、高麗民族【고려민족】、朝鮮民族【조선민족】、大韓民族【대한민족】等八個階段。

> ✚ 韓國史小提醒
>
> 　大韓民國的主體民族，稱為「韓民族」或「韓國民族」或「大韓民族」，不再使用早期的「朝鮮族」與「朝鮮民族」的名稱，而成為歷史名稱，以及適用於中國東北的朝鮮族，以及朝鮮民主主義人民共和國（北韓）的主體民族。再者，大韓民國也不再使用「朝鮮半島」一詞，而稱為「韓半島」。朝鮮民主主義人民共和國則使用「朝鮮半島」。筆者論著專書的立場，採用大韓民國的「韓半島」、「韓民族」的名稱。

韓國史的架構

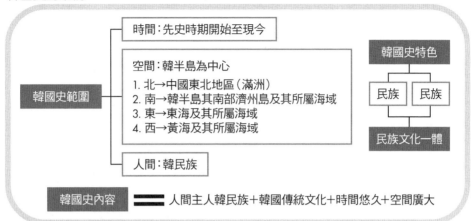

韓國史範圍
- 時間：先史時期開始至現今
- 空間：韓半島為中心
  1. 北→中國東北地區（滿洲）
  2. 南→韓半島其南部濟州島及其所屬海域
  3. 東→東海及其所屬海域
  4. 西→黃海及其所屬海域
- 人間：韓民族

韓國史特色
- 民族 民族
- 民族文化一體

韓國史內容 ＝＝＝ 人間主人韓民族＋韓國傳統文化＋時間悠久＋空間廣大

韓國史的民族內涵

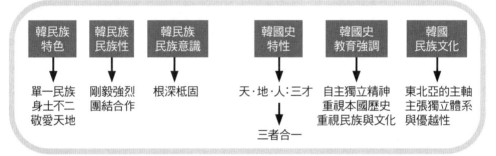

韓民族特色	韓民族民族性	韓民族民族意識	韓國史特性	韓國史教育強調	韓國民族文化
單一民族身土不二敬愛天地	剛毅強烈團結合作	根深柢固	天·地·人：三才 → 三者合一	自主獨立精神重視本國歷史重視民族與文化	東北亞的主軸主張獨立體系與優越性

韓國史的文化內涵

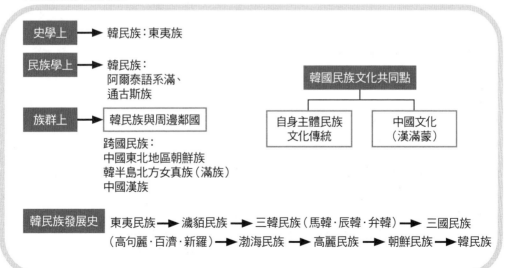

史學上 → 韓民族：東夷族

民族學上 → 韓民族：阿爾泰語系滿、通古斯族

族群上 → 韓民族與周邊鄰國
跨國民族：
中國東北地區朝鮮族
韓半島北方女真族（滿族）
中國漢族

韓國民族文化共同點
- 自身主體民族文化傳統
- 中國文化（漢滿蒙）

韓民族發展史 東夷民族 → 濊貊民族 → 三韓民族（馬韓·辰韓·弁韓）→ 三國民族（高句麗·百濟·新羅）→ 渤海民族 → 高麗民族 → 朝鮮民族 → 韓民族

第2章
韓國古代王朝史
【西紀前2333年-西紀935年】

古朝鮮時代（檀君・箕子・衛滿）【西紀前2333年-西紀前161年】、三國時代（高句麗・百濟・新羅）【西紀前161年-西紀668年】、南北國時代（統一新羅與渤海國・後三國）【西紀前668年-西紀935年】

天降解慕漱，騎五隻龍所拉的輪車，在琿河附近紇升骨（遼寧）建國，國號北夫餘。

UNIT 2-1
檀君朝鮮建國神話

檀君王儉是大韓民國第一位開國始祖，其建國國號稱為朝鮮，通稱古朝鮮，也韓國史上第一個王朝，又稱為檀君朝鮮或檀君王儉朝鮮。

圖解韓國史

弘益人間

古代的朝鮮【조선】開國始祖為檀君【단군】，名為王儉【왕검】，合稱為檀君王儉【단군왕검】。朝鮮又稱為古朝鮮【고조선】或檀君朝鮮【단군조선】，是在西紀前2333年，最早在韓半島【한반도】與中國東北地區（滿洲）【중국동북지구（만주）】所建立的國家，也是大韓民國【대한민국】第一位開國始祖。依據韓國高麗【고려】時期一然法師《三國遺史》與李承休《帝王韻紀》記載，從前，天神桓因【환인】，即桓因天帝【환인천제】有一位兒子名叫桓雄【환웅】。桓雄一直響往人間世界。桓因得知之後，就讓他下凡到太白山（今朝鮮民主主義人民共和國妙香山），以便廣布利益在人間，並且賜給他三個天符印前往統治。於是桓雄則率領三個天符印與三千人下凡來到太白山頂的神檀樹旁，建立了名為「神市」【신시】的都城，而自立為桓雄天王。桓雄命令風伯、雨師、雲師，一起掌管農事、生命、疾病、刑罰、善惡等人間三百六十多種事務，執行人間的治理教化。這就是桓雄「弘益人間」【홍익인간】的偉大職志，日後也是其子檀君王儉的治國理念。

韓民族起源

正當桓雄治理人間之時，曾經一起生活的熊【곰】與老虎【호랑이】突然一同前來拜訪桓雄，向桓雄表達他們的請求，即渴望變成人類的心願，於是桓雄賜給他們一把艾草與二十個蒜頭，並且要求他們從今天開始，吃了艾草與蒜頭之後，一百天之內不能被太陽光芒照射，只要耐心熬過，就可以變成人類。因此，熊與老虎就依照指示，躲在洞穴裡，吃著艾草與蒜頭。過了第二十天，再也無法忍受脫毛刺痛的老虎，堅持不下，於是放棄了成為人類的決心，跑出洞穴。而具有堅忍耐力的熊，克服一切困難，結果到了第二十一天，終於變成一位美麗的女人，名為熊女。而老虎可以說是前功盡棄。日後，桓雄冊封熊女為王妃，並與熊女結婚，兩人所生之子，即為人世間最早的人類，也就是韓國開國始祖的檀君王儉，其國號為朝鮮，史稱古朝鮮，或檀君朝鮮，或檀君王儉朝鮮【단군왕검조선】，首都在平壤城【평양성】（今朝鮮民主主義人民共和國首都平壤市）。

✚ 韓國史小提醒

韓國史的發展，在檀君朝鮮之前，也歷經原始社會，即舊石器時代、新石器時代、青銅器時代。這三個時代統稱為先史時代、史前時代、遠古時代或上古時代。由於先史時代沒有文字記錄，因此，無法了解當時生活樣貌，只有從近代考古學者所發掘的遺物與遺跡來推斷，即韓民族先民早在約50萬年前就開始生活在韓半島上，稱為舊石器時代。而新石器時代（約西紀前3千年），韓民族正式形成。青銅器時代（約西紀前10世紀）則以農業為主，都市形成，有政治勢力觀念；部族聯盟體制（古代部族國家）形成。

檀君朝鮮建國神話

一、建立始祖：檀君王儉→大韓民國
　　　　　　　第一位開國始祖
二、建立國家：檀君朝鮮＝古朝鮮
三、建立時間：西紀前2333年
四、建立位置：韓半島與中國
　　　　　　　東北地區（滿洲）
五、首　　都：平壤城
　　　　　　　（朝鮮首都平壤市）

▶檀君朝鮮位置圖

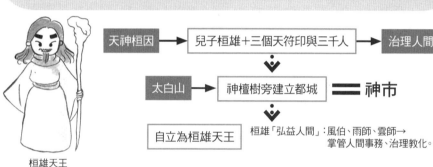

天神桓因　→　兒子桓雄＋三個天符印與三千人　→　治理人間世界

太白山　→　神檀樹旁建立都城　＝　神市

自立為桓雄天王　　桓雄「弘益人間」：風伯、雨師、雲師→
　　　　　　　　　　　　　　　掌管人間事務、治理教化。

桓雄天王

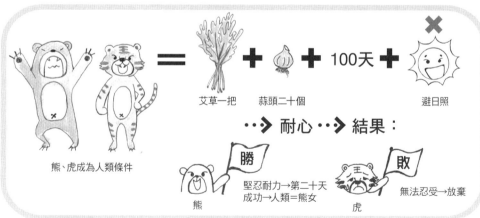

熊、虎成為人類條件　＝　艾草一把　＋　蒜頭二十個　＋　100天　＋　避日照

···▶　耐心　···▶　結果：

勝　熊　堅忍耐力→第二十天
　　　　成功→人類＝熊女

敗　虎　無法忍受→放棄

熊女王妃

桓雄天王冊封熊女為王妃
母親＝熊女王妃＋父親＝桓雄天王→生下
兒子＝檀君王儉→人類起源

UNIT **2-2**
檀君朝鮮的發展與影響

檀君為大韓民國國祖，使韓民族正式形成，因此檀君也是韓民族的族長，具有政教合一的領導者。爾後，檀君也成為桓因、桓雄、檀君三位一體的代表統稱。

圖解韓國史

檀君朝鮮的建國

桓雄天王【환웅천왕】與熊女【웅녀】所生之子檀君王儉【단군왕검】，長大成人後開始建國，國號為朝鮮【조선】或古朝鮮【고조선】，亦稱檀君朝鮮【단군조선】，定都平壤城【평양성】（今朝鮮民主主義人民共和國首都平壤市，中國《史記》謂平壤城古名為王儉城，高麗時期金富軾《三國史記》則謂王儉為仙人檀君之名）。之後，將首都遷移到白岳山【백악산】的阿斯達【아사달】（意為早晨之地，仍在平壤附近），國祚1500年。一般而言，檀君可謂古朝鮮社會的祭主、君長、大祭司長的性格；而所謂王儉，則有統治國家的大君主之意，同時也有祭司長之意，即祭政一致（政教合一）的指導者。朝鮮初期也稱為檀君天王，同時，檀君也含有巫俗之意，因為檀君也作壇君【단군】，壇是祭祀之處，而壇君就有祭司長之意。依據朝鮮時期北崖子《揆園史話》記載，所謂檀君，「檀」是倍達樹【배달수】，亦即首都神市【신시】；「君」是國王之意，因此也稱為倍達國王。如此，也可稱古朝鮮民族為倍達民族【배달민족】。檀君朝鮮的建國時間相當於中國唐堯時期。

檀君朝鮮的影響

大韓民國【대한민국】為了紀念開國始祖檀君，訂定十月三日為開天節【개천절】，是國定假日，紀念這個偉大日子。所謂開天的天，就是國王、君長之意；開天，就是檀君開始成為韓國人類之第一人、第一位國王、第一位始祖之意。因此，也有開天闢地、開國、建國之意。再者，韓國對檀君的崇拜與信仰，連帶也對熊【곰】崇拜，這是東北亞地區普遍對熊崇拜的現象，自認為是熊的子孫，也是象徵韓民族不斷地成長茁壯，團結一致，以及闡明韓國的國家文明進步、社會繁榮安定。國祚共計約1212年（西紀前2333年到西紀前1122年）。最後，中國周武王即位，則冊封箕子【기자】於朝鮮，檀君則遷徙隱居白頭山【백두산】而成為山神。據說，當時檀君已是1908歲。而今朝鮮首都平壤市，則有檀君陵【단군릉】古墓，發現確有檀君王儉與其王后的遺骨，距今5011年前。到了近代時期，在宗教方面，1900年，有所謂大倧教【대종교】的新興教派，也稱為檀君教【단군교】，信仰檀君國祖，崇拜檀君思想，鼓吹民族意識。在教育方面，韓國的小學、中學、高中等校園正門內，都設置檀君王儉銅像，以培養學生民族正氣與愛國思想，深具正面的價值與意義。

> ＋ **韓國史小提醒**
>
> 關於「王儉」一詞是檀君的名字，也是朝鮮民主主義人民共和國（北韓）首都平壤市的古稱，由於檀君王儉建國朝鮮時，設置首都在平壤，而成為地名，即王儉城。同時，也開始有「朝鮮」一詞。後來檀君遷都到白岳山的阿斯達。關於白岳山與阿斯達的關係，韓國學者認為應該都是「朝鮮」之意，白＝阿斯＝朝＝早晨或早晨的太陽或光明寧靜之意；岳＝達＝鮮＝土地之意。因此，「朝鮮」可以解釋為早晨光明寧靜的土地。「朝鮮」一詞，在中國戰國時期就有記載。

檀君朝鮮的發展

檀君王儉

二、建國國號：朝鮮或古朝鮮或檀君朝鮮
三、定都：平壤城（朝鮮首都平壤市，古名為王儉城）
四、遷都：白岳山阿斯達（平壤附近）

父親：桓雄天王　　母親：熊女王妃

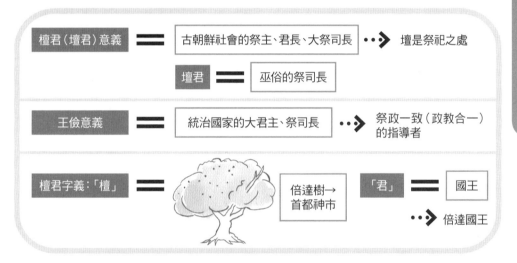

| 檀君（壇君）意義 | ＝ | 古朝鮮社會的祭主、君長、大祭司長 | ╍▶ | 壇是祭祀之處 |

| | 壇君 | ＝ | 巫俗的祭司長 |

| 王儉意義 | ＝ | 統治國家的大君主、祭司長 | ╍▶ | 祭政一致（政教合一）的指導者 |

| 檀君字義：「檀」 | ＝ | 倍達樹→首都神市 | 「君」 | ＝ | 國王 |
| | | | | ╍▶ | 倍達國王 |

大韓民國紀念開國始祖檀君 訂定 10 月 3 日為開天節（國定假日）。

| 開天 | ＝ | 開天闢地、開國、建國 | 天 | ＝ | 國王、君長 | ╍▶ | 檀君開始成為韓國人類之第一人、第一位國王、第一位始祖 |

檀君朝鮮的影響

一、韓國對檀君的崇拜與信仰：對熊崇拜，東北亞地區對熊崇拜。
二、自認是熊的子孫：象徵韓民族不斷地成長茁壯、團結一致、闡明韓國的國家文明進步、社會繁榮安定→弘益人間。。
三、檀君遷徙：箕子朝鮮成立，隱居白頭山成為山神（1908 歲）。
四、檀君遺蹟：朝鮮首都平壤市檀陵古墓→檀君遺骨（距今 5011 年前）
五、宗　　教：大倧教（1900 年）＝崇仰檀君國祖、鼓吹民族意識
六、教　　育：各級學校＝設置檀君王儉銅像→培養民族正氣與愛國思想

UNIT 2-3
箕子朝鮮的建國過程

箕子理應是韓中兩國正史記載大韓民國第一位開國始祖，其建國國號稱為朝鮮，通稱古朝鮮或箕子朝鮮，實際上這應該才是韓國史上第一個王朝，但是韓國史學界多數加以否定。箕子可說是史上第一位韓國華僑。

圖解韓國史

箕子其人

韓民族【한민족】認為韓國歷史之中，最早出現在韓半島【한반도】的國家，認定為「檀君朝鮮」【단군조선】。其次為「箕子朝鮮」【기자조선】，或認為「箕子朝鮮」不存在。但是依照中國正史《二十五史》記錄，「箕子朝鮮」存在的事實是肯定的。「箕子朝鮮」的建國始祖為箕子，姓子，名胥餘（須臾），是中國殷商王朝末代國王紂的叔父。箕子曾任官太師，在「箕」的地方，被封為箕國的國君，所以，時稱「箕子」以示尊敬。因此，中韓兩國史料文獻中，皆以「箕子」一名來記錄其在遼東地區【요동지구】（韓半島與中國東北地區【중국동북지구】）的業績。

箕子東拓遼東

箕子東拓遼東（韓國史學界稱之為箕子東來【기자동래】）之後，繼續向東遷移，定居韓半島，並且開拓韓半島的原因，是因為當時的中國殷商王朝國王紂王，暴虐無道、荒淫奢華，屢次不聽納箕子規勸，反而惱羞成怒逮捕囚禁箕子為奴。一直到周武王平定殷商王朝之後，箕子才被釋放。日後，由於箕子抱持以「忠臣不事貳君」的原則，不願成為周王朝的次等臣子，便以其著書《洪範》，向周武王闡釋治國安民之道，同時毅然地率領五千名殷商王朝的遺民，遠走韓半島，開拓與經營韓半島的事業，建立「箕子朝鮮」。自古，遼東地區主要是東夷族【동이족】（濊貊、肅慎、夫餘、沃沮【예맥·숙신·부여·옥저】等）的聚居地，箕子選擇長白山（白頭山）【백두산】一帶持續開發，可謂決心永續經營韓半島的建國事業，成果卓著。因此，遼東地區實為箕子朝鮮的開基之地。從中國東北逐步擴展，再南渡中韓兩國的界河鴨綠江【압록강】，抵達韓半島之後，首選平壤城（王儉城【평양성（왕검성）】，今朝鮮民主主義人民共和國）為其創業根據地與國都，平壤城的地理位置十分重要而且優良。最後，繼續往南邁進，擴展到漢江【한강】流域一帶，即漢城【한성】（今大韓民國首都首爾市【서울시】）中心區域，為「箕子朝鮮」奠定了國家規模。

➕ 韓國史小提醒

韓國史學界也有少部分學者承認韓國史有箕子朝鮮的記錄，但是認為箕子是屬於韓民族，而不是漢族理由是依照《後漢書·東夷列傳·濊》記載，箕子朝鮮被記錄在東夷的濊，足以證明箕子族屬是東夷族系統的濊貊族，建立了箕國政權。雖然如此，但是箕子曾經受到中國文化的影響，所以，具有高度進步的生活水準，而推展到韓半島北部，並建國箕子朝鮮，成為韓半島北部的新主人。再者，依據中國史料的記載，中國商王朝原屬於東夷族系統的一支，後來融合於華夏的漢族，因此，箕子的族屬應該是東夷族系統－濊貊族之中的漢族。所以，箕子可說是史上第一位韓國華僑。

箕子朝鮮的發展

韓民族：韓國歷史最早出現在韓半島的
國家，認定「檀君朝鮮」→「箕
子朝鮮」、或認為「箕子朝鮮」
不存在。

依中國正史《二十五史》記錄：
「箕子朝鮮」是存在的。

箕子朝鮮

一、建立始祖：箕子→史載大韓民國
第一位開國始祖
二、建立國家：箕子朝鮮＝古朝鮮
三、建立時間：西紀前1122年
四、建立位置：東拓遼東（中國東北地
區）後定居韓半島北部
五、首　都：王儉城
（平壤，朝鮮首都平壤市）

▶箕子朝鮮位置圖

箕子建國原因：中國周武王滅商暴君紂王後，抱持「忠臣不事貳君」的原則，不為周的次等臣子，
率五千名遺民，遠走韓半島。

遼東地區主要民族：東夷族（濊貊、肅慎、夫餘、沃沮等）。

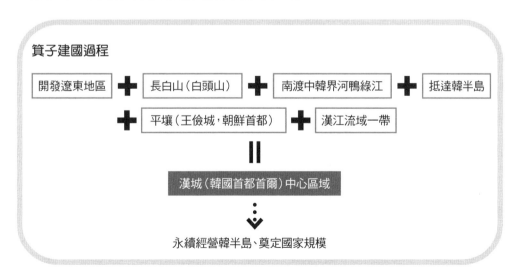

箕子建國過程

開發遼東地區 ✚ 長白山（白頭山） ✚ 南渡中韓界河鴨綠江 ✚ 抵達韓半島

✚ 平壤（王儉城，朝鮮首都） ✚ 漢江流域一帶

＝

漢城（韓國首都首爾）中心區域

永續經營韓半島、奠定國家規模

UNIT 2-4
箕子朝鮮的發展成果

依照中韓兩國史載，箕子應為韓國史上第一位開國始祖，對韓半島的開發與進步，具有很大的貢獻。可是檀君朝鮮出現後，箕子朝鮮就屈居為韓半島第二的國家政權。

圖解韓國史

箕子東拓朝鮮

箕子【기자】在韓半島【한반도】建國「箕子朝鮮」【기자조선】，推動措施，成效卓著，依據《後漢書・東夷列傳・濊》記載：「箕子教以禮義、田蠶，又制八條之教，稱為《八條法禁》【팔조법금】，即相殺以當時償殺。相傷以穀償。相盜者，男沒入為其家奴，女子為婢，欲自贖者，人五十萬。雖免為民，俗猶羞之。嫁取無所讎。是以其民終不相盜。無門戶之閉、婦人貞信不淫辟。其田民食以籩豆。」由此可知，箕子是十分重視人命與勞動力的觀念，以及建立奴隸、貨幣、社會經濟、保護私有財產等制度。如此，政績輝煌，使得社會進步繁榮，箕子政權勢力東拓遼東與韓半島，再自平壤【평양】往南擴展。如此可謂中華文化深入韓半島之始，此乃韓國史所稱的「箕子東來朝鮮」【기자동래조선】。

箕子的業績

箕子的業績有五，如下：一、禮儀：對朝鮮民族施行禮儀教化，積極提倡法治規範，特別制定《八條法禁》，形成守秩序、重紀律的社會，民風善良，生活安定，具有崇尚法治觀念的國家。二、田蠶：利用殷人進步的農耕技術，教導朝鮮民族從事農產，提高生產；又教導養蠶織作，從事紡織生產，提高品質。依此，箕子朝鮮是十分進步文明的農業社會。三、嫁取無所讎：主張廢除商業買賣式婚姻制度，男女婚姻必須平等。四、建立土地制度：依據殷代井田土地制度，從事農作，以提升產值與收穫量。五、實踐社會節約：「箕田民領食以籩豆」，證明推行成果顯著。由於，箕子品德操守多合於聖賢之道，中韓兩國史料皆尊其為「箕聖」【기성】。因此，朝鮮王朝歷代君主，都崇拜箕子，尊奉箕子為朝鮮始祖，當時學者也曾經撰述有關箕子事蹟，以表仰慕追思之意。再者，箕子朝鮮在韓半島建立第二個國家政權，是屬於東夷族系的濊貊民族聚居區，因此，也可稱為「濊貊朝鮮」【기자조선】。

➕ 韓國史小提醒

關於箕子《八條法禁》在《漢書・東夷列傳・濊》記載僅存三條，並說八條不完全。但是肯定箕子的韓國史學界則記錄有完整的全部內容，就是將三條原文後面的原文節錄另五條，組成完整的《八條法禁》，如下：一、相殺，以當時償殺。二、相傷，以穀償。三、相盜者，男沒入為其家奴，女子為婢，欲自贖者，人五十萬。四、婦人貞信。五、重山川，山川各有部界，不得妄相干涉。六、邑落有相侵犯者，輒相罰，責生口、牛、馬，名之為責禍。七、同姓不婚。八、多所忌諱，疾病死亡，輒捐棄舊宅，更造新居。另外，韓國史料也有記錄箕子東拓朝鮮的史實，顯示在古代的韓國是承認箕子朝鮮，將箕子與檀君一起崇拜為國祖，如：《三國遺事》、《三國史記》、《三國史略》、《高麗史》、《東國通鑑》、《東國史略》、《東史纂要》、《東史會綱》、《東史綱目》、《高麗志》、《箕子實記》、《朝鮮王朝實錄》。

箕子朝鮮的成果

推動措施 ⋯➤ 箕子教以禮義、田蠶 制八條之教 =

《八條之教》　　　　　　　　　　　　　　　　　　　《八條法禁》

＊相殺以當時償殺，相傷以穀償。
＊相盜者：男沒入為其家奴，女子為婢。欲自贖者：人五十萬，雖免為民，俗猶羞之。
＊嫁取無所讎。
＊是以其民終不相盜。無門戶之閉，婦人貞信不淫辟。其田民食以籩豆。

成效卓著 重視人命與勞動力的觀念，建立奴隸、貨幣、社會經濟、保護私有財產等制度，社會進步繁榮。

⋮
∨
∨

政權勢力自平壤往南擴展中華文化深入韓半島之始

箕子業績

　　一、禮儀：教化朝鮮民族禮儀，制定《八條法禁》提倡法治→具崇尚法治觀念
　　二、田蠶：教導朝鮮民族事農，提高生產品質→具進步文明的農業社會
　　三、嫁取無所讎：廢除商業買賣式婚姻制度→男女婚姻平等
　　四、建立土地制度：實施井田土地制度→提升產值與收穫量
　　五、實踐社會節約：「箕田民領食以籩豆」→ 證明推行成果顯著

「箕聖」的稱譽

 箕聖

箕子品德操守合於聖賢之道，中韓兩國史料皆尊奉，在韓半島建立第二個國家政權。

箕子朝鮮

屬於東夷族系 ── 濊貊民族聚居區

⋮
∨
∨

也可稱為「濊貊朝鮮」

UNIT 2-5
衛滿朝鮮的建國與發展

韓國史上，衛滿朝鮮是古朝鮮的二個王朝，為韓國史學界所承認的。而實際上，應該是古朝鮮的第三個王朝，衛滿也如同箕子，自中國遼東越過鴨綠江，來到韓半島，有所不同的是，箕子是以平和方式建立國家政權，而衛滿則是以武力方式建立國家政權。

圖解韓國史

衛滿朝鮮的成立

中國秦末之際，即秦漢政權交替之時，中原大亂，數以萬計難民越過鴨綠江【압록강】前往韓半島【한반도】避難定居，當時箕子朝鮮【기자조선】國王為箕準【기준】，又稱為準王【준왕】，對難民收容安置，使得箕子朝鮮的國運大振。到了西漢高祖劉邦統一中國之後，冊封盧綰為燕王，以盧綰來修築當時的浿水（鴨綠江）的遼東城堡，定為中韓兩國國界的依據。後來盧綰叛亂，遭到西漢高祖討伐而敗逃。燕國便開始動亂，如此，燕民衛滿為了逃難，號召一千餘人，東渡浿水，進入韓半島，並且請求永久居住在韓半島西界，願為箕子朝鮮的屏藩，因此，獲得箕準信任而被冊封為博士（地方長官職稱）。但是衛滿卻暗中壯大自己勢力之後，突然謊稱西漢王朝來攻，自願防禦西界，而趁機起兵推翻箕子朝鮮，自立為王，稱為「朝鮮王」【조선왕】，定都王儉【왕검】（今朝鮮民主主義人民共和國首都平壤市），掌控了韓半島北部，成立了衛滿朝鮮【위만조선】。

衛滿朝鮮與箕子朝鮮的並立

衛滿朝鮮成立後，於是箕準往南避走馬韓【마한】，箕子朝鮮國家政權便向南移動，自立為王，稱為「韓王」【한왕】，仍稱箕子朝鮮，掌控韓半島南部。箕子朝鮮的國祚共計約928年（西紀前1122年到西紀前195年）。因此，韓半島呈現兩大政權的對立局面，即以箕準為首的南方政權 —— 箕子朝鮮與以衛滿為首的北方政權 —— 衛滿朝鮮。其後，衛滿時常越過浿水西岸侵犯中國東北地區，而箕準國勢也逐漸強盛，屢次平服辰韓【진한】。中國西漢武帝在位時，與衛滿朝鮮往來十分謹慎。當時衛滿朝鮮國王是衛滿之孫衛右渠【위우거】，國勢日益強大，曾經征服周邊的真番【진번】與臨屯【임둔】，擴展了廣大版圖，對於西漢王朝則是採行強硬政策，同時也伺機叛漢，也多次阻礙真番、辰韓等國向西漢王朝進貢貿易。西漢武帝對衛右渠的不善之舉，便派遣使臣涉何前往安撫，希望雙方恢復友好關係，但是衛右渠一再拒絕，並且襲殺涉何，西漢武帝得知之後，非常震怒，下令大舉征討衛滿朝鮮。最後，衛右渠被自己的大臣尼谿相參所殺害身亡，同時西漢王朝軍隊也攻陷首都王儉城，消滅了衛滿朝鮮政權。衛滿朝鮮國祚共計86年（西紀前195年到西紀前108年）。

衛滿朝鮮的發展

一、建立始祖：衛滿
二、建立國家：衛滿朝鮮
三、建立時間：西紀前195年
四、建立位置：韓半島
五、首　　都：王儉城
　　　　　　（平壤，朝鮮首都平壤市）

遼東地區

白頭山

衛滿朝鮮

箕子朝鮮

王儉城
（平壤城）

▶衛滿朝鮮位置圖

建國原因

西漢高祖劉邦統一中國後，燕國動亂，燕民衛滿逃難於韓半島，請求永住韓半島西界，願為箕子朝鮮西界屏藩，但暗中壯大勢力，謊稱漢來攻，趁機推翻箕子朝鮮，自立為韓王。

掌控韓半島北部：衛滿朝鮮

箕子朝鮮

箕準往南避走馬韓，箕子朝鮮國家政權南移。

掌控韓半島南部

韓半島兩大政權對立

北方政權＝衛滿朝鮮 ◀▶ 南方政權＝箕子朝鮮（箕準為首）

衛滿朝鮮政權滅亡

中國西漢武帝征討衛右渠，攻陷首都王儉城。

✚ 韓國史小提醒

關於衛滿，韓國史學界多數認為衛滿是屬於韓民族，而不是屬於漢族。中國史學界則必定認為衛滿是屬於漢族，而不是屬於韓民族。對此，筆者認為古代的中國東北地區，民族複雜，交錯盤踞，難以斷定確實的族屬，統稱東夷族，但其中又有濊貊族成分，又有肅慎族成分，還有漢族成分，因此只能以客觀立場解釋為衛滿應該是東夷族系統的濊貊族，或與箕子的族類相似，屬於韓民族。同時，衛滿也是將高度的中國文化，帶入韓半島加以推廣。或是衛滿原屬東夷族系統的濊貊族一支，東夷族系統的漢族一支，曾融合於華夏的漢族。

UNIT 2-6
古朝鮮原始社會與聯盟王國：濊貊與三韓

圖解韓國史

古朝鮮時代，韓民族就其南北的地理位置區分為兩大系統：一是北方的濊貊民族；另一是南方的三韓民族。爾後，濊貊民族南下融合統一了三韓民族，統稱為濊貊民族，成為韓民族的主體民族。

韓半島的主體民族：濊貊民族

古朝鮮時代，韓半島【한반도】與中國東北地區境內分布許多聯盟王國，就規模較大而言，在北方原來屬於濊貊民族【예맥민족】系統，有夫餘【부여】、高句麗【고구려】、沃沮【옥저】、東濊【동예】，也包含檀君朝鮮【단군조선】、箕子朝鮮【기자조선】、衛滿朝鮮【위만조선】等，國王是兼具祭祀與政治最神聖與權力最大的指導者；在南方則原來屬於三韓民族【삼한민족】系統，有辰國【진국】，即辰韓【진한】。後來從辰國獨立分出馬韓【마한】、弁韓【변한】，而形成三韓（辰韓、馬韓、弁韓）。濊貊民族曾經南下定居，融合了三韓民族，使韓半島的民族統一成為一個濊貊民族。如此，韓半島上的唯一主體民族，就是濊貊民族。

三韓的情勢

三韓的由來是南方社會原只有辰國，後來，箕子朝鮮的準王因為燕國人衛滿篡位而逃到辰國，自號韓王【한왕】，是為馬韓（西部，領土最大，日後的百濟【백제】），再與辰韓（東部，日後北方的高句麗）、弁韓（東部，日後的新羅【신라】），並稱為三韓。關於三韓的政經社會情勢，如下：韓半島南方韓系社會雖然分為三國，但是在政治與經濟制度，以及生活制度可謂完全相同，皆有君長，以統治人民，其中最高位是辰王【진왕】。產業主要是農業，如：稻作、養蠶、織布、引水灌溉等十分發達，以及最早知道使用蓄水池來灌溉農田。由於三面環海，漁業也非常盛行。文化方面，最具特色的是祭祀與政治分離，各有其宗教的指導者（祭主）與政治（國王）的指導者，即政治最高指導者是辰王，而宗教最高指導者則是各國的君長（天君），其轄地稱為蘇塗，即一顆大樹，懸掛鈴鼓。祝祭慶典為每年五月與十月舉行，主要是與農業有關，五月灑種與十月收成，盡情吃喝歌舞，彈瑟（加耶琴【가야금】）助興。在生活上，馬韓全家男女老幼同住一房，身形短小，以及馬韓語言與辰韓、弁韓有所不同。而辰韓與弁韓則土地肥沃，有城廓建築，男女有別，並且在語言、法俗、衣服、居處等方面，也都完全相同，身形高大，外表整潔，留長髮，法俗嚴格。

濊貊與三韓的情勢

古朝鮮時代，韓半島與中國東北地區境內
分布許多聯盟王國：

一、北方屬於濊貊民族系統
　　＝夫餘、高句麗、沃沮、東濊、
　　　檀君朝鮮、箕子朝鮮、衛滿朝鮮

二、南方則屬於三韓民族系統
　　＝辰國→馬韓、弁韓
　　＝三韓（辰韓、馬韓、弁韓）

▶ 濊貊與三韓位置圖

| 濊貊民族南下 | → | 融合三韓民族 | ⋯▶ | 韓半島唯一主體民族＝濊貊民族 |

三韓由來

南方社會為辰國，箕子朝鮮準王因燕國人衛滿篡位而逃到辰國，自號韓王。

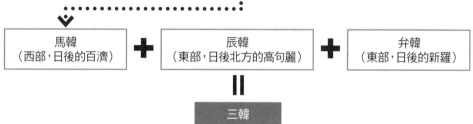

| 馬韓
（西部，日後的百濟） | ＋ | 辰韓
（東部，日後北方的高句麗） | ＋ | 弁韓
（東部，日後的新羅） |

||
| 三韓 |

三韓政經社會情勢

政經制度與生活制度皆同，皆有君長，其中最高位是辰王。
主要產業：農業，漁業也盛行，祝祭慶典皆與農業有關。

✛ 韓國史小提醒

　　古朝鮮時代，韓民族的國家發展歷程依序是以檀君朝鮮、箕子朝鮮、衛滿朝鮮等三個政權為主。
這三個政權都在韓半島北部，皆屬於濊貊民族系統，因此也可以統稱為濊貊朝鮮。而韓民族在韓半
島與中國東北地區境內也有分布許多聯盟王國，如：夫餘、高句麗、沃沮、東濊等，也是屬於濊貊
民族系統。同時，韓半島南部則是屬於三韓民族系統，因此可以統稱為韓族。由此可之，現代韓民
族依據南北地理位置，在古代區分為兩大系統，即北方的濊貊民族與南方的韓族。而濊貊民族又融
合了韓族，成為統一的濊貊民族。古代濊貊民族就是現代韓民族的主幹。換言之，現今的韓半島南
北兩個國家政權，其國號的命名，大韓民國（源自三韓）、朝鮮民主主義人民共和國（源自濊貊朝
鮮），就與古代南北的地理位置及族名相同，是有其歷史根據的。

UNIT 2-7
古朝鮮原始社會與聯盟王國：
夫餘、沃沮、東濊

古朝鮮時代，夫餘、沃沮、東濊皆是屬於北方的濊貊民族系統；夫餘勢力範圍廣大，橫跨韓半島北部與中國東北地區，而沃沮與東濊則分別位於韓半島東北部與東部，屬於夫餘的分支。

夫餘的情勢

　　古朝鮮時期，夫餘【부여】位於韓半島【한반도】北部與中國東北地區一帶。夫餘建國相當於衛滿朝鮮【위만조선】時期，其建國神話傳說，記載於韓國《三國遺事》，即2200多年以前，從天空降下來一位名叫解慕漱【해모수】，騎著五隻龍所拉的輪車，在璟河附近的紇升骨（遼寧）建立都城，稱號解慕漱王。國號北夫餘【북부여】。爾後，其子解夫婁【해부루】遷往東部海邊建國，國號東夫餘【동부여】，稱號解夫婁王。兩者統稱夫餘。其領土範圍十分廣大，這是正史以來，韓民族【한민족】在中國東北地區的中心所建立的國家。日後分別成為高句麗【고구려】與百濟【백제】的建國基礎。夫餘社會風俗有身分制度，最高階層為國王、部族長與官吏；平民中最富裕者為豪族；其餘者為最低階層的下戶。有嚴刑峻罰的法律。婚姻為一夫多妻制的同姓不婚的族外婚。秋收感恩時，有迎鼓祭。喜愛歌舞。有祭天信仰。喜愛穿著白色衣服，因而韓民族有「白衣民族」【백의민족】之稱。產業以農為主，畜牧業也很發達。鄰國西有鮮卑【선비】，東有邑婁【읍루】（今女真族【여진족】或滿族【만족】，屬於東夷族【동이족】系統的肅慎民族【숙신민족】）、沃沮【옥저】，南有高句麗。最後則被高句麗滅亡。

沃沮與東濊的情勢

　　沃沮位於高句麗東邊，其領土範圍約在韓半島東北部，曾經分為東沃沮與北沃沮兩國。鄰國西有高句麗、夫餘、邑婁，南有東濊【동예】。其語言、種族、社會風俗制度等都與高句麗相似。其領土平坦肥美，適合農業。東瀕東海，有漁業，並且生產海鹽。性格質直強勇。東濊位於高句麗、沃沮之南，辰韓【진한】之北。其領土範圍約在韓半島東邊的北中部，曾經被高句麗所統治。其語言、種族、社會風俗制度等，都與高句麗相似。性格樸實少欲，有廉恥心。秋收感恩時，有舞天祭；又祭虎以為神；注重山川領域，不得侵犯，否則必須賠償牛馬，稱為責禍。主要產業為農業與漁業，其中盛行蠶桑作綿。有著名特產，如：檀弓、班魚皮、果下馬。

> **✛ 韓國史小提醒**
>
> 　　解慕漱是天帝的兒子，或可謂天帝本人，也是夫餘（北夫餘）及高句麗建國神話的天神或太陽神，即夫餘國王解夫婁的父親，高句麗建國始祖朱蒙的父親。韓國學界認為解慕漱的「解」在韓文固有語是「해」，為「日」、「太陽」之意。解夫婁則是東夫餘的建國始祖，曾經是北夫餘的國王，與高句麗建國始祖朱蒙為同父異母的兄弟。解夫婁一直無子，而收養了一個男孩，名為金蛙。解夫婁去世後，金蛙繼承王位，號稱金蛙王，統一了東夫餘與北夫餘，國號夫餘。後來成為朱蒙的養父。另外，《三國遺事》與《朝鮮世宗實錄‧地理志》記載解夫婁是檀君王儉的兒子。「夫餘」一詞，在史料也寫作「扶餘」。

夫餘、沃沮、東濊的情勢

一、夫餘：

| 領土範圍 | 韓半島北部與中國東北地區一帶 |

=

| 北夫餘 | + | 東夫餘 |

↓

日後分別為高句麗（北夫餘）與百濟（東夫餘）

北夫餘建國神話傳說

韓國《三國遺事》：即 2200 多年以前，天降解慕漱，騎五隻龍所拉的輪車，在渾河附近紇升（遼寧）建國，國號北夫餘。

東夫餘建國神話傳說

解慕漱子解夫婁遷往東部海邊建國，國號東夫餘。

夫餘社會風俗

有身分制度、嚴刑峻罰、一夫多妻制、秋收感恩＝迎鼓祭、喜愛歌舞、祭天信仰、喜穿白衣＝韓民族有「白衣民族」之稱。農業為主，畜牧業也發達，最後被高句麗滅亡。

▲夫餘、沃沮、東濊位置

二、沃沮

| 領土範圍 | 韓半島東北部、高句麗東邊，曾分東沃沮與北沃沮。 |

語言、種族、社會風俗制度與高句麗相似，以農業為主。

三、東濊

領土範圍

韓半島北中部、東瀕東海、位於高句麗與沃沮之南、辰韓之北。曾被高句麗統治。

語言、種族、社會風俗制度與高句麗相似。

性格

樸實少欲、質直強勇有廉恥心、秋收感恩＝舞天祭、祭虎以為神，注重山川領域。農業與漁業為主，盛行蠶桑作綿。

著名特產

 檀弓

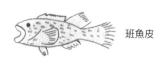 班魚皮

 果下馬

UNIT 2-8
韓半島的漢四郡建立、發展與影響

韓半島的漢四郡也可以稱為朝鮮四郡，或朝鮮漢四郡，是中國西漢王朝征服衛滿朝鮮之後，在其故地設立四個郡來管轄的總稱，即樂浪郡、玄菟郡、真番郡與臨屯郡。如此，韓半島正式接受了中華文化，開始漢化。

圖解韓國史

漢四郡的始末

中國西漢武帝消滅衛滿朝鮮【위만조선】後，在韓半島【한반도】北部實施郡縣制度，設置四個郡統治，名為漢四郡【한사군】（西紀前 108 年 -314 年），如下：一、樂浪郡【낙랑군】：大約在今朝鮮民主主義人民共和國平安南·北道（含首都平壤【평양】）、黃海南·北道、京畿道、江原道一帶，為昔日古朝鮮開國之地。二、玄菟郡【현토군】：大約在今朝鮮民主主義人民共和國兩江道、慈江道、咸鏡南·北道一帶，為昔日夫餘【부여】、高句麗【고구려】、沃沮【옥저】、東濊【동예】的聚居地。三、真番郡【진번군】：大約在今朝鮮民主主義人民共和國平安南道、黃海南·北道與江原道之間，為昔日古朝鮮開國之地。四、臨屯郡【임둔군】：大約在今朝鮮民主主義人民共和國咸鏡南道、江原道與韓國江原道一帶，為昔日東濊的聚居地。爾後稍有變動，僅存樂浪郡，而真番郡則改設帶方郡【대방군】。以上皆屬濊貊族【예맥족】的活動範圍。由於東漢王朝政治紊亂，在北方的高句麗，勢力強大，乘機南下，擊退東漢王朝，掌握了整個漢四郡故地領域。而在韓半島南部仍然是屬於三韓【삼한】（馬韓【마한】、辰韓【진한】、弁韓【변한】）的勢力範圍。

漢四郡的治理成果

西漢武帝在漢四郡治理措施方面，郡縣制度下的官員均由中央政府派任，而成為中國之郡縣，完全漢化。如：使用中國漢式名稱，替代原有土著名稱。並且為了維持郡縣安寧與秩序，則派遣漢軍駐守。如此，西漢武帝在韓半島北部展開民族政策的執行，即將漢民族的語言、文字、文化、風俗、政治、經濟、制度等項目，致力推展於朝鮮當地人民的生活之中，但是基層行政是允許自治，並且錄用當地人才賢士；同時注重經濟發展，建立所謂朝貢關係，強化雙方文化交流與貿易往來。如此，對韓半島的發展，產生了重大影響，即：一、加強中原與東北地區之各民族間的交往。二、促進文化與經濟發展，韓半島成為中日兩國往來的橋梁，使中國漢文化有力傳播。三、中國文化也能傳入日本。四、漢文化圈逐漸擴大。此外，漢四郡的文化而言，以樂浪為中心地，一般稱為樂浪文化，由於其範圍最為廣大，可謂漢四郡文化的代表。其中以金屬兵器與鐵器十分發達，因此當時的部族國家都非常強盛。

✚ 韓國史小提醒

　　漢四郡最初設置的地理位置與範圍，無法確實考察，因為在西漢王朝治理這四百多年之久的期間，曾經歷經多次變動，因此，其中以樂浪郡維持最久，並且也是範圍最大，可說是漢四郡的代表，也是漢四郡文化的中心地，如此，漢四郡文化可稱做樂浪文化。同時，由於位於今朝鮮首都平壤（王儉城），可知平壤的重要性。

韓半島的漢四郡建立

時代區分	相當今地		相當故地	爾後變動
樂浪郡	朝鮮民主主義人民共和國	平安南、北道，黃海南、北道，京畿道、江原道	古朝鮮開國之地	樂浪郡
玄菟郡	朝鮮民主主義人民共和國	兩江道，慈江道，咸鏡南、北道	夫餘、高句麗、沃沮聚居地	
真番郡	朝鮮民主主義人民共和國	平安南道，黃海南、北道江原道	古朝鮮開國之地	改名為帶方郡
臨屯郡	朝鮮民主主義人民共和國	咸鏡南道、江原道	濊貊族聚居地	
	大韓民國	江原道		

▲韓半島的漢四郡位置圖

在北方的高句麗，勢力強大，乘機南下，擊退東漢王朝，掌握了整個漢四郡故地領域。

漢武帝在韓半島匙實施漢四郡成果

一、成為中國郡縣，完全漢化，使用中國漢式名稱，替代原有土著名稱。
二、派遣漢軍駐守維持郡縣安寧。
三、民族政策推行漢民族的語言、文字、文化、風俗、政治、經濟、制度。
四、基層行政允許自治，並錄用當地人才賢士。
五、注重經濟發展，建立朝貢關係，強化雙方文化交流與貿易往來。

漢四郡對韓半島的發展，產生重大影響

一、加強中原與東北地區之各民族間交往。
二、促進文化經濟發展，使中國漢文化有力傳播至韓半島。
三、中國文化傳入日本。
四、漢文化圈逐漸擴大。

UNIT 2-9
三國時代：高句麗的興起與其建國神話

高句麗建國始祖東明聖王朱蒙一生坎坷，但能越挫越勇地成功創造偉業，也是一位民族英雄。這都歸功其生母柳花。因此，柳花可說是建國之母，也是女神，被後世尊為東國聖母。

圖解韓國史

朱蒙的誕生與歷險

高句麗【고구려】建國神話傳說，依據韓國《三國遺事》記載，由於水神河伯【하백】認為女兒柳花【유화】未經允許，也未經媒妁之言而與北夫餘【북부여】始祖解慕漱【해모수】（天帝）私通，有辱家門名譽，而反對雙方相戀，立即將柳花逐出家門。柳花於是到了東夫餘【동부여】，而東夫餘解夫婁【해부루】薨（天帝之子），金蛙【금와】即位，為夫餘國王，便娶柳花為妻，並得知其遭遇，將柳花囚在暗室中。某一日，柳花受到解慕漱的一道異常的光芒照射進來而懷孕，生出一個巨蛋，蛋中裂開，出現一位男孩，就是朱蒙【주몽】（天帝之子）。於是金蛙就成為朱蒙的養父。由於朱蒙射技與才略出眾，而時常遭受金蛙七個兒子們的妒嫉與誣陷。其中，長子帶素百般要除掉朱蒙，因此設計以賽馬為由，企圖讓如果失敗的朱蒙能知難而退。於是故意給了朱蒙一匹病馬，刁難之，帶素則自已擁有駿馬，穩操勝券。但在朱蒙貼心照料病馬後使牠健康，而帶素則拼命餵食駿馬後使牠肥壯。結果，雖然朱蒙獲勝，但是卻又遭嫉，生命再次受到威脅。其生母柳花獲知後勸誡朱蒙趕緊逃命遠離，於是朱蒙與夫餘人烏伊、摩離、陝父三人逃出夫餘，往南途中，遇到一條大河，無法橫渡，同時追兵在後，在這十分緊急的狀況下，於是朱蒙便向水神禱告說道：「我是天帝的兒子，河神河伯的外孫，後有追兵，無法渡河，請求救命！」此時魚鱉浮出成橋，朱蒙安然渡河後，魚鱉立即消失，擺脫了追兵。據說這條大河即今中國東北地區的渾江。

朱蒙的高句麗建國與其生母柳花的成就

渡河後，朱蒙一行於是來到了土壤肥美，山河險固的卒本夫餘（今中國遼寧省桓仁縣），立都建國，國號高句麗，朱蒙為高句麗始祖。稱號朱蒙王或東明聖王【동명성왕】，姓「高」。此時為東明聖王1年（西紀前37年）。其領土範圍幾經征戰，為中國東北地區與韓半島北部，十分遼闊。周邊鄰國，東有夫餘、沃沮【옥저】、邑婁【읍루】（今女真族【여진족】或滿族【만족】），南有東濊【동예】。社會風俗制度皆與夫餘相同。但其性格兇急善戰，有氣力、尚習武；衣著區分貴賤；婚姻制度是同姓不婚的族外婚，同時有入贅婚。秋收感恩時，有東盟祭，即在東邊的隧穴迎接隧神之後，前往東邊的河邊祭祀，意在紀念聖母柳花生出兒子始祖朱蒙。日後，高句麗逐漸壯大，發展成為一個頗具規模的國家。關於柳花，是朱蒙的生母，在朱蒙歷經許多險境與危機時，護子心切，又給予穀種支援，以發揮偉大的母愛精神，讓朱蒙克服萬難，轉禍為福，打敗宿敵，成功建國，而被尊稱為民族英雄，可謂柳花教子有方，愛子心切，使柳花成為具有宗教崇拜、象徵永續生命與消災解厄，以及農業豐饒的女神。因此，被尊稱為建國之母與東國聖母【동국성모】。

✛ 韓國史小提醒

朱蒙自幼聰穎，擅長騎馬射箭，因此「朱蒙」一詞，有善射之意。

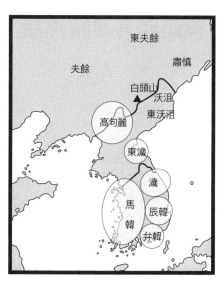

▲朱蒙建國高句麗位置圖

高句麗興起與其建國神話

父＝水神河伯

女兒＝柳花
妻＝柳花，朱蒙生母

夫＝東夫餘國王金蛙，
朱蒙養父

天帝之子

北（西）夫餘始祖＝解
慕漱射一道光芒照進
柳花肚子而懷孕

生出一個巨蛋→男孩
＝朱蒙（天帝之子）

> #### 社會風俗制度
>
> 高句麗皆與夫餘相同。
>
> 性格：兇急善戰・有氣力、尚習武，衣著區分
> 　　　貴賤。
>
> 婚姻制度：同姓不婚的族外婚，有入贅婚。
>
> 秋收感恩＝東盟祭：在東邊隧穴迎接隧神再
> 　　　　　往東邊河邊祭祀→紀念聖母柳
> 　　　　　花生出兒子始祖朱蒙。

朱蒙

避金蛙之子們追殺，逃往南方建國，國號
高句麗＝高句麗建國始祖、朱蒙王、東明聖
王，姓「高」→尊稱民族英雄。

柳花

朱蒙生母，多次助朱蒙化解險境與危機，
發揮偉大母愛精神，柳花教子有方，使朱
蒙成功建國高句麗。

柳花被神格化後

因宗教崇拜、象徵永續生
命與消災解厄，具農業豐
饒的女神身分。

尊稱東國聖母

UNIT 2-10
三國時代：新羅的興起與其建國神話

新羅朴昔金三姓與南部小國的建國始祖神話與都具有共同的特色，就是天降誕生，以及卵生，呈現新羅始祖的出世不凡與天命神聖，崛起於韓半島東部。

圖解韓國史

新羅三姓始祖的朴氏

新羅【신라】有朴・昔・金【박・석・김】三姓建國始祖神話，皆載於韓國《三國史記》，如：朴氏王朝始祖神話，即新羅本居辰韓【진한】，建國始祖是朴赫居世【박혁거세】，國號徐羅伐【서벌라】，西紀前69年，有六位村長聚集討論建國家，並相互推舉一名國王，以維護社會秩序，但六位村長皆謙讓而難產，於是大家正在苦惱中，突然天空雷電交加，出現一匹白馬從天而飛下，來到山麓的蘿井旁，跪地長鳴後，便又升天而消失。此時，六位村長看到原處留有一個紫光閃爍的大卵，卵中生出有一名男孩，其貌英俊而神奇，於是朴赫居世居西干1年（西紀前57年），六位村長一致擁戴推崇男孩為國王。因其卵似匏瓜，而以匏的同音字「朴」為姓，全名為朴赫居世，「赫居世」為世界充滿光明之意。稱號朴赫居世居西干，「居西干」（거서간）為新羅古代國王之意。朴赫居世的夫人為閼英【알영】，其由來是朴赫居世居西干5年（前53）年，有一條龍出現在閼英井，其右腋下生出一名女嬰，被一位老婦收養，並以井名命名。同時成為朴赫居世的王妃。由於朴赫居世與閼英夫人皆以賢能著稱，被尊奉為「二聖」。

新羅三姓始祖的昔氏與金氏

昔氏王朝始祖神話，在西紀57年即位的昔脫解尼師今【석탈해니사금】，也是新羅第6代國王，是從大卵出生，國王認為人類生卵是不祥之兆，欲棄之，而其妻就用布包裹卵，並與寶物置於櫝（木匣）中，拋浮於海，此時有一隻鵲鳥飛鳴而隨之，後來被一位老婦所收養，因此，這昔姓就是源於鵲字。同時，因為這個卵是從櫝中釋出，而取名脫解。南解5年（8），朴赫居世之子，亦即新羅第2代國王南解次次雄（남해차차웅）以昔脫解為女婿，來輔佐政務。爾後，第5代國王儒理尼師今遺言將王位傳給賢明的昔脫解。於是朴・昔兩氏政權交替。尼師今為新羅古代第3代到第18代的國王之意。脫解尼師今在位二十三年後，便將王位讓給儒理尼師今之子婆娑尼師今。再者，金氏王朝始祖神話，在脫解泥師今9年（65），脫解尼師今在慶州（位於韓國慶尚北道）的樹林中聽到有雞鳴，便派宰相瓠公前去查看，瓠公在樹林中發現一個掛在樹上的金櫃，打開金櫃後，發現櫃內有一個小男孩，於是被脫解尼師今收養為太子。由於這小男孩來自金櫃，所以被脫解尼師今命為金氏，名字稱為金閼智【김알지】，閼為金色之意；智為尊長之意，可謂是金氏的族長，如此也成為金姓的始祖。而最初發現金櫃的樹林也因此改名為雞林。爾後國號雞林【계림】。而儒理尼師今19年（42），新羅南部有一個小國，稱為加耶【가야】國，又稱為駕洛（가락）國，昔為弁韓【변한】，其始祖是從天上降下六個金卵，其中一個金卵的男孩，成為國王，名叫金首露王【김수로왕】，其他五個金卵的男孩們，則各自成為五加耶的主人。法興王19年（532），被新羅合併。爾後，第22代國王金智證王【김지증왕】，在智證王4年（503）正式定國號為新羅，意為「王業日新，四方網羅」。從此，新羅國家體制發展更加完備，並接受中國文化。

新羅三姓建國始祖神話：朴‧昔‧金＝居昔弁韓之地

三姓	建國始祖	國號	由來
朴	朴赫居世	徐羅伐	天降白馬，留卵生出男孩，卵似「瓢、匏」＝「朴」
昔	昔脫解	新羅	由大卵生出，被棄於海，飛鵲隨之，「昔」＝「鵲」
金	金閼智	加耶國→新羅	天降六金卵之一的男孩，名叫金首露王

朴

天降白馬，留卵生出男孩。

昔

由大卵生出，被棄於海。

金

天降六金卵之一的男孩，名叫金首露王。

✛ **韓國史小提醒**

　　六加耶：金官加耶（加耶國）、大加耶、星山加耶、阿羅加耶、古寧加耶、小加耶。

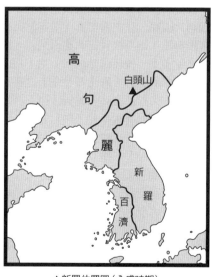

▲新羅位置圖（全盛時期）

UNIT 2-11
三國時代：百濟的興起與建國

百濟是以夫餘族與高句麗族為主的國家，是由高句麗南下的移民團體，而崛起於韓半島漢江流域一帶。其建國始祖有三種說法，而以溫祚始祖說為主。

圖解韓國史

百濟始祖溫祚說

百濟【백제】（又稱南夫餘【남부여】）是位於韓半島【한반도】西南的國家，居昔馬韓【마한】之地，其族源自高句麗【고구려】的夫餘。百濟建國神話，依據韓國《三國史記》記載，則有三種說法，一是溫祚【온조】始祖說；二是沸流【비류】始祖說；三是仇台【구태】始祖說。即依百濟是高句麗始祖朱蒙【주몽】的第三子溫祚於高句麗瑠璃明王2年（西紀前18年）在漢江【한강】南岸的慰禮城【위례성】（今韓國首都首爾市【서울시】）建國，即位為溫祚王。因此，百濟源自高句麗。最初國號「十濟」【십제】（擁有十位大臣輔佐之意），爾後許多百姓慕名而來聚居，溫祚欣然接納，於是勢力逐漸成長，成為大國，因此，改國號為「百濟」（百家濟海樂從之意，亦即一百個集團渡海後所建立國家）。百濟北方有肅慎系的靺鞨族【말갈족】（今女真族【여진족】或滿族【만족】）盤據，勇猛善戰。溫祚王3年（前6）起，靺鞨族時常入侵百濟，但是百濟皆能成功擊退。溫祚王13年（前16），在漢江附近遷都，劃定領土疆界。爾後，靺鞨族仍有來侵之事。溫祚王26年（前29），百濟趁馬韓漸弱，上下離心，襲擊之，併吞了馬韓。

百濟始祖沸流與仇台說

到了百濟第8代國王仇台（古爾【고이】）時，實施中央集權，確立了完善的國家體制。因此，在中國史書《周書》與《隋書》則稱仇台是百濟的建國始祖。另外，又有謂沸流才是百濟真正的建國始祖，即百濟始祖是沸流王或溫祚王的說法。召西奴為本夫餘人士，曾經嫁給仇台，生下長子沸流王（兄）與次子溫祚王（弟）。為東夫餘【동부여】王解夫婁【해부루】之孫。爾後，仇台去世。同時，東明王【동명왕】朱蒙在卒本夫餘建國高句麗後，將召西奴納為王妃，也成為沸流與溫祚的繼父。再者，朱蒙由於冊封其親生兒子類利【유리】為太子，使得沸流與溫祚變成無立身之地。因此，兄弟兩人各自率領民眾移民南遷新處所，沸流到達彌鄒忽【미추홀】（今韓國仁川市【인천시】）建立新都；而溫祚則到達慰禮城建立新都。最後，溫祚的慰禮城合併了沸流的彌鄒忽，是為奠立了統一百濟的基礎。其中，百濟第11代國王沸流便成為百濟建國始祖。綜上所述，百濟是自高句麗南下，在漢江流域一帶所建立的國家，可說是最可信。同時，受到認定最多的是溫祚始祖說。

百濟的興起與建國

百濟
=
南夫餘
=
昔馬韓之地

族源
⋮
高句麗‧夫餘

▲百濟興建國置圖

百濟建國神話

| 溫祚始祖說 | 高句麗始祖朱蒙的第三子,在漢江南岸慰禮城(今韓國京畿道河南市)建國。 |

最可信,多受認定。

| 沸流始祖說 | 沸流與溫祚的父親是仇台,繼父是朱蒙。 |
| 仇台始祖說 | 實施中央集權,確立了完善的國家體制。 |

✛ 韓國史小提醒

　　關於百濟建國,其組職成員可說是夫餘與高句麗系統的流民勢力與漢江流域的土著勢力結合而成,形成高句麗集團為主要的統治階層。其中溫祚集團定居在漢江流域時,獲得從馬韓故地為中心算起,方圓一百里的土地而建立的十濟,之後再與沸流集團形成聯盟,改國號為百濟。另外,關於百濟建國始祖,在韓國《三國史記》中,之所以有三種說法,應該是各自依據其所屬部落地名與其領導人而定位的,即一、溫祚始祖說:慰禮部落領導人是溫祚;二是沸流始祖說:彌鄒忽部落領導人是沸流;三是仇台始祖說:帶方(今朝鮮黃海北道沙里院市)部落領導人是仇台,為東明王朱蒙的後孫。

UNIT 2-12
三國時代：高句麗的發展與全盛

高句麗在建國始祖朱蒙的開基經營下，迅速擴展版圖。其後諸王也以此成果，使漢四郡擺脫中國的統治，自主獨立。其間雖曾遭遇挫折，但是越挫越勇，尤以廣開土王與長壽王最為鼎盛，使得高句麗國勢登峰造極，聲威遠播。

漢四郡的瓦解

　　高句麗【고구려】建國後，便迅速向外拓展領土，第6代國王太祖王【태조왕】在位的94年期間（西紀53年-146年）曾經攻擊遼東【요동】（中國東北地區），國勢日益強大，逐步併吞周邊的夫餘【부여】、沃沮【옥저】、東濊【동예】、漢四郡【한사군】等。並且脫離中國王莽的新王朝而獨立。到了中國東漢王朝成立後，東漢光武帝接受了高句麗朝貢，也阻止高句麗的勢力擴張。在東漢末期中國大陸發生動亂，公孫氏乘機崛起遼東後，被曹魏與高句麗聯軍滅亡。東川王20年（246），曹魏完全取得遼東領土，使高句麗不滿而征伐曹魏，曹魏幽州刺史毌丘儉予以反擊，攻破高句麗，第11代國王東川王【동천왕】敗走。毌丘儉再派玄菟【현토】太守王頎追擊到沃沮。如此，高句麗遭受到曹魏的嚴重打擊而開始勵精圖治，蓄勢待發。到了第15代國王美川王【미천왕】18年（317）時，美川王全力征討，成功地將中國的漢四郡勢力完全從韓半島【한반도】驅逐出去。同時，全盤接收豐盛的物資文化，並且領有西海領域（即黃海）而得以活躍於國際，也取得南進的基礎。

高句麗的壯大

　　這時，中國魏晉政權交替與五胡亂華時，高句麗面臨了兩大新勁敵的威脅，即鮮卑前燕慕容皝的入侵與百濟【백제】勢力也勃興，再次遭到嚴重的挫敗。但是到了第19代國王廣開土王【광개토왕】（亦號稱好太王【호태왕】、永樂大王【영락대왕】，永樂是其年號）在位的22年期間（391-412），賢明英勇，百戰百勝，征服鮮卑後燕、百濟、東濊、肅慎【숙신】、漢四郡故地等處，及協助新羅【신라】消滅倭軍，完全收復中國東北地區與韓半島漢江【한강】以北（古朝鮮之地），使得高句麗再次從遼東復興，成為霸主，擴張版圖，成為大國，其子第20代國王長壽王【장수왕】為了繼承此豐功偉業，稱頌其父，而建立「廣開土王碑」【광개토왕비】以資紀念。長壽王在位的79年期間（413-491）是高句麗的全盛時期，其重要事蹟為長壽王15年（427），長壽王將高句麗首都遷到位於大同江【대동강】流域的平壤【평양】，此處豐饒優越，地理位置非常重要，自古便為政經文化中心。同時與中國南北朝往來，以鞏固在遼東地區的國際地位。長壽王63年（475），長壽王向南擴張，成功征服百濟，迫使百濟政權南移，因此，高句麗國勢日益壯大。

高句麗的發展與全盛

▲高句麗位置圖（全盛時期）

太祖王

迅速向外拓展領土，攻擊遼東，國勢日強，併吞周邊國家。脫離中國王莽新王朝而獨立。中國東漢光武帝接受高句麗朝貢，以防高句麗擴張。

美川王

成功逐出中國漢四郡勢力，全盤接收豐盛的物資文化，領有西海領域而得以活躍於國際，也取得南進的基礎。但面臨鮮卑、百濟兩大勁敵威脅，遭到嚴重挫敗。

廣開土王

（永樂大王、好太王）：賢明英勇，百戰百勝，征服周邊國家及協助新羅消滅倭軍，盡收中國東北地區與韓半島漢江以北（古朝鮮之地），使高句麗再次從遼東復興，成為霸主，擴張版圖，成為大國。

長壽王

為高句麗全盛時期國王，為繼承與紀念父親廣開土王豐功偉業，建立「廣開土王碑」。遷都豐饒優越及歷代政經文化中心：平壤。與中國南北朝往來，以鞏固在遼東地區的國際地位。向南擴張，成功征服百濟，使高句麗國勢日益壯大。

✚ 韓國史小提醒

廣開土王碑，又稱為好太王碑，為高句麗長壽王為紀念其父親好太王的豐功偉績，而且當時正值高句麗的鼎盛時期。長方形的石柱碑，高約6.4公尺，寬約2公尺，四面環刻漢字而成的碑文。長壽王二年（414），立於好太王陵之東，在今中國東北地區吉林省集安市。曾被譽為「海東方第一碑」。2004年曾獲選為世界文化遺產。由於此碑記載史實內容完整，涉及面廣，對研究高句麗的政治、軍事、文化、制度、傳統，以及其與新羅、百濟與日本等國的關係，都有很重要的意義。

UNIT 2-13
三國時代：百濟的發展與全盛

百濟在建國始祖溫祚的經營下，國家版圖迅速擴張。爾後諸王也繼往開來。其間雖曾遭遇威脅，但尤以近肖古王時期最為鼎盛；近仇首王時期成為海權霸主。其中，王仁博士將高度的百濟文化傳播給日本，貢獻頗大。

圖解韓國史

百濟的壯大

百濟【백제】第 8 代國王古爾王【고이왕】執政時期（西紀 234 年 -286 年），確立了中央集權與國家制度，開始正式發展。爾後與北邊的高句麗【고구려】發生衝突，其原因是在 4 世紀時，高句麗曾經逐出中國漢四郡【한사군】的統治，以及平定鄰族靺鞨族【말갈족】（今女真族【여진족】或滿族【만족】）後，南向漢江【한강】流域擴張疆土，使百濟受到威脅。但是此時，百濟也往南平定馬韓【마한】，國勢也逐漸壯大。到了第 13 代國王近肖古王【근초고왕】時期（346-375），展開擴張領土的運動，派遣太子近仇首王【근구수왕】率兵北往平壤【평양】（今朝鮮民主主義人民共和國首都平壤市）擊潰入侵的高句麗，使百濟再次控制了此區域，近肖古王 26 年（371），就將首都遷回漢江流域北邊，此時百濟達到鼎盛階段。另外，第 14 代國王近仇首王時期（375-384），百濟積極地吸收中國文化與技術，也發展成為海上強國，並且佛教成為百濟國教。

百濟的再興

百濟與中國東晉王朝及日本大和王朝保持良好關係，其中曾派百濟漢學家王仁博士【왕인박사】帶著中國典籍《論語》與《千字文》出訪日本，傳達了漢字、儒教與佛教。因此，在韓國【한국】，王仁博士被視為傳達進步的文化給日本的韓國人。後來，百濟又遭到高句麗廣開土王與長壽王的多次攻擊，始終敗北，國土喪失不少。因此，使得許多民眾成群結隊逃往新羅【신라】避難，最後屈服於高句麗。後來百濟雖然致力與中國、新羅、倭國外交結盟，以抗高句麗，但是仍然失敗，漢江流域的首都慰禮城【위례성】（今韓國首都首爾市【서울시】）則淪陷，便再遷都熊津（今韓國忠清南道公州市【공주시】），重建國家。耽羅國【탐라국】（今韓國濟州道）則來獻貢物，可知百濟仍有一定實力。最後百濟與新羅同盟，一同北進對抗強敵高句麗，也曾征服耽羅國。第 26 代國王聖王【성왕】時期（523-554），百濟再度成為強國，佛教興盛，並與中國修好，此時百濟文化、外交都呈現蓬勃發展的景況。並且曾經數次擊退高句麗再犯；另外，由於領土被新羅奪佔，而使得雙方關係由好轉惡，從此戰事不斷。

百濟的發展與全盛

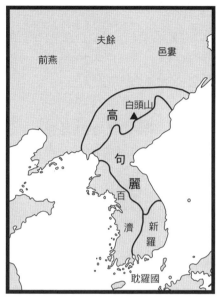
▲百濟（全盛時期）與耽羅國位置圖）

古爾王

確立中央集權與國家制度。曾與高句麗發生衝突。往南平定馬韓，國勢逐漸壯大。

近肖古王

展開擴張領土的運動，擊潰入侵的高句麗，使百濟再次控制漢江流域並遷都於此，此時百濟達到鼎盛階段。

近仇首王

積極地吸收中國文化與技術。發展為海上強國。佛教成為百濟國教。與中國東晉及日本大和王朝友好，曾派遣百濟漢學家王仁博士訪日。

聖王

百濟再度成為強國，佛教興盛，並與中國修好，此時百濟文化、外交都蓬勃發展。曾多次擊退高句麗；因領土被新羅奪佔而雙方關係由好轉惡，從此戰事不斷。

耽羅國（今韓國濟州道）

曾獻貢物予百濟，可知百濟仍有一定實力。被百濟征服耽羅國。

百濟的發展與全盛

王仁博士：百濟漢學家。攜帶中國典籍《論語》與《千字文》，出訪日本，傳達漢字、儒教與佛教，可謂韓國人首次傳達進步的百濟文化予日本。

＋ 韓國史小提醒

王仁博士自幼獨學儒家經書，十八歲便取得五經博士，後來應日本應天天皇（270-310）之邀，東渡日本，擔任天皇的太子的老師，並且傳授先進的技術與工藝，同時也是日本詩歌的創始人。始終致力傳授百濟文化給予日本，可說是日本文化史上的聖人，也是日本的飛鳥文化與奈良文化（7-8世紀）的始祖，對日本文化發展做出相當重要的貢獻。日本史籍《古事記》中曾經提及王仁博士的名字。王仁博士的出生地的故居位於韓國全羅南道靈巖郡西南的雞林村，目前為保存王仁博士的成就與業績的名勝古蹟，此處也是各式菊花的盛產地。當地政府有定期主辦有關王仁博士的兩個重大活動：一是每年三月份王仁博士追慕祭典的紀念活動，二是每年十月末到十一月份有秋季代表的花朵菊花的「王仁菊花祝祭」的慶典。因此，深具鄉土風味。

UNIT *2-14*
三國時代：新羅的發展與全盛

新羅在建國始祖朴赫居世的經營下，國家基盤得以穩固。其後在國王奈勿的積極整備下，使得國家制度與文物突飛猛進，貢獻頗大，而被推舉為新羅始祖。爾後諸王的持續發展，制度完備，版圖擴張。此外，象徵新羅精神的花郎徒最為著稱。

圖解韓國史

新羅的壯大

新羅【신라】在三國的發展中，比較緩慢，原因是位於韓半島【한반도】東南部，地處偏遠，以致無法接觸中國，以及大同江【대동강】流域王儉城【왕검성】（今朝鮮民主主義人民共和國首都平壤市【평양시】）一帶的先進文明。再者，北邊的高句麗【고구려】與漢四郡【한사군】的強大勢力南下。同時，西邊的百濟【백제】也已經完成國家基礎。南邊以弁韓【변한】為根據地的加耶【가야】也在逐漸茁壯中。如此，新羅在這四周強鄰的夾縫中求生存，可說是國弱難伸，勢必努力突破重圍。於是在4世紀初，新羅開始展現強勢，擴張領土。第17代國王奈勿尼師今【내물니사금】時期（西紀356年-402年），開始整備國家制度，並且確立了金氏一族世襲的君主制度，國家正式運作。如此，使得國家制度與文物突飛猛進，因而有謂奈勿尼師今為新羅始祖（如同有謂以古爾王為百濟始祖）。新羅在發展時期，時常征討不斷來犯的倭國（日本），倭國的來犯比起高句麗來侵的次數還要來的多。

新羅的擴張

同時，新羅曾經與高句麗交流結盟為一派；反之，百濟、加耶則與倭國結盟為一派，兩派形成對立，常有一觸即發的危機。如：新羅受高句麗兵援得以擊退倭國，但是新羅曾經誤殺高句麗將領而造成麗羅雙方關係的惡化。另外，新羅往西發展，百濟則往東發展，雙方理應衝突，但是其實不然。如：1世紀時，百濟曾經聯合倭國多次攻擊新羅，但是5世紀初，由於高句麗的多次侵略與威脅，使百濟求助倭國與新羅，於是羅濟雙方關係因而和解與友好，並且羅濟兩國再與加耶結盟，三方共同抵抗高句麗的侵略。爾後，羅濟的友好，兩國關係更加深厚。第22代國王智證王【지증왕】時期（500-514），曾派兵征服于山國【우산국】（今韓國慶尚北道【경상북도】鬱陵島【울릉도】）。同時，確定正式國號為新羅（王業日新，四方網羅之意），並且完全接受中國政治制度，使新羅的國家制度大為完備，也開始用「王」的稱號。到了第23代國王法興王【법흥왕】時期（514-540），國家制度更加完善，並承認佛教傳播，並向南擴張領土。第24代國王真興王【진흥왕】時期（540-576），完成合併加耶國。又聯合百濟攻打高句麗，取得漢江【한강】流域，之後又搶奪百濟所佔的高句麗故地，使羅濟友好關係轉惡。最後，真興王37年（576），真興王為了培養文武兼備的青少年人才，成立國家級的正規教育機構，而創設「花郎徒」【화랑도】制度，象徵著新羅精神，也稱為花郎徒精神。

✛ 韓國史小提醒

花郎徒為招收俊美的貴族青少年，接受文武合一與愛國愛族意識的訓練的民間團體組織。後由政府接管，可說是國家的優秀精英、國防的精銳尖兵。

新羅的發展與全盛

奈勿尼師今

開始整備國家制度，確立金氏一族世襲的君主制度，國家正式運作，使國家制度與文物突飛猛進，曾謂奈勿尼師今為新羅始祖。

羅倭關係

新羅發展時期，時常征討多次來犯的倭國，比高句麗來侵還多。

羅 ＋ 麗 ＝ 友好

新羅＋高句麗 ＝ 交流結盟 ←→ 百濟＋加耶＋倭國 ＝ 結盟

↓

擊退倭國　　　　　　　　兩派一觸即發

羅 ＋ 麗 ＝ 惡化 → 新羅曾誤殺高句麗將領

羅 ＋ 麗 ＝ 惡化 → 友好　新羅往西發展，百濟則往東發展，雙方理應衝突，但卻不然。

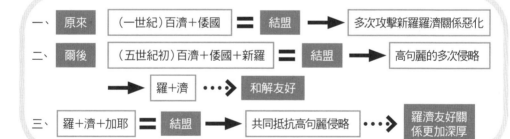

一、 原來　（一世紀）百濟＋倭國 ＝ 結盟 → 多次攻擊新羅羅濟關係惡化

二、 爾後　（五世紀初）百濟＋倭國＋新羅 ＝ 結盟 → 高句麗的多次侵略

→ 羅＋濟 ⋯→ 和解友好

三、 羅＋濟＋加耶 ＝ 結盟 → 共同抵抗高句麗侵略 ⋯→ 羅濟友好關係更加深厚

韓國花郎道比賽中的一個場景

智證王　征服于山國（鬱陵島），正式國號定為新羅（德業日新，網羅四方），完全接受中國政治制度，使新羅國家制度完備，也開始用「王」的稱號。

法興王　國家制度更加完善，承認佛教傳播，向南擴張領土。

真興王　完成合併加耶國，聯合百濟攻打高句麗，取得漢江流域，並搶奪百濟所佔的高句麗故地，使羅濟關係轉惡。培養文武兼備人才，創設象徵新羅精神——「花郎徒制」＝「花郎徒精神」。

UNIT *2-15*
三國鼎立：麗濟羅與其對外關係

三國時代的高句麗、百濟、新羅崛起於韓半島，發展勢均力敵，於是三國鼎立。但是三國與唐、外族關係的糾葛，外交紛爭不斷。

高句麗的衰微

高句麗【고구려】全盛時期是廣開土王【광개토왕】（廣開土王1年-22年，西紀391-412）與長壽王【장수왕】（長壽王1-80，412-491），總計長達約101年。但是長壽王逝世後，高句麗便開始衰退，原因是遭到百濟【백제】、新羅【신라】、加耶【가야】、倭國等的聯合對抗，高句麗只好求助於中國大陸的魏國，可是仍遭百濟與新羅的進逼而節節敗退，然而越挫越勇，持續備戰。如此，韓半島【한반도】形成所謂麗濟羅三國鼎立的情勢。而隋王朝統一中國魏晉南北朝（平原王23，581）後，企圖想要侵略高句麗，高句麗則嚴陣以待，並且假裝與隋王朝友好。之後，高句麗嬰陽王9年（598），突然聯合靺鞨族【말갈족】（今女真族【여진족】、滿族【만족】）先發制人攻擊隋的遼西（今中國河北省、遼寧省一帶），隋文帝得知後，征伐高句麗而戰敗。嬰陽王18年（607），高句麗分別與女真族、突厥建交，使隋煬帝大怒，三年期間（嬰陽王22-25，611-614）三次親征高句麗均告失敗，而高句麗在濟羅兩國的壓制下反擊後，逐漸衰微。

濟麗亡國與新羅統一

中國唐王朝時期，與高句麗關係由好生惡。高句麗寶藏王4年（645），唐太宗曾經以高句麗淵蓋蘇文【연개소문】發動政變為由入侵高句麗多次也未果。其間，百濟趁勢多次侵略新羅，新羅則求援於唐王朝、高句麗皆未果，高句麗反而聯合百濟多次侵略新羅，但是由於高句麗又加上先前曾經抵禦唐王朝的入侵之故，更是加速了高句麗的衰微之勢。新羅則再請求與唐王朝聯盟，並且派遣大將金庾信【김유신】出征，首先征伐百濟，由於百濟因多次侵略新羅，國力漸衰，社會紊亂，而在百濟義慈王20年（高句麗寶藏王19、新羅武烈王7，660），被羅唐聯軍滅亡。之後，高句麗由於淵蓋蘇文去世，內部發生紛爭，加上長年飢荒，於是遭到羅唐聯軍乘機合攻，在此危急的情勢下，高句麗再度派遣大將金庾信出征，在寶藏王27年（新羅文武王8，668），消滅了曾經號稱東亞大國的高句麗。百濟與高句麗亡國後，雖然曾經發生復興運動，但是仍告失敗。最後，新羅因不滿唐王朝以殖民統治的方式對濟麗故地的完全控制，因此，聯合濟麗遺民，發動反唐運動，以武力多次打敗唐軍，迫使唐王朝勢力徹底地退出大同江（今朝鮮民主主義人民共和國首都平壤市【평양시】一帶）以南的韓半島。此時，新羅便開始宣稱繼承與統合了高句麗與百濟，而連同新羅本身，建立起統一新羅的新興國家政權。

> **✚ 韓國史小提醒**
>
> 　淵蓋蘇文（？-寶藏王24，？-655），性格殘暴，強悍獨裁。一般對他評價不一，即為高句麗被唐滅亡的元凶，但也是曾經成功抗唐的高句麗民族英雄。

三國鼎立

高句麗　全盛時期：廣開土王與長壽王
開始衰退：長壽王逝後

三國鼎立原因：衰退的高句麗遭百濟、新羅、加耶、倭國等聯合對抗，便向中國大陸的魏國求援，但仍不敵而敗退，於是韓半島形成麗濟羅三國鼎立情勢。

隋文帝征伐高句麗

中國隋王朝欲侵略高句麗，高句麗則佯裝與隋友好。後來突然聯合靺鞨攻擊隋的遼西，隋文帝便征伐高句麗而戰敗。

高句麗與女真族、突厥建交，使隋煬帝大怒，三年三次親征高句麗皆敗，但高句麗遭濟羅的壓制下漸衰。

中國唐王朝

與高句麗關係由好生惡，唐太宗以高句麗淵蓋蘇文發動政變為由，入侵高句麗多次也未果。

高句麗衰微　百濟多次侵略新羅，新羅求援唐、高句麗皆未果，高句麗反而聯合百濟多次侵略新羅，加上先前抵禦唐王朝的入侵之故，更加速高句麗的衰微。

百濟滅亡　新羅再求與唐聯盟，派金庾信出征，首征百濟，但百濟因多次侵略新羅而國家衰亂，被羅唐聯軍滅亡。

高句麗滅亡　由於內憂外患，便遭羅唐聯軍攻擊，派新羅大將金庾信出征，消滅高句麗。

濟麗復興運動　濟麗亡國後，雖曾有復興運動，但仍告失敗。

統一新羅的成立　新羅不滿唐的殖民統治方式對濟麗故地控制，而聯合濟麗遺民反唐，迫使唐勢力完全退出韓半島。此時，新羅繼承麗濟而建立新政權－統一新羅。

新羅大將金庾信出征，消滅高句麗。

UNIT 2-16
三國麗濟羅的政治、經濟

三國時代，高句麗、百濟、新羅三國的國家體制發展為以國王為中心的中央集權，官僚體系也制度化；三國的政治結構與經濟方式大致相同。

圖解韓國史

高句麗與百濟的政治與經濟

　　高句麗【고구려】開始確立中央集權的國家體制是在第 6 代國王太祖王【대조왕】時期（西紀 53 年 -146 年）。政治方面，行政區劃分為中央與地方，各設五部的組織。首都為平壤【평양】（今朝鮮民主主義人民共和國首都平壤市）；國王之下設置官制，分為十四個等級。法律採取刑罰嚴峻，有賠償與死刑。軍事組織則以國王為最高統帥。社會階層可以分為國王與貴族、人民與奴隸。國王與貴族一同掌控政治、軍事、教育、祭祀等資源。經濟活動方面，人民與奴隸則擔任農、工、漁、商、畜牧等職業。土地為國家所有，而依照等級適時分配給有功者與人民。有納稅制度，依據貧富課稅，並且區分為租（個人納布、糧）與稅（家庭納糧）；再者，有《賑貸法》來救濟貧戶。百濟【백제】的國家體制與經濟結構皆與高句麗相同。政治方面，行政區劃分為中央五部與地方五方，首都為熊津【웅진】（韓國忠清南道公州市【공주시】）。官制則分為十六個等級；刑罰、納稅制度也與高句麗相同。與中國、日本有貿易往來。

新羅的政治與經濟

　　新羅【신라】在國家發展方面稍晚，其政治體制與經濟模式也都與高句麗相似。政治方面，行政區劃分為中央六部與地方五州。首都為慶州【경주】（韓國慶尚北道慶州市）；官制分為十七個等級。軍事組織則分為：中央有大幢（勁旅部隊），地方則有六停（軍團）。其中，有所謂「花郎徒」【화랑도】的組織，是由貴族青少年所組成的精英集團，文武兼備，是十分優秀傑出的國家人才，為國效力。而王室（朴‧昔‧金【박‧석‧김】三姓）非常注重血統，即「骨」，稱為「骨品（血緣）制」，分為聖骨（父母皆王種）與真骨（父母中一人為王種）。其次有頭品制，即貴族（統治階層）是四、五、六頭品；平民（被統治階層）則為一、二、三頭品。這種嚴格身分制度都與擔任官職、日常生活有關。和白會議是貴族或大臣商議重大事項的決策機構，如：王位繼承、作戰等國事，如有一人反對，則無法執行，可謂早已具有民主制度的基礎。此外，其他方面，如：刑罰制度、納稅制度、經貿方面也都與高句麗相同。也與中國、日本有貿易往來。

＋ 韓國史小提醒

　　高句麗的中央五部與地方五部各設：東部、西部、南部、北部、內部。百濟的中央五部與地方五方各設：上部/方、前部/方、中部/方、下部/方、後部/方。新羅的中央六部：梁部、沙梁部、本彼部、漸梁部、漢祇部、習比部；地方五州：上州、下州、南川州、首若州、河西州。

高句麗

| 太祖王時期 | 高句麗開始確立中央集權的國家體制。 |

| 政治方面 | 行政區劃分 ➡ | 中央與地方各設5部 | = | 各設東／西／南／北／內 |

| 國王下設官制 | 14等，其中「大對盧」相當今之總理。
軍事組織最高統帥：國王
社會階層：分為國王與貴族、人民、奴隸
掌控政治、軍事、教育、祭祀等資源 |

| 法律 | 刑罰嚴峻 |

| 經濟活動 | 人民與奴隸任職：農工漁商牧
土地國有、納稅制度、《賑貸法》 |

百濟

| 國家體制與經濟方面皆同高句麗 |

| 政治方面 | 行政區劃分 ➡ | 中央5部 | = | 上／前／中／下／後 |
| | | 地方5方 | = | 東／西／南／北／中 |

| 官制 | 16等、6位佐平，其中「內臣佐平」相當今之總理。
中央官廳有22部。 |

| 刑罰、納稅制度皆同高句麗 |

| 貿易 | 與中國、日本有往來。 |

新羅

| 國家體制與經濟方面皆同高句麗 |

| 政治方面 | 行政區劃分 ➡ | 中央6部 | = | 似麗濟之5部 |
| | | 地方5州 | = | 上／下／南川／首若／河西 |

| 官制 | 17等，其中「伊伐 」相當今之總理，中央官廳有9部。 |

| 血統 | 王室（朴昔金三姓）非常注重血統，即「骨」，稱為「骨品（血緣）制」，分為聖骨（父母皆王種）與真骨（父母中一人為王種）。 |

| 軍事組織 | 中央＝大幢（勁旅部隊）
地方＝6停（軍團） |

| 「花郎徒」組織 | 文武兼備優秀傑出的國家人才，由貴族青少年所組成的精英集團。 |

| 頭品制 | 嚴格身分制度，貴族（統治階層）是四五六頭品；平民（被統治階層）則為一二三頭品。 |

| 和白會議 | 貴族或大臣商議重大事項的決策機構，早已具有民主制度的基礎。 |

| 刑罰、納稅制度皆同高句麗 |

| 貿易 | 與中國、日本有往來。 |

UNIT *2-17*
三國麗濟羅的社會、文化

三國時代,高句麗、百濟、新羅三國的社會與文化發展十分發達,學術、風俗、藝術、技藝等項目大多相同,但各具有其傳統特色。

圖解韓國史

麗濟羅的學術、風俗

　　三國麗濟羅時期的社會文化發展已經是非常發達,如:信奉自然崇拜的原始宗教,稱為薩滿教【Shamanism,샤머니즘,源自滿語,有智者、通曉之意】或巫術(巫堂【무당】),也有祖先崇拜。同時,三國也各自信仰自己國家的始祖神明,如:高句麗【고구려】的聖母柳花夫人【성모유화부인】及其子東明聖王朱蒙【동명성왕주몽】,百濟【백제】的東明聖王朱蒙與仇台【구태】,新羅【신라】的朴·昔·金【박·석·김】三姓。之後,在4世紀時,佛教首先由中國晉王朝傳入高句麗小獸林王【소수림왕】執政時期(西紀371年-384年),分別再傳到百濟、新羅。從此,佛教盛行三國之間。此外,約在中國唐王朝時期,道教也傳到三國。而漢字【한자】的使用與普遍化,使得三國的學術都很發達,如:高句麗有設置太學、經堂。同時,儒教也傳入。百濟則有設置五經博士制度。而三國中,新羅雖然發展較慢,但是在佛教與儒教的經典普及下,漢字的使用更加廣泛,學問也逐漸興盛,尤其是薛聰【설총】法師創製吏讀【이두】的漢字來標示韓文【한글】發音,可以廣泛地運用在各種記錄與詩歌音樂,其中以漢詩製作的鄉歌最有名。而編纂史書為三國的共同特點,如:高句麗的《留記》【유기】,百濟的《書記》【서기】,新羅的《國史》【국사】,展現重視國家歷史與發揚國家意識。再者,生活方面,三國貴族皆居住華麗的瓦房,如同豪宅,平民則是居住茅屋。冬季皆使用溫突【온돌】的暖房設備,起源於高句麗。服飾皆以寬大為主。節慶方面,三國皆有農曆新年、中秋節、端午節等三大傳統節日,以及佛·道·儒三教的紀念活動。

麗濟羅的藝術、技藝

　　音樂方面,三國都以詩歌為題材的宗教儀式或創作方式的音樂也都盛行,樂器種類也非常多樣,其中以高句麗著名音樂家王山岳【왕산악】製作的玄鶴琴【거문고】所創作百餘篇樂曲最有名。雕刻建築方面,三國皆以古墳、城牆、宮闕、寺廟、塔、佛像最多,十分豐盛;而字畫都以古墳壁畫與古墳、碑文的刻字為著稱,如:高句麗廣開土王陵碑【고구려광개토왕릉비】、百濟義慈王砂宅智積碑【백제의자왕사택지적비】、新羅真興王巡狩碑【신라진흥왕순수비】;工藝品則以金屬與玉石的飾品、器皿為主。總之,以上的製作技術精巧細緻,華麗壯觀,頗具高水準。技藝方面,三國皆有打獵、射箭、石戰、摔跤等為著。此外,新羅精神代表為花郎道【화랑도】,為修道練武的美少男團體,以圓光【원광】法師《世俗五戒》,即「一、事君以忠。二、事親以孝。三、交友以信。四、殺生有擇(仁)。五、臨戰無退(勇)」的忠·孝·信·仁·勇為宗旨,並且融合佛教、儒教思想。新羅真興王時期(534-576),成為國家正式的教育機關,其徒眾稱為花郎徒【화랑도】,曾經協助新羅達成三國統一的主力。

＋ 韓國史小提醒

現代的韓國武術界十分尊崇「花郎徒」精神,如:韓國跆拳道與韓國合氣道。

三國麗濟羅時期的社會文化發展已經非常發達

| 宗教 | 一、薩滿教或巫術 | 1. 信奉自然崇拜的原始宗教。2. 信奉始祖神明。 |

高句麗　聖母柳花夫人及其子東明聖王朱蒙

百濟　東明聖王朱蒙與仇台

新羅　朴、昔、金三姓。

朴、昔、金

| 二、佛教 | （四世紀）由中國晉王朝傳入高句麗，再傳濟羅，三國佛教盛行。 | 三、道教 | 中國唐王朝時期傳入三國。 |

| 漢字 | 使用與普遍化，使三國學術發達。 |

一、高句麗：設置太學、經堂，同時儒教也傳入。
二、百濟：設置五經博士制度。
三、新羅：三國當中發展較慢，但佛教與儒教的經典普及，漢字使用更廣泛，學問興盛，以薛聰史讀最著。

••••➤

編纂史書為三國的共同特點

＝

重史愛國

| 音樂 | 皆以詩歌為題材、樂器種類多樣，以高句麗著名音樂家王山岳的玄鶴琴最有名。 |

| 雕刻建築 | 皆以古墳、城牆、宮闕、寺廟、塔、佛像最多；而字畫都以古墳壁畫與古墳、碑文刻字為著，如：高句麗廣開土王陵碑、百濟義慈王砂宅智積碑、新羅真興王巡狩碑。 |

| 工藝品 |

以金屬與玉石的飾品、器皿為主

總之，以上製作技術精緻，華麗壯觀。

| 生活方面 | 貴族住瓦房＝豪宅，平民住茅屋。冬季使用溫突（暖房），起源於高句麗。服飾寬大為主。 |

| 節慶 | 皆有農曆新年、中秋、端午、佛道儒三教的紀念活動。 |

| 節慶 | 打獵、射箭、石戰、摔跤等為著。 |

| 花郎道 | 新羅精神，徒眾稱為花郎徒，為修道練武的美少男團體，以圓光法師「五戒」的忠孝信仁勇為宗旨，融合佛儒思想。真興王時期，成為國家正式的教育機關，曾經協助新羅達成三國統一的主力。 |

UNIT *2-18*
統一新羅與渤海國的南北朝時代的來臨

三國時代，百濟與高句麗相繼亡國後，韓半島出現了南北兩大政權的對峙，即南方的統一新羅與北方的渤海國。新羅有鑑於中國唐王朝的企圖而抗爭成功，促使韓半島的初步統一；渤海國則也是由於對唐抗爭而成功建國，位居韓半島北方與中國東北地區。

圖解韓國史

南朝：統一新羅的成立

　　統一新羅【통일신라】在第 1 代王太宗武烈王 7 年（西紀 660 年），曾經聯合中國唐王朝消滅了百濟【백제】。而在文武王 8 年（668），唐王朝則曾經獨自消滅高句麗【고구려】後，在麗濟兩國故地及部分新羅國土上設置安東都督府，實施殖民統治措施後，剝奪了新羅在麗濟兩國故地的權益，使韓半島【한반도】陷入危機。因此，雖然羅唐兩國曾經聯合作戰，但是新羅為求自保，避免重蹈麗濟兩國被征服的覆轍，於是發揮了獨立精神與自主意識，在文武王 10 年（670），聯合麗濟兩國遺民，以武力全面展開攻擊，往北推進，稱為羅唐戰爭，成功地驅逐唐王朝勢力到大同江【대동강】（居今朝鮮民主主義人民共和國首都平壤市【평양시】）以北一帶，統一了三分之二的韓半島，這在韓國史【한국사】上，具有十分巨大的意義與影響，即民族與國家完全結合為一，也將以往的諸民族與文化團結融合為一個「單一民族」【단일민족】的特色之後，建立起一個國家一個國王的政權，成就了韓半島的國土、民族與國家統一，因此史稱「統一新羅」。同時，也奠定了韓國傳統民族文化的根基而發揚光大，可謂展現出韓國民族「身土不二」【신토불이】的價值觀。再者，統一新羅的領土範圍，雖然並未包含以往高句麗曾經統轄的中國東北地區，但是對於保有韓半島的完整性與韓民族【한민족】的一致性，更具有極大的助益。

北朝：渤海國的建立

　　如上述所言，唐王朝將高句麗故土納入殖民統治時，當地民眾的高句麗、靺鞨族【말갈족】（今女真族【여진족】、滿族【만족】）、契丹族【거란족】、突厥等東北民族也都加入抗爭行列，唐王朝為了安撫該地諸族群的不安狀態，於是在新羅文武王 17 年（677），冊封高句麗第 28 代國王寶藏王【보장왕】為遼東都督朝鮮王，負責管理高句麗故土。但是，寶藏王反而聯合當地諸族群對抗唐王朝，試圖再次建立高句麗政權，後來事跡敗露，被流放而終。此時，高句麗故土出現一位名將，即大祚榮【대조영】，他曾經率領一個由高句麗與靺鞨、契丹等民族所組成的聯軍來對抗唐王朝，其目的就是想要復興高句麗，但是大祚榮的陣營中，都是高句麗族與靺鞨族的遺民，毫無高句麗王族的成員，因此，新羅孝昭王 8 年（699），大祚榮在高句麗故土的東牟山（今中國東北地區吉林省敦化縣）自立為王，成為渤海國的建國始祖，於是渤海國【발해국】正式建立。韓半島便出現了南北兩大政權的對峙，即南方的統一新羅與北方的渤海國。於是，韓國史上的南北朝時代來臨了。

統一新羅（南朝）

統一新羅成立

羅唐滅百濟；唐滅高句麗。新羅以獨立精神與自主意識，成功往北驅逐唐勢力，統一2/3的韓半島。

意義與影響

族國合一、民族文化合一、具「單一民族」特色、政權統一，史稱「統一新羅」，展現韓民族「身土不二」的價值觀，有助於保有韓半島的完整性與韓民族的一致性。

渤海國（北朝）

再建高句麗

高句麗末代王寶藏王抗唐時，試圖再建高句麗失敗。

復興高句麗

▲統一新羅與渤海國位置圖

渤海國成立，高句麗故土名將大祚榮，親率高句麗與靺鞨、契丹等民族聯軍對抗唐，目的要復興高句麗，在高句麗故土東牟山（吉林）自立為王，渤海國成立。

韓半島出現南北兩大政權的對峙

北方 ＝ 渤海國 ◀━━▶ 南方 ＝ 統一新羅

✚ 韓國史小提醒

　　靺鞨族是屬於古代中國東北地區東夷族系統中的肅慎民族，歷代族名不一，如：秦漢時稱為肅慎；魏晉時稱為挹婁；南北朝時稱為勿吉；隋唐時稱靺鞨；宋元明時稱女真；清時稱為滿洲族；民國時稱為滿族或部分仍稱女真族。主要有七部：白山、粟末、伯咄、安車骨、拂涅（沸流）、號室、黑水等。其中，白山、粟末、拂涅三部附屬於高句麗。

UNIT 2-19
統一新羅的政治、經濟

新羅統一三國後，國家制度再整備，版圖擴大，人口大增，可說是韓半島新時代的開始。在政治與經濟的制度大多是參酌中國唐王朝，十分發達。

圖解韓國史

統一新羅的政治

新羅【신라】統一了韓半島【한반도】，國土範圍擴大，人口數量也大幅增加，在第1代王武烈王【무렬왕】時期（西紀654年-661年），史稱統一新羅【통일신라】。因此，為了迎接新時代的來臨，第2代國王文武王【문무왕】時期（661-681），國家的政治制度就開始加以整備。首先是中央官制方面，大多參考中國唐王朝的官制，政府最高行政機關為執事部（相當總理），其下分為十部，其官吏分為十七等。再者，行政區劃方面，則採用唐制的州郡縣制度，分為六部。新羅首都是金州【금주】（今韓國慶尚北道慶州市【경주시】），為中央政治、經濟、文化的中心地，也是全國第一大城。同時，又設置五小京，為各地方政經、文化的中心地及大都市，完成於第3代國王神文王【신문왕】時期（681-692）。全國地方分為九州，下設郡、縣，完成於第7代國王景德王【경덕왕】時期（742-765）。軍事制度方面，中央設置九誓幢，地方設置十亭，皆為戰鬥部隊。

統一新羅的經濟

統一新羅的國家的經濟制度整備方面，也都是參考唐制。土地制度方面，土地所有權為國王一人所獨占的國有制，可視情況，隨時分配給官廳、官吏、寺廟、農民、功臣、軍人遺族、孝子、平民等。納稅制度方面，採用唐制《租庸調法》，因此，也適用於商業、手工業、漁業等行業。而統一新羅的經濟生活可說是十分繁榮，即都市發達，王族與貴族的瓦屋豪宅林立，市容整潔美麗，呈現太平昇歌，豐饒繁華的景象，並且也帶動手工業、商業的興隆。此時，主要產業為農業，由於土地開發與灌溉事業，十分發達，連帶影響相關產業的發展，如：養蠶、織布、畜牧業等。其中，人蔘【인삼】的種植風俗從此開始。同時，也開始種植茶葉，促成喝茶的風氣，以及由於統一新羅三面環海，漁業也盛行。在海外貿易方面，統一新羅對唐王朝進行朝貢的正式官方貿易十分熱絡。此外，統一新羅名將張保皋【장보고】活躍於14代國王興德王時期（827-836），為確保統一新羅與中日兩國海上貿易的安全與航海權，曾以武力掃蕩海盜有功，使韓中日三國間的國際貿易與文化交流更加活躍，因而被譽為「海上之王」【해상의왕】及「海神」【해신】。

✚ 韓國史小提醒

執事部下分十部：位和、禮、兵、倉、理方、例作、司正、領客、船、乘等部。行政區的六部（即六村）：楊山、高墟、珍支、大樹、加利、高耶等部。五小京：金官、中原、北原、西原、南原。九州：尚、良、康（新羅故地）；熊、全、武（百濟故地）；漢、朔、溟（高句麗故地）。九誓幢：綠、紫、白、緋、黃、黑、碧、赤、青等矜誓幢。十亭：音里火、古良夫里、居斯勿、參良火、召參、未多里夫、南川、骨乃斤、伐利川、伊火兮等亭。

新羅統一韓半島後，國土擴大，人口大增

| 文武王 | 國家政治制度開始整備 |

| 中央官制 | 多參考中國唐王朝官制。**執事部(相當總理)** 政府最高行政機關，下分 10 部。官吏分 17 等。 |

| 行政區劃 | 唐制州郡縣制度，分為 6 部。 |

金州（慶州）	新羅首都，為中央政治、經濟、文化的中心地，全國第一大城。
5 小京	為各地方政治、經濟、文化的中心地及大都市。
9 州	全國地方，下設郡、縣。

| 軍事制度 | 中央設置 9 誓幢；地方設置 10 亭，皆為戰鬥部隊。 |
| 經濟制度 | 參考唐制。 |

| 土地制度 | 土地所有權為國王獨占的國有制。 |
| 納稅制度 |

租庸調法

採用唐制《租庸調法》

| 經濟生活 | 都市繁榮發達、整潔美麗，王族與貴族的瓦屋豪宅林立，呈現太平昇歌，豐饒繁華的景象，也帶動手工業、商業的興隆。 |

| 主要產業 | 為農業，土地開發與灌溉事業，十分發達。開始種植人參、茶葉。漁業也盛行。 |

種植人參、茶葉

漁業盛行

| 海外貿易 | 新羅對唐朝貢貿易，十分熱絡。 |

| 張保皋 | 新羅名將，確保新羅與中日兩國海上貿易的安全與航海權，使韓中日三國國際貿易與文化交流更加活躍，被譽為「海上之王」、「海神」。 |

「海上之王」張保皋

UNIT 2-20
統一新羅的社會、文化

統一新羅的社會與文化是繼承三國時代的優良傳統而發展，並且接受中國唐王朝的高度文化，創造出燦爛的成果，在教育、學術、宗教、藝術等方面，皆十分發達。而佛教為統一新羅的主要特色。

圖解韓國史

統一新羅的教育、學術

新羅【신라】統一後，第2代國王文武王【문무왕】時期（西紀661年-681年），依照中國唐王朝制度，設立國學（太學監）的教育機構，以儒學、史學、哲學、文學等學術講授為主，還包括政治、經濟、社會，學問領域十分廣泛，學風非常隆盛。同時，設立讀書三品科，分為上・中・下三等級，為考試任官的方式。其中，產生許多著名的儒學家，如：強首【강수】以書法聞名；薛聰【설총】以漢字標記國語，而創製吏讀【이두】；金大問【김대문】精選花郎的偉業，而撰寫《花郎世紀》【화랑세기】，以及撰寫佛教名僧的《高僧傳》【고승전】等最著；崔致遠【최치원】曾經留唐，返國任官後退職，專注寫作，其作品收錄在《桂苑筆耕集》【계원필경집】，擅長漢文【한문】。而鄉歌【향가】是以韓國【한국】古語的吏讀所寫成的美麗詩歌，具有宗教色彩，也可作為研究韓國古語的史料，傳承最久，評價極高。此外，還有培育天文、地理、法律、醫學等特殊專業人才的學術機關，其代表人物，如：德福傳【덕복전】曾經赴唐學習天文曆法，返國後，自撰新曆法；金巖【김암】曾經赴唐學習天文曆法、兵學，返國後，曾任司天大博士、太守；道詵【도선】精通天文地理曆法，其陰陽地理說與風水相地法對日後高麗【고려】、朝鮮【조선】兩王朝的治國政策有重大影響。

統一新羅的宗教、藝術

統一新羅在思想界，有三大主要信仰，即薩滿教、儒教及佛教，其中以佛教最發達，為統一新羅的國教，寺廟眾多，信徒也最多。在寺院方面，以慶州【경주】佛國寺【불국사】、榮州【영주】浮石寺【부석사】、俗離山【속리산】法住寺【법주사】（以上位於今韓國慶尚北道）、陝川【합천】海印寺【해인사】（位於今韓國慶尚南道）等最著。而留學僧侶大多前往中國、印度留學學佛，其中以元曉【원효】、義湘【의상】、圓測【원측】、慧超【혜초】、圓光【원광】等為著。爾後，還有中國的禪宗傳入，為豪族所信仰。在藝術方面，佛教使得統一新羅的社會、文化蓬勃發展，非常發達，尤以佛教藝術為其代表，因此在建築與雕刻等技術呈現十分精美細緻的成就，如：慶州佛國寺、石窟庵【석굴암】、石塔、石燈、佛像、墳塚與梵鐘等佛教產物最著；以及美術與書畫等技巧也非常優越，名家有崔致遠、金仁問【김인문】、姚克一【요극일】、金生【김생】等。其中，金生書法筆跡足以媲美中國東晉書法家王羲之。值得一提的是，新羅社會一向美風良俗，遵禮性恭，故有「君子國」【군자국】與「東方禮儀之邦」【동방예의지방】的美譽。

統一新羅的社會

教育機構 依中國唐制度,設國學(太學監),以儒、史、哲、文等學術講授為主,還包括政治、經濟、社會,領域十分廣泛,學風隆盛。設立讀書三品科,分為上中下三等級,為考試任官的方式。

學術機關 培育天文、地理、法律、醫學等特殊專業人才。

鄉歌

以韓國古語吏讀寫成的美麗詩歌,具宗教色彩,可做為研究韓國古語的史料,傳承最久,評價極高。

新羅思想界三大主要信仰

薩滿教、儒教、佛教。以佛教最發達,統一新羅的國教。後有中國禪宗傳入。

藝術方面 建築與雕刻等技術十分精美,以佛教產物最著。

新羅社會一向美風良俗,遵禮性恭,故有「君子國」與「東方禮儀之邦」的美譽。

✛ 韓國史小提醒

統一新羅時代,由於當時國語文法與漢文不同,不便記錄,於是薛聰創製吏讀,借用漢字來標註國語文法。如此,便初步符合新羅的國語語順。如:當時碑文《壬申誓記石》:「二人并誓記,天前誓。今自三年以後,忠道執持,過失無誓。」而漢文翻譯為:「記二人並誓,誓於天前,自今三年以後,執持忠道,誓無過失。」可知兩者語順差異。

UNIT **2-21** 統一新羅的衰退

統一新羅到了中期末葉，國家內部權貴爭奪王位，骨品制度崩解，貴族分裂對立。而地方社會動搖混亂，六頭品勢力與豪族抗爭，民眾也群起加入，造成群雄割據局面，統一新羅政權岌岌可危。

圖解韓國史

統一新羅的國勢動盪

統一新羅【통일신라】成立後，國家安定，社會繁華，文化提升，生活一向和平幸福，可謂達到鼎盛階段。但是由於平時已經安逸成性，逐漸喪失團結意識，而偏重個人的爭權奪利，造成猜忌嫁禍的情形日益嚴重，使國勢逐步走向下坡。再者，王族的聖骨貴族王位繼承制度已經在新羅統一前的第 28 代國王真聖女王【진성여왕】時期（西紀 888 年 -897 年）結束。爾後，中央王族中的真骨貴族之間為了爭奪王位，以及反對王權專制的強化，也反對真骨貴族身分降為六頭品，而無法獨享高官，於是發生嚴重的內訌，其中最大的王族叛亂始於第 36 代國王惠恭王【공혜왕】時期（765-780），惠恭王因而被殺。此後，國王更迭頻繁，王權式微，國家社會處於動亂中。結果，王族內鬥兩敗俱傷，以王族血統繼承王位的制度瓦解，國王權威蕩然無存，中央政府統御權力也喪失，骨品制度也形同名存實亡。

統一新羅的社會紊亂

六頭品貴族與留唐學生，由於皆屬於該制度下被歧視的成員，因此開始否定骨品制度，理由是他們認同「用人唯才」的中國科舉制度與儒教政治理念，因而強烈反對與批判骨品制度只側重與生俱來的既定特權而不能選賢舉能與適才適用。於是，逐漸形成反骨品制度運動。其中，身為中央六頭品的大學者崔致遠【최치원】學成歸國後，曾經向真聖女王上疏《時務十餘條》【시무십여조】，建言政治改革，但未被接納，於是辭官還鄉。這時，真聖女王素行不佳，淫奢放蕩，荒廢國事，以致身邊奸臣成群，收賄賣官，強徵民財，行徑相當惡劣。如此，在中央一部分的王族與地方豪族對此情形極度不滿，而計畫叛亂。而生活在困苦的人民當中，則有的民眾到處結夥搶奪，有的民眾成為叛亂的王族或豪族的部下。因此，統一新羅全國的各地終於陷入全面性的動亂中。這些叛亂者藉機燒殺擄掠，一度被視為盜賊。其中，當時最具勢力的豪族有元宗【원종】與哀奴【애노】（今韓國慶尚北道尚州市【상주시】）、梁吉【양길】與弓裔【궁예】（今韓國江原道原州市【원주시】）、甄萱【견훤】（今韓國全羅北道全州市【전주시】）、赤褲賊【적고적】（身穿紅褲，今韓國慶尚北道慶州市【경주시】）等。

衰退原因

一、新羅統一後，國家、社會、文化、生活達到鼎盛階段，但因安逸成性，爭權奪利，使國勢漸衰。

二、王族聖骨貴族王位繼承制度已在新羅統一前結束與瓦解。真骨貴族間爭奪王位，發生嚴重內訌，王權式微，國家社會動亂。國王權威與中央政府統御權力皆喪失。

三、六頭品貴族與留唐學生，為骨品制度下的被歧視成員，開始否定骨品制度，因此他們認同用人唯才的中國科舉制度與儒教政治理念，形成反骨品制度運動。

反骨品制度運動

四、真聖女王素行不佳，身邊奸臣成群，使中央部分王族與地方豪族不滿而叛亂。因此，全國各地陷入動亂。其中最具勢力的豪族：元宗與哀奴（慶北尚州）、梁吉與弓裔（江原原州）、甄萱（全北全州）、赤褲賊（慶北慶州，身穿紅褲）等。

◀真聖女王素行不佳

＋ 韓國史小提醒

骨品制度：是一種社會階級制度，將貴族分為①聖骨。②真骨。③六頭品。④五頭品。⑤四頭品等五種等級。為保持血統純淨，骨品不同，不能通婚，屬於世襲制。是為決定王位繼承，官職錄取等的依據。其成員與規定內容大致如下：①聖骨：包括國王，具有王位繼承權的王族，規模小又封閉。②真骨：王族與具有最高位的貴族。③六頭品：僅次於真骨的貴族，可說是王族以外的最高身分階層，適任中央官職。④五頭品：僅次於六頭品的貴族，適任職地方官職。⑤四頭品：僅次於五頭品的貴族，為貴族最低下身分階層，適任職最下位官職。再者，原來還有一頭品、二頭品、三頭品等的三種等級，但是已經消失，無法考證。

UNIT 2-22
三國的發展與鼎立：
後高句麗、後百濟、統一新羅

由於統一新羅政權腐敗，引發韓半島動盪不安，因此，再次出現三大勢力鼎立，即後百濟、後高麗，加上原來的統一新羅，史稱「後三國」。

後三國的形成

九世紀末期，由於統一新羅【통일신라】的中央貪瀆，民生困苦。同時，骨品制度出現矛盾現象，引起真骨王族不滿，加上地方豪族叛亂，改革呼聲浪起，使得全國呈現混亂，引發各地民亂。於是第 28 代國王真聖女王【진성여왕】引咎退位，由第 29 代國王孝恭王【효공왕】即位。十世紀初，韓半島【한반도】三大勢力形成，即第一大勢力是以甄萱【견훤】建國的後百濟【후백제】，於真聖女王 6 年（西紀 892 年）首先成立；再者，次為第二大勢力是弓裔【궁예】建國的後高麗【후고려】於孝恭王 5 年（901）成立，最為強大。後來改稱為摩震【마진】，又再改稱為泰封【태봉】。如此，後百濟與後高麗的陸續興起，各自都是標榜要恢復百濟、高麗的故國疆域。因此，瓜分了第三大勢力統一新羅大部分的疆域，而與統一新羅對峙，使得統一新羅呈現分裂狀態之下，出現了三國鼎立之勢，韓半島等於又面臨了分裂的局面，如同恢復了古代三國時期的高句麗・百濟・新羅一般，因此，稱為「後三國」【후삼국】。

後三國的情勢

後三國的情勢而言，甄萱原是統一新羅的軍人，因曾立戰功而為裨將（副將），在真聖女王 6 年（892），在完山州（今韓國全羅北道全州市【전주시】）舉兵建國後百濟，並且聲稱要替昔日的百濟義慈王【의자왕】雪仇，即百濟義慈王 20 年（660），羅唐聯軍曾經消滅 31 代國王義慈王的百濟一事。因此，喚起百濟故地遺民的復國意識，而深受當地民眾歡迎。而弓裔原來是統一新羅的王子（憲安王或景文王之子，無法確定），曾為和尚，自稱善宗，原為梁吉部下，因為一向勇猛善戰，並且私下壯大自己勢力，又以松嶽郡【송악군】（今朝鮮民主主義人民共和國黃海北道開城市【개성시】）為大本營，而與梁吉決裂，於是派遣其大將王建【왕건】（日後的高麗王朝【고려왕조】建國始祖）消滅梁吉勢力，在孝恭王 5 年（901），在松嶽自立為王，建國後高麗。同時，聲稱要替高句麗復仇，即高句麗寶藏王 27 年（668），羅唐聯軍曾經消滅 28 代國王寶藏王的高句麗一事。因此，也是喚起高句麗故地遺民的復國意識，而深受當地民眾歡迎，以便安撫民心。後來，後百濟的甄萱與後高麗的弓裔同時以統一新羅為敵國，分別侵略統一新羅，而疆域各自擴大，其中，後高麗曾是後三國之中最為強盛，這可歸功於王建的卓越領軍。爾後，弓裔平時豪奢，由於版圖擴大而傲慢，又因為企圖鞏固其專制王權而日益橫暴，引起民怨。景明王 2 年（918），王建在群臣擁戴下為王，而被廢位的弓裔則倉促逃亡，但被民眾捕獲而處死。

✚ 韓國史小提醒

開城曾經是高麗五百多年的繁榮古都。最具代表的特產品為高麗人蔘。

統一新羅與後三國

九世紀末期，統一新羅中央貪瀆，民生困苦，骨品制度出現矛盾現象，使全國混亂。真聖女王引咎退位，由孝恭王即位。

十世紀初，韓半島三大勢力形成與興起：三國鼎立之勢再現。

一、甄萱建國的後百濟。
二、弓裔建國後高麗（摩震、泰封）。
三、與原統一新羅對峙。

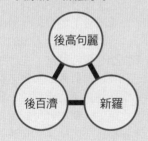

▲後三國：後高句麗、後百濟、統一新羅位置圖

「後三國」：韓半島又面臨分裂局面，如同恢復古代三國時期的麗濟羅一般。

甄萱

原是統一新羅軍人，因舉兵建國後百濟，並聲稱要為昔日百濟雪仇，深受民眾歡迎。

弓裔

原是統一新羅王子，曾為和尚，在松岳自立為王，建國後高麗，並聲稱要為高句麗復仇，深得民心。

王建

後高麗曾是後三國中最強盛，乃歸功王建卓越領軍。弓裔日益橫暴，引起民怨。群臣便擁戴王建為王，弓裔則被處死。

UNIT 2-23
渤海國的建國：大祚榮

東北亞地區出現一個新興國家政權，國號為渤海國，以高句麗故國的繼承者與發揚高句麗精神自居，積極倡導復興高句麗，強調自主獨立，其建國始祖為大祚榮。

圖解韓國史

大祚榮成功收復高句麗故土

統一新羅文武王 8 年（西紀 668 年，唐高宗 19 年），高句麗【고구려】被中國唐王朝與新羅聯軍滅亡後，唐王朝掌控了高句麗故土，即今中國東北地區與韓半島北部（大同江以北，即王儉城【왕검성】（今朝鮮民主主義人民共和國首都平壤市【평양시】）的土地，新羅【신라】則控制了韓半島（大同江以南）絕大部分的土地。於是高句麗遺民逐漸興起反抗唐王朝的統治，計劃復興高句麗。其中，以號稱為高句麗故國的繼承者，同時曾經擔任高句麗將帥的大祚榮【대조영】領導高句麗遺民與靺鞨【말갈】（今女真族【여진족】、滿族【만족】）、契丹【거란】等民族為最著，其建國過程如下：統一新羅孝昭王 5 年（696，唐武周則天 7）起，為期一年多的契丹等各族聯軍反唐失敗並瓦解。唐便對靺鞨族採行招撫政策以穩定東北情勢，在統一新羅孝昭王 7 年（698，唐武周則天 9），冊封靺鞨族首領乞四比羽為許國公、乞乞仲象為震國公。但是乞四比羽因拒絕而被唐殺死，乞乞仲象則率部往東逃亡而病故。於是乞乞仲象之子大祚榮便繼續逃往東牟山（今中國吉林省敦化縣），擊敗降唐的契丹大將李楷固的追兵後，在高句麗故地與靺鞨族聚居區一帶建國稱王，號稱是高句麗故國的繼承者，首先以其父震國公的「震國」為國號，自稱震國王【진국왕】。同時，完全收復了高句麗故土，勢力範圍逐漸擴大。

大祚榮的渤海國建立

掌握全盤高句麗故土的大祚榮，在統一新羅聖德王 12 年（713，唐玄宗 2），接受唐王朝冊封為渤海郡王，之後改國號為渤海【발해】，成為自主獨立的渤海國政權。雖然大祚榮陣營中，沒有高句麗王族的成員，但是仍然成功地復興了高句麗，繼承了高句麗故國精神，也躍升為渤海國【발해국】的開國始祖，是為高王【고왕】（698-719）。渤海國人民也稱為渤海民族【발해민족】，其主體族屬為濊貊族【예맥족】系統的高句麗族與同屬高句麗遺民的原從肅慎族【숙신족】系統分出而附屬濊貊族系統的粟末靺鞨【속말말갈】、白山靺鞨【백산말갈】等諸族。因此，渤海民族與韓國民族【한국민족】可說都是一個濊貊族系統的民族。此外，渤海國最大版圖範圍涵蓋了今日全部的中國東北地區與韓半島北方，以及俄羅斯沿海州。

> **＋ 韓國史小提醒**
>
> 渤海國的民族，也稱渤海民族。源自古代中國東北地區的兩大民族系統，即濊貊族與肅慎族。濊貊族因為箕子東拓朝鮮，由北往南進入韓半島，融合了三韓（馬韓・弁韓・辰韓）。因此，濊貊族為韓民族的主體民族。而渤海民族為濊貊族的一支。此外，滿族（女真族）也有濊貊族的成份，如：粟末靺鞨、白山靺鞨。

高句麗被唐羅聯軍滅亡後

一、 唐掌控制高句麗故土 ＝ 今中國東北地區與韓半島北部（洛東江以北）

　　 ‧‧‧➤ 高句麗遺民反抗唐統治，計畫復興高句麗。

二、 新羅則控制韓半島（洛東江以南）

大祚榮

大祚榮崛起

曾為高句麗將帥，號稱高句麗故國的繼承者，領導高句麗遺民與靺鞨、契丹等民族著稱。

大祚榮建國過程

契丹等各族聯軍反唐失敗。唐採招撫政策以穩定東北情勢，大祚榮則往東牟山（吉林敦化），擊敗唐後，在靺鞨族與高句麗故地建國稱王，號稱高句麗故國的繼承者，最初國號「震國」。

完全收復高句麗故土，勢力範圍逐漸擴大。

大祚榮接受唐王朝冊封

接受唐「渤海郡王」的冊封，改國號「渤海」，為自主獨立的渤海國。

成功復興高句麗，繼承高句麗故國精神，躍升渤海國開國始祖，為高王。

渤海國族屬

稱為渤海民族，主體族屬＝濊貊族系統：高句麗族＋同屬高句麗遺民＝肅慎族系統＋附屬濊貊族系統：粟末靺鞨、白山靺鞨等族。

渤海民族＋韓民族＝
一個濊貊族系統的民族

渤海國版圖

最大範圍涵蓋今日全部中國東北地區與韓半島北方＋俄羅斯沿海州。

UNIT **2-24**
渤海國的全盛：海東盛國及對外關係

渤海國在東北亞地區高度發展，致力吸收周邊族群文化，因此繁榮鼎盛，造就「海東文明」，如同一顆閃亮之星。對外國際關係一向秉持友好，但有外交偶發紛爭。總體而言，國家強盛，版圖廣大，而被譽為「海東盛國」。

「海東盛國」的渤海國

由於渤海國【발해국】在第 3 代國王文王大欽茂【대흠무】時期（西紀 737 年 -793 年）與中國唐王朝及日本關係友好，而開始繁榮。第 10 代國王宣王大仁秀【대인수】時期（818-830），國勢強盛，領土擴張，使南方的統一新羅【통일신라】受到威脅。同時，也積極吸收周邊族群的文化，尤其是現有的盛唐文明與新羅文明，當然也包括昔日高句麗【고구려】的高度文明。如此，交流頻繁，往來密切，在政治、經濟、社會、文化等方面都十分繁榮鼎盛。因此，渤海國的文物與制度也就更加發達，發揚了渤海民族的傳統文化，造就了所謂「海東文明」【해동문명】。其中，儒學與教育發達，曾經偕同新羅派人赴唐深造；佛教發展迅速；文學達到巔峰，尤以詩歌最著，如：赴日使臣王孝廉【왕효렴】的作品。生活風俗有很多含有高句麗因素，如：溫突【온돌】、佛像、瓦當、石室、歌舞、體育等；藝術（音樂、歌舞、繪畫、雕塑）與科學技術有進步的發展，也取得一定的成就。如此，高度的獨特文化，使渤海國達到全盛期，而被唐王朝讚譽為「海東盛國」【해동성국】。

渤海國渤海國的對外關係

渤海國的對外關係而言，在國際外交方面，一、對突厥：渤海國初立，為抗唐並與突厥國交，但因突厥苛虐而受唐冊封，便與突厥決裂。二、對契丹：渤海國與契丹關係密切，起初一同與唐、突厥國交，唐與契丹交惡時，渤海國便接受唐的冊封後，而與契丹疏遠，導致日後契丹滅了渤海國。三、對唐王朝：渤海國初立，抗唐又受唐冊封，關係好轉，並全面唐化，強化友好關係，使「海東盛國」的時代來臨。四、對靺鞨：渤海國曾征服以黑水靺鞨【흑수말갈】（今女真族【여진족】、滿族【만족】）為首的靺鞨族諸部。五、對新羅：渤海國初立，因為高句麗故地的爭奪，長期與新羅交惡。但是契丹勃興時，渤海國不得已求助新羅而未果，新羅反而幫助契丹【거란】消滅渤海國。六、渤海國一向與日本友好，交流頻繁，尤以經濟與文化的交流最重要，其間曾經闡明渤海國是高句麗的延續繼承者。

✛ 韓國史小提醒

渤海國從建國始祖大祚榮(高王)，歷經大武藝(武王) → 大欽茂(文王) → 大元義(廢王) → 大華璵(成王) → 大嵩璘(康王) → 大元瑜(定王) → 大言義(僖王) → 大明忠(簡王)，到了大仁秀(宣王)時期，全面吸收融合了唐、新羅、高句麗的文明而創造出繁榮進步與國土遼闊的渤海文化。因此，長達132年之久的全盛時期，可說是東北亞的明珠，而有「海東盛國」的讚譽。

渤海國的全盛

文王大欽茂 與唐日友好,開始繁榮。

宣王大仁秀

一、 「海東文明」之譽 國強地大,使南方統一新羅受到威脅。積極吸收周邊族群的文化。

 今 = 唐羅兩文明 與 昔 = 高句麗文明

交流頻繁,往來密切,使政治、經濟、社會、文化等方面皆繁榮鼎盛。

渤海國文物與制度更加發達

二、 「海東盛國」之譽

= 儒學與教育發達,佛教與文學極盛,
生活風俗多從高句麗,藝術與科技進步。

渤海國達到全盛期

儒學與教育發達,佛教與文學極盛。

渤海國對外國際關係

對突厥 為抗唐而與突厥國交,但因突厥受唐冊封,便與突厥決裂。

對契丹 原本友好,受唐冊封後,便疏遠,導致日後被契丹消滅。

對 唐 抗唐又受唐冊封,關係好轉,並全面唐化,「海東盛國」時代來臨。

對靺鞨 曾征服黑水靺鞨。

對新羅 因長期與新羅爭奪高句麗故地,關係惡化,新羅反助契丹消滅渤海國。

對日本 一向友好,尤以經濟與文化為主,渤海國曾闡明是高句麗的延續繼承者。

UNIT 2-25
渤海國的政治經濟與社會文化

渤海國的政治制度是以中國唐王朝為依據,其中六部名稱則以中國儒家的「忠仁義禮智信」命名,最為特殊,顯示渤海國仍受中國文化影響。同時具備國際觀,對外往來熱絡。社會文化則是以高句麗為主。

圖解韓國史

渤海國的政治經濟

　　渤海國【발해국】的政治方面,在中央設置三省(政堂、宣詔、中臺,即尚書、門下、中書)六部(忠、仁、義、禮、智、信,即吏戶禮兵刑工);在地方則設置五京(上、中、東、南、西,即上京龍泉府、中京顯德府、東京龍原府、南京南海府、西京鴨綠府)、十五府、六十二州,以及部落體制。大多以中國唐王朝制度為模範,同時也採用經儒學雅來作為官制稱號,建立一套井然有序而完備的組織,以展現其統治組織的正統與權威。經濟方面,以農業為主,是維繫國家生存與強盛的重要項目,而且十分進步發達。畜牧業、狩獵業、手工業也盛行。此外,商業與貿易在經濟領域中,十分熱絡,規模頗大,不僅國內繁榮,都市生活蓬勃發展,甚至與國外關係也密切頻繁地往來於中國、統一新羅【통일신라】、日本、契丹【거란】,造就了大都市的發達,以及海陸交通的熱絡聯繫。

渤海國的社會文化

　　社會方面,則分為兩大階層,一是統治階層,其族屬為濊貊【예맥】 —— 高句麗【고구려】系統,是高句麗遺民所構成,以大氏為中心的統治集團,還有望族六姓與貴族四十九姓;二是被統治階層,其族屬為肅慎【숙신】 —— 靺鞨【말갈】(今女真族【여진족】、滿族【만족】)系統,其中的粟末靺鞨【속말말갈】與白山靺鞨【백산말갈】是爾後附屬於濊貊 —— 高句麗系統,也是屬於高句麗遺民。當然還有少數的周邊族群,如:漢、契丹、其他靺鞨諸部等。民眾又區分為編戶(平民)、部曲(差役)、奴隸。文化方面,渤海國有自己的語言文字,主要是屬於濊貊族 —— 高句麗系,因為其風俗都與高句麗一樣。同時,渤海語也具備濊貊族系的麗濟羅三國語言的遺風特徵與共通點,即使用阿爾泰語系滿・通古斯語族的韓國語。依成份比例而論,韓國語【한국어】(高句麗)佔多數,滿洲語【만주어】(靺鞨)則佔少數。由這韓滿兩種語言相互混合之間產生親緣性,是不同於中國漢語。由知,渤海語言繼承了濊貊系的韓國語 —— 高句麗,又含有滿洲語的遺風。而渤海文字可從渤海遺跡出土的器瓦上的文字符號來認定渤海國絕非使用中國的漢語漢文【한어한문】。

＋ 韓國史小提醒

　　渤海國的政治是依照中國唐制,實施王權統治,國家體制完善。而經濟產業、建築業與交通業都十分發達。再者,擁有自己的語言文字,稱為渤海語文,其中是以高句麗語為主,並混合靺鞨語與漢語,可說與中國漢語有所差異。而渤海文字,字體如同漢字,但是應該不是使用中國的漢字。

渤海國的社會

| 政治方面 | 中央 | ═ | 設置三省（政堂、宣詔、中臺）六部（忠仁義禮智信） |
| | 地方 | ═ | 設置五京（上中東南西）、十五府、六十二州，以及部落體制 |

以唐制為範，並採用經儒學雅做為官制稱號。

經濟方面 農業為主，畜牧業、狩獵業、手工業也盛行。
商業、貿易、都市、海陸交通等繁榮發展，與國外密切往來。

以農業社會為主。

海陸交通等繁榮發展，
與國外密切往來。

社會方面 分為兩大階層 ═

一是統治階層，族屬：濊貊──高句麗系統

二是被統治階層：族屬＝肅慎──靺鞨系統

其中 粟末靺鞨 ＋ 白山靺鞨 ═ 濊貊──高句麗系統

含少數周邊族群 ═ 漢、遼、靺鞨諸部等

民眾：分為編戶（平民）、
部曲（差役）、奴隸

文化方面 有語言文字 → 渤海語 ═ 濊貊系韓國語──高句麗＋滿洲語

風俗皆同高句麗。

主屬濊貊族──高句麗系

UNIT 2-26
王建崛起與高麗建國 及後三國與渤海國的式微

後高麗與後百濟的成立，皆欲復仇而向統一新羅挑戰，以致統一新羅動亂。但是後高麗王建的崛起，後百濟甄萱的強大，再使統一新羅衰微，後由王建統一後三國，創建高麗王朝；而渤海國也受到外族威脅而逐漸衰微，最後渤海遺民皆向王建投誠。

王建崛起與高麗建國

王建【왕건】為松岳郡【송악】豪族，曾與父親王隆【왕융】一起成為弓裔【궁예】部下，由於父子皆驍勇善戰，奪取統一新羅【통일신라】土地甚多，使弓裔得以建國後高麗【후고려】為王。王建更加拓展領土，立功頗多，弓裔則改國號為摩震【마진】。此後，弓裔再改國號為泰封【태봉】，開始奢華橫暴，引起眾將帥反彈而擁戴善良仁慈的王建為領導者。此時，王建勢力強大，在泰封18年（918），發動政變，弓裔逃亡，被民眾所殺，政權滅亡，國祚18年。於是王建成為後高麗國王。之後國號定為高麗【고려】，即高麗王朝【고려왕조】開國始祖，以開城【개성】（即松嶽）為首都，為太祖【태조】。「高麗」一詞，意即太祖王建決心恢復古代高句麗【고구려】。

後三國與渤海國的式微

太祖王建創立高麗王朝後，為了國家長治久安，力求內部團結和諧，包容厚待各種派系，以防反抗，實踐懷柔政策，成效良好。如此，勢力與領土不斷大增。而後百濟【후백제】甄萱【견훤】因反對新羅與高麗友好而攻打新羅，新羅便逐漸衰微。此後，百濟逐漸壯大，但因內部王位爭奪，於是請求太祖王建出兵掃蕩，成功平亂之後，甄萱為主的勢力與人民都來附高麗，後百濟因此滅亡，國祚36年。統一新羅末代國王敬順王【경순왕】也因為後百濟的甄萱首先降服於太祖王建的高麗王朝之後，也依例降服太祖王建的高麗王朝，以便使新羅人民安心生活。新羅政權也因而結束，國祚992年。於是後三國完全落幕。渤海國【발해국】方面，10世紀時，契丹族【거란족】首領耶律阿保機【야률아보기】建立大契丹國【대거란국】後，在中國東北地區逐漸強盛，時常侵略渤海國，導致渤海國日益衰敗，在末代國王大諲譔21年（926），被契丹消滅，國祚229年。契丹在此地區建立起了東丹國【동단국】，但是王子大光顯【대광현】（大諲譔【대인선】之子）便帶領以渤海國貴族為首的遺民往南歸順高麗王朝，太祖王建於是將他們姓氏改為「太」【태】姓；而大諲譔後孫則賜予高麗王室的「王」【왕】姓，以資嘉許。

✚ 韓國史小提醒

關於渤海民族起源，韓國學界一向認為統治階層為濊貊 —— 高句麗遺民，而被統治階層為肅慎 —— 靺鞨族。但後來最新考察結果認為此靺鞨族（粟末靺鞨與白山靺鞨），古時都已附屬濊貊 —— 高句麗系統。換言之，渤海民族的主體是濊貊 —— 高句麗系統。十世紀，渤海國被契丹滅亡後，其濊貊 —— 高句麗系統的遺民便南遷到太祖王建的高麗王朝境內定居，於是韓半島與韓民族得以統一。

王建崛起

松岳郡豪族,為後高麗王——弓裔部下,立功頗多,因弓裔橫暴,發動政變,弓裔政權滅亡。成為後高麗國王。國號「高麗」 **=** 高麗王朝開國始祖、太祖。

首都 **=** 開城(即松嶽)

高麗 意即太祖王建決心恢復古代高句麗。

太祖王建懷柔政策 為長治久安,力求團結和諧,寬待各種派系,以防反抗。

•••▶ 成效良好,勢力與領土大增。

後百濟甄萱

因反對羅麗友好而攻打新羅,新羅逐漸衰微,百濟漸強,但因內鬨,請求太祖王建出兵平亂後,來附高麗,後百濟滅亡。

統一新羅末代國王敬順王

因後百濟甄萱首先降服太祖王建,也依例降服太祖王建,期使新羅人民安心生活新羅政權結束,後三國完全落幕。

渤海國滅亡

契丹族首領耶律阿保機建國契丹後,逐漸強盛,消滅渤海國。
渤海國末代王大諲譔之子大光顯為首的貴族遺民則往南歸順高麗太祖王建,接受改姓為「太」;而大諲譔後孫則接受高麗王室的「王」姓。

韓國古代王朝歷代國王表列

【一】檀君朝鮮〔古朝鮮〕（西紀前 2333 年至西紀前 37 年）
檀君王儉【古朝鮮開國始祖傳說】

【二】箕子朝鮮〔古朝鮮〕（西紀前 12 世紀至西紀前 196 年）
箕子【中國正史古朝鮮開國始祖】

【三】衛滿朝鮮〔古朝鮮〕（西紀前 195 年至西紀前 108 年）
衛滿

【四】三韓

馬韓（西紀前 100 年至西紀後 300 年）
箕準
辰韓（西紀前 100 年至西紀後 300 年）
弁韓（西紀前 100 年至西紀後 300 年）

【五】高句麗（西紀前 37 年至西紀 668 年，28 代王，國祚 705 年）

01. 東明聖王（西紀前 37- 西紀前 19）：高朱蒙

02. 琉璃王（西紀前 19- 西紀後 18）：高類利

03. 大武神王（18-44）：高解無恤

04. 閔中王（44-48）：高解色朱

05. 慕本王（44-48）：高解憂

06. 太祖王（53-146）：高宮

07. 次大王（146-165）：高遂成

08. 新大王（165-179）：高伯固

09. 故國川王（179-197）：高男武

10. 山上王（197-227）：高延優

11. 東川王（227-248）：高憂位居

12. 中川王（248-270）：高然弗

13. 西川王（270-292）：高藥盧

14. 峰上王（292-300）：高相夫

15. 美川王（300-331）：高乙弗

16. 故國原王（331-371）：高斯由

17. 小獸林王（371-384）：高丘夫

18. 故國襄王（384-391）：高伊連

19. 廣開土王（391-413）：高談德

20. 長壽王（413-491）：高巨連

21. 文咨明王（491-519）：高羅雲

22. 安臧王（519-531）：高興安

23. 安原王（531-545）：高寶延

24. 陽原王（545-559）：高平成

25. 平原王（559-590）：高陽成

26. 嬰陽王（590-618）：高元

27. 榮留王（618-642）：高建武

28. 寶臧王（642-668）：高臧

＊後高句麗：弓裔（901-918）：【新羅王子】

【六】百濟（西紀前 18 年至西紀 660 年，31 代王，國祚 678 年）

01. 溫祚王（西紀前 18- 西紀後 28）：扶餘溫祚

02. 多婁王（28-77）：扶餘多婁

03. 己婁王（77-128）：扶餘己婁

04. 蓋婁王（128-166）：扶餘蓋婁

05. 肖古王（166-214）：扶餘肖古

06. 仇首王（214-234）：扶餘仇首

07. 沙伴王（234）：扶餘沙伴

08. 古爾王（234-286）：扶餘古爾

09. 貴稽王（286-298）：扶餘貴稽

10. 汾西王（298-304）：扶餘汾西

11. 比流王（304-344）：扶餘比流

12. 契王（344-346）：扶餘契

13. 近肖古王（346-375）：扶餘句

14. 近仇首王（375-384）：扶餘須

15. 枕流王（384-385）：扶餘枕流

16. 辰斯王（385-392）：扶餘暉

17. 阿莘王（392-405）：扶餘阿莘

18. 腆支王（405-420）：扶餘映

19. 久爾辛王（420427）：扶餘古爾辛

20. 毗有王（427-455）：扶餘毗

21. 蓋鹵王（455-475）：扶餘慶司

22. 文周王（475-477）：扶餘牟都

23. 三斤王（4771-479）：扶餘三斤

24. 東城王（479-501）：扶餘牟大

25. 武寧王（501-523）：扶餘斯麻

26. 聖王（523-554）：扶餘明襟

27. 威德王（554-598）：扶餘昌

28. 惠王（598-599）：扶餘季

29. 法王（599-600）：扶餘宣

30. 武王（600-641）：扶餘璋（薯童）

31. 義慈王（641-660）扶餘義慈

＊後百濟：甄萱（900-936）

【七】新羅（西紀前 57 年至西紀 953 年，56 代王，國祚 992 年）

01. 赫居世居西干（西紀前 57- 西紀後 4）：朴赫居世

02. 南解次次雄（4-24）：朴南解

03. 儒理尼師今（24-57）：朴儒理

04. 脫解尼師今（57-80）：昔脫解

05. 婆娑尼師今（80-112）：朴婆娑

06. 祇摩尼師今（112-134）：朴祇摩

07. 逸聖尼師今（134-154）：朴逸聖

08. 阿達羅尼師今（154-184）：朴阿達羅

09. 伐休尼師今（184-196）：昔伐休

10. 奈解尼師今（196-230）：昔氏奈解

11. 助賁尼師今（230-247）：昔助賁

12. 沾解尼師今（247-261）：昔沾解

＊金閼志【新羅金氏王朝始祖傳說】

13. 味鄒尼師今（261-284）：金味鄒

14. 儒禮尼師今（284-298）：昔儒禮

15. 基臨尼師今（298-310）：昔基臨

16. 訖解尼師今（310-356）：昔訖解

17. 奈勿麻立干（356-402）：金奈勿

18. 實聖麻立干（402-417）：金實聖

19. 訥祇麻立干（417-458）：金訥祇

20. 慈悲麻立干（458-479）：金慈悲

21. 炤知麻立干（479-500）：金炤知

22. 智證王（500-514）：金智大

23. 法興王（514-540）：金原宗

24. 真興王（540-576）：金彡麥宗

25. 真智王（576-579）：金舍輪

26. 真平王（579-632）：金伯淨

27. 善德女王（632-647）：金德曼

28. 真德女王（647-654）：金勝曼

【八】統一新羅

29. 太宗武烈王（654-661）：金春秋

30. 文武王（661-681）：金法敏

31. 神文王（681-692）：金政明

32. 孝昭王（692-702）：金理洪

33. 聖德王（702-737）：金隆基

34. 孝成王（737-742）：金承慶

35. 景德王（742-765）：金憲英

36. 惠恭王（765-780）：金乾運
37. 宣德王（780-785）：金良相
38. 元聖王（785-798）：金敬信
39. 昭聖王（798-800）：金俊邕
40. 哀莊王（800-809）：金清明
41. 憲德王（809-826）：金彦昇
42. 興德王（826-836）：金景徽
43. 僖康王（836-838）：金悌隆
44. 閔哀王（838-839）：金明
45. 神武王（839）：金祐徵
46. 文聖王（839-857）：金慶膺
47. 憲安王（857-861）：金誼靖
48. 景文王（861-875）：金膺廉
49. 憲康王（875-886）：金晸
50. 定康王（886-887）：金晃
51. 真聖女王（887-897）：金曼
52. 孝恭王（897-912）：金嶢
53. 神德王（912-917）：朴景暉
54. 景明王（917-924）：朴昇英
55. 景哀王（924-927）：朴魏膺
56. 敬順王（927-935）：金傅

【九】渤海國（西紀698年至926年，15代王，國祚229年）

01. 高王（698-718）：大祚榮
02. 武王（718-737）：大武藝
03. 文王（737-793）：大欽茂
04. 廢王（793-794）：大元義
05. 成王（794）：大華璵
06. 康王（794-808）：大嵩璘
07. 定王（808-812）：大元瑜
08. 僖王（812-817）：大言義
09. 簡王（817-818）：大明忠
10. 宣王（818-830）：大仁秀
11. 大彝震（830-857）
12. 大虔晃（857-871）
13. 大玄錫（871-895）
14. 大瑋瑎（895-907）
15. 大諲譔（907926）

第3章
高麗王朝時代史
【西紀918年-西紀1392年】

高麗王朝前期史【西紀 918 年 - 西紀（1196）1270 年】、高麗王朝後期史【西紀 1196（1270）年 - 西紀 1392 年】

蒙古對高麗的五次侵略

UNIT 3-1
高麗王朝太祖王建的國策

太祖王建創立高麗王朝後，有鑑於以往國王與國家政權的弊端，引以為戒，避免重蹈覆轍，而制定政通人和的國家政策，促使國運昌隆，完成韓半島真正的國家統一大業。

圖解韓國史

懷柔、通婚與統合

太祖王建【태조왕건】創立高麗王朝【고려왕조】，年號天授（高麗太祖1年，西紀918年），意謂高麗王朝的建國是由天命授予的。起初，最重要的當務之急就是對各地方豪族勢力，實施懷柔政策給予包容厚待，使中央集權體制徹底落實。由於統一新羅【통일신라】末期呈現腐敗與分裂，各地方豪族擁兵割據，投靠後高麗【후고려】的弓裔【궁예】或後百濟【후백제】的甄萱【견훤】。即使太祖王建建國後，仍然遭遇許多反對人士，於是採行懷柔政策，以便安撫各地方豪族，並且將所有各地方豪族勢力團結在一起，成功地實踐了完全統一全國的偉業。對於任用人才方面，無論是出身於統一新羅、後百濟或渤海國【발해국】，完全不分族群國別，公正均分，適才適用，並給予優渥待遇。另外，也以通婚政策與各地方豪族勢力締結親戚，相互結合力量，並給予惠澤，有效地促成國家發展。同時，繼承以往各國的舊制度，以便統合國家與民族、文物與制度，成為真正統一的高麗王朝，比起統一新羅更具規模，更加完備，成果十分豐碩。如此，國家強盛，社會穩定，民生繁榮。

北進、遷都與信仰

再者，北進政策一向是太祖王建的收復國土計畫，如：「高麗」一詞意味著高麗王朝就是昔日高句麗【고구려】的後繼國，亦有「高山麗水」【고산려수】之意。尤其是渤海國滅亡後，太祖王建致力找回高句麗與渤海國的故地與精神象徵。此時，高麗王朝勢力已經北達東北面【동북면】與西北面【서북면】一帶，比起統一新羅更擴展到最北之地，以達成再次統一的使命。於是高麗太祖15年（932），開拓了西京【서경】（今朝鮮民主主義人民共和國首都平壤市【평양시】），計畫將首都由松嶽【송악】（開城【개성】）遷至西京，認為如果想要恢復高句麗與渤海國的故地與精神象徵，必須遷都西京才行，所以非常重視西京。但是顧及日益強盛的邊境外族，如：女真族【여진족】與契丹族【거란족】皆會來犯之故，這個遷都計畫因而作罷。太祖王建雖然也繼承麗濟羅三國與統一新羅時期的儒學，但是施政時，也開始依賴民間信仰崇拜，即佛教與地理風水論。認為藉由信仰才能將計畫達成目標。因此，太祖王建的佛教政策認為國家發展需要佛祖之助，於是積極獎勵佛學，大力建造佛寺、佛塔，以高僧為王師或國師。而在崇尚地理風水論方面，其中的西京遷都問題，就是為了國家強大與民族繁榮，因為依據地理風水的理論，西京的地氣運勢旺盛，藉此力量便能使國家長治久安，平定外族，擴展版圖，來實現既定的抱負。

> **＋ 韓國史小提醒**
> 東北面與西北面為高麗與朝鮮兩王朝的特別行政區。也稱為兩界，東界為東北面；西界（即北界）為西北面。與北方的女真族接鄰。位於約今朝鮮（北韓）北部。

太祖王建建國高麗王朝之初的國策

▲太祖王建的高麗王朝位置圖

（中國）

（高麗王朝）

松嶽（開城）

西京（平壤）

懷柔政策

一、對各地方豪族勢力，給予包容厚待。

・・・▶ 首要之務

二、團結反對人士，安撫各地方豪族。

・・・▶ 成功統一全國的偉業

三、任用人才，不分族群國別，公正均分。

・・・▶ 適才適用，並給優待

通婚政策

與各地豪族締結親戚，相結力量，並給惠澤。

・・・▶ 促成國家發展

繼承舊制度

統合國家與民族、文物與制度。

・・・▶ 高麗王朝統一

北進政策

一、收復昔日高句麗與渤海國的故地。

・・・▶ 高句麗的後繼者

二、遷都與開拓西京，但作罷。

・・・▶ 唯恐女真與契丹來犯

崇尚地理風水論政策

依賴民間信仰崇拜 ＝ 地理風水論 ・・・▶ 氣運旺盛的西京可實現國家與民族繁榮，平定全國。

佛教政策

一、繼承三國與統一新羅的儒學。

二、依賴民間信仰崇拜。

＝ 佛教

▼

國家發展需佛祖之助，積極獎勵佛教。

UNIT 3-2
高麗王朝的王權確立與政治制度

太祖王建創立高麗王朝後，第一要務為廣納與包容各地方豪族，以利國家團結統一。
同時，制訂國家政策與政治改革，督促日後的諸王落實。

圖解韓國史

國王的必備規範

高麗王朝【고려왕조】太祖王建【태조왕건】施政的基本政策是綜合以往夫餘
【부여】、高句麗【고구려】、百濟【백제】、新羅【신라】、渤海【발해】等國的
主要政策，加以統合成為單一的國家、民族與文化，如此包容的措施，非常難能可貴，
可說是太祖王建的政治哲學，或治國大綱。曾經訓勉其子孫而訂立的十條誡戒，也成
為日後歷代高麗王朝國王必須依循實踐的規範，稱為《訓要十條》【훈요십조】，其
內容為：一、國家大業受佛主護佑，應尊重寺院與僧侶；二、依風水大家道詵法師指
示在福地建立寺院；三、王位由嫡長子繼承，長男不肖則由次男繼承；四、遵慕唐風，
慎勿仿效邊族文物制度；五、西京（今朝鮮民主主義人民共和國首都平壤市【평양시】）
為國脈之本，必須重視；六、定期舉辦佛教法會，以表尊崇，如：燃燈會（事佛）、
八關會（事天地山川）等；七、國王應傾聽臣下忠言，並減輕人民負擔，以得臣民之心；
八、切勿錄用背叛之人；九、官薪公平正確給予，軍隊長期培訓厚待；十、博觀經史，
鑑古戒今，因此必須公布此訓要，進出必讀反省，才能成為國王。以上也是太祖王建
履行從政的基本政策，並且以身作則。並且訓示其子孫如果要成為國王的必備條件。

政治制度的改革

太祖王建與豪族勢力結合後，新王朝才得以成立，並且以婚姻政策維持彼此友好關係，
但是無意間卻促使外戚與豪族的跋扈，這種反效果，使得王權難以伸張，以致發生太祖
7年（西紀943年），太祖王建逝世後的王位爭奪戰，即第2代國王惠宗王武【혜종왕무】
時（943-945），曾經事奉太祖王建的外戚王規【왕규】企圖除去堯（次子）與昭（三子），
另立外戚之子廣州院君為王而叛亂，經太祖王建的堂弟王式廉【왕식렴】的平定而王
規被捕，是為王規之亂【왕규의 난】。之後，第3代國王定宗王堯【정종왕요】（945-
949）想要遷都到西京，但是因病去世而未果。第4代國王光宗王昭【광종왕소】（949-
975）則為了安定與強化王權，建立中央集權體制，以便弱化外戚與豪族勢力，同時
決心施行改革，如：接受中國儒家思想為主的文化、風俗與制度，廢除奴婢制度，實
施科舉制度。如此，實現了王權穩固與社會安定，以及將逐漸沒落的外戚與豪族勢力
編入中央集權的貴族社會。就政治制度而言，大多仿效中國唐王朝，而在第6代國王
成宗王治【성종왕치】時期（981-997）趨於完備，即中央組織有三省（中書・門下・
尚書）六部（吏戶禮兵刑工）。另有與三省同等地位的中樞院。再者，設置三京，即
西京（平壤）、東京於慶州【경주】（新羅古都）、中京於開京【개경】（高麗首都，
即開城【개성】）。地方組織有京畿【경기】、五道（楊廣【양광】、慶尚【경상】、
全羅【전라】、西海【서해】、交州【교주】）、兩界【양계】（東界【동계】、北
界【북계】（即西界）【서계】）等。軍事組織則中央有二軍六衛；地方有州縣軍，
屬於徵兵制。

高麗太祖王建施政的基本政策

一、

綜合夫餘、高句麗、百濟、新羅、渤海等國的主要政策，統合成單一國家、民族與文化。 ····> 包容措施

二、

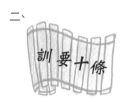 訓要十條

高麗太祖王建以身作則，制訂從政的基本政策，為歷代國王必須實現的規範。 ····> 政治哲學、治國大綱

→ 訓示其子孫成為國王的必備條件。

三、

王規之亂 通婚政策的反效果。 ····> 促外戚與豪族跋扈，王權難伸張而發生太祖王建逝世後的王位爭奪戰。

定宗王堯

欲遷都西京，因去世而未果。

光宗王昭

施行改革，實現王權穩固與社會安定。

一、安定與強化王權，建立中央集權體制，弱化外戚與豪族勢力。
二、接受中國儒家思想的文化、風俗與制度。
三、廢除奴婢制度，實施科舉制度。
四、仿效唐的政治制度。

成宗王治

制度完備

中央組織	＝	三省六部、中樞院。
地方組織	＝	京畿、五道兩界。
軍事組織	＝	徵兵制，中央有二軍六衛；地方有州縣軍。

+ 韓國史小提醒
中央二軍：鷹揚、龍虎；六衛：左右、神虎、興威、金吾、千牛、監門。

UNIT 3-3
高麗王朝前期的貴族社會制度

由於高麗王朝之前的統一新羅骨品身分制度崩潰，起而代之是地方豪族，以致身分制度紊亂，高麗王朝於是建立中央集權統治體制，使地方豪族躍升貴族，有效統一身分制度。因此，高麗王朝社會身分制度在最上位層級為中央的王族與貴族。

圖解韓國史

貴族社會的形成

高麗王朝【고려왕조】第6代國王成宗王治【성종왕치】時期（西紀961年-997年），採納儒學大臣崔承老【최승로】所提出的《時務策二十八條》【시무책이십팔조】的改革建議方案，最為著名，而大多被採用，是高麗政治制度與地方統治等國政運作的重要基礎。崔承老原為前朝新羅【신라】的儒學家，主張以儒家理念來強化王權，確立中央集權的政體，實踐中央集權的貴族社會，但是反對王權的專制獨裁化。因此，希望以貴族為中心的政治運作，進而達到建立貴族社會為目標。首先實行鄉吏制度，派遣地方官，盡量吸納地方豪族為中央貴族，致力於豪族子弟的教育發展。因此，高麗貴族含有兩大系統，即一是前朝新羅六頭品貴族；二是地方豪族。於是高麗貴族社會形成。

貴族門閥的誕生

新羅貴族與高麗貴族的組織有所不同，即新羅貴族是以真骨王族（血統）為主，高麗貴族則是以異姓豪族（以居住地為本貫，即籍貫的地方氏族）為主。這些以本貫為標準的異姓豪族，就成為重視家門觀念的依據，也成為家門勢力大小的依據。於是，異姓貴族為了擴大自身家門勢力，都會透過通婚政策，與地位較高的家門貴族結婚，以提升家門的地位，也是快速升官的捷徑，如此一來，誕生了所謂門閥，即世代為官的名門勢族或望族。其中，高麗王室是高麗社會上地位最高的家門，因此，能與高麗王室聯姻，便能蔚為權貴，掌控政權，贏得榮耀與聲望。由此可知，從此高麗社會成為以貴族門閥為中心的社會。例如：以高麗王室外戚身分掌控政權的代表家門就是安山金氏與仁州李氏。安山金氏曾經嫁三女給第8代國王顯宗為妃；仁州李氏曾與安山金氏通婚，而攀附貴族之列；仁州李氏也曾經嫁三女給第11代國王文宗為妃，取代安山金氏的地位。這些貴族的中心地，主要以首都開京【개경】（今朝鮮民主主義人民共和國開城市【개성시】）為居住的大本營，是全國的心臟所在，十分重要。其他著名的貴族門閥及其代表人物還有坡平尹氏（尹瓘【윤관】）、海州崔氏（崔沖【최충】）、慶州金氏（金富軾【김부식】）。

成宗王治的貴族社會建立

一、崔承老提出《時務策二十八條》的改革方案。

二、主張以儒家理念來強化王權，確立中央集權的政體，實踐中央集權的貴族社會，反對王權專制獨裁化。

三、以貴族為中心的政治運作，進而達到建立貴族社會為目標。

四、實行鄉吏制度，派遣地方官，吸納地方豪族為中央貴族，致力豪族子弟教育發展。

高麗貴族社會形成，含有兩大系統

新羅貴族是以真骨王族（血統）為主。

高麗貴族則是以異姓豪族（籍貫的地方氏族）為主。

異姓豪族重視家門觀念

一、籍貫為標準，家門勢力大小為依據，透過通婚政策，提升家門地位。

二、快速升官的捷徑。

產生門閥
（世代為官的勢族或望族）

三、高麗王室是高麗社會地位最高的家門。

能與高麗王室聯姻，便成為權貴，掌控政權，贏得榮耀與聲望。

高麗社會為以貴族門閥為中心的社會。

✛ 韓國史小提醒

《時務策二十八條》的由來是崔承老呼應成宗要求官員自論時政的得失，為此而提出其宗旨，即實現太祖的政治理想，反省光宗的王權強化策，創造高麗新社會，國王應以儒教思想為中心，應實踐為民的政治，以身作則為模範。可是二十八條內容現存二十二條，從內容中可區分類為國防、對豪族政策、地方制度改革、服飾家屋制度、中國關係、佛教與土著信仰、王室與王的態度等。高麗王朝建國後，在執行政治、經濟、社會、思想等諸項目的過渡期當中，整理出施政的錯誤，揭示以此為基礎，立足於儒教理念的治世方向，也得到成宗的認同，同時影響了當時實施新國家體制的整備。如：第一條為強調北方守備。第十九條為給予豪族與功臣勢力的子孫官職與品階，並適度包容之。第二十二條為建議中止奴婢按檢法，即廢除奴婢制度。第七條為主張派遣地方的重要區域的外官，即地方官。第九與十七條為強調各自身分須嚴格符合服飾與家屋制度來運作。

UNIT **3-4**
高麗王朝前期的土地制度與納稅制度

由於高麗王朝之前的統一新羅的土地制度混亂，弊端叢生，於是全國土地都收回屬於國王所有，以便控管土地的分配，建立新的土地制度，以穩定國家財政；而納稅制度為國家財源的基礎，也是建立新的納稅制度，以充實國家財政。

土地制度

高麗王朝【고려왕조】時期的所有土地皆為國王所有，屬於國有制。土地制度區分為公田與私田兩種。國王分配土地給官廳、貴族、農民、廟宇等之中，由國王直接收取租稅權的土地是公田；由官廳、貴族、廟宇個別收取租稅權的土地則是私田。公田與私田又再區分為：一、科田：以土地取代給予官吏與軍人薪俸的方式，景宗1年（西紀976年）時，以新制度名為田柴科，將農民的農田與山林收成的一半當做租稅，依十八等級公平分配給官吏與軍人。二、口分田：給予有功的官吏與軍人或特殊人士的土地。三、功蔭田：給予有功的文武官吏的土地。四、公廨田：給予中央與地方各官廳的土地，官廳為出租主人，由農民耕作的收成當做租稅，做為官廳的使用經費。五、寺院田：為了協助各寺院的維持與發展所給予的土地。六、內莊田：為了籌備王室必要的經費，另外保留的土地，如同王室的私田，由農民耕作。七、屯田：是指給予邊境或沿海地方各鎮的鎮守軍隊籌備糧食與干柴的土地。八、學田：是為了各級學校的維持與發展所給予的土地。九、民田：由國王特別給予農民中，以孝子或烈女聞名的土地。

納稅制度

納稅制度方面，公田的農民須繳納四分之一的租稅給予國家；私田的農民則須繳納二分之一的租稅給予個別的出租主人。例如：科田、口分田、功蔭田之類，必須個別給予官廳、官吏、廟宇、學校等出租主人收穫的二分之一租稅。土地如果還給國家或對於民田而言，由國家直接徵收收穫的四分之一租稅。此外，農民有服兵役為主的徭役義務，即被動員去執行房屋、道路、建築的徭役義務。再者，家家戶戶必須貢獻其地方特產品給政府的貢物義務。因此，納稅的三大義務為租稅、徭役、貢物。此外，對商人、漁民也要課徵雜稅。

土地制度

一、所有土地為國王所有。 ＝ 國有制

二、土地制度區分為公田、私田。

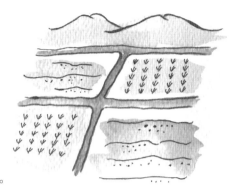

公田與私田又再區分為

一、科 田： 給予官吏與軍人薪俸的方式。

二、口分田： 給有功的官吏與軍人或特殊人士。

三、功蔭田： 給有功的文武官吏。

四、公廨田： 給中央與地方各官廳。

五、寺院田： 協助各寺院發展。

六、內莊田： 籌備王室經費用。

七、屯 田： 軍隊鎮守邊境或沿海地方。

八、學 田： 給各級學校發展。

九、民 田： 給農民－孝子或烈女。

納稅制度

一、公田農民須繳1/4租稅給國家。

二、私田農民須繳1/2租稅給地主。

三、農民有服兵役義務，執行徭役義務。

四、家家戶戶有貢物義務。

納稅三大義務：租稅、徭役、貢物。商人漁民要課雜稅。

＋ 韓國史小提醒

　　漕倉是高麗王朝前期，大約在成宗11年（992）開始正式設置的一種糧倉，國家向人民收取許多糧食貨物儲存之，即穀食、水果，以及還有工藝品等，而這些貨物大多以船運為主，以便收取租稅，並且負責搬運貨物之事。因此，漕倉都設在全國海岸或江邊的特別機關，稱為漕倉。漕倉所屬的貨船稱為漕船。貨運路線是從西海（今黃海）到禮成江（今朝鮮民主主義人民共和國黃海南道），並且接近開京（今朝鮮開城市）。共有十二個漕倉，如：漢江一帶，即中部有德興倉（今韓國忠清北道忠州市）、興元倉（今韓國江原道原州市）、河陽倉（今韓國忠清南道牙山市）、永豐倉（今韓國忠清南道富城郡），南部則有安興倉（今韓國全羅北道保安郡）、鎮城倉（今韓國全羅北道臨陂郡）、海陵倉（今韓國全羅南道羅州市）、芙蓉倉（今韓國全羅北道靈光郡）、長興倉（今韓國全羅北道靈岩郡）、海龍倉（今韓國全羅北道昇州郡）、通陽倉（今韓國慶尚南道泗川郡）、石頭倉（今韓國慶尚南道道合浦市）等。另外，還有第十三個漕倉，即安蘭倉（今朝鮮黃海南道長淵郡）。

UNIT **3-5**
高麗王朝前期的教育制度與科舉制度

高麗王朝太祖王建有鑑於教育為國家強盛之大本,而重新整備教育制度,爾後歷代國王也非常重視而陸續擴大教育規模,廣設學校,國學與私學形成,並獎勵儒學,實行科舉考試,以選拔優秀人才,來強化王權。

圖解韓國史

教育制度

高麗王朝【고려왕조】太祖王建【태조왕건】曾經在首都開京【개경】(今朝鮮民主主義人民共和國開城市【개성시】)與西京【서경】(今朝鮮首都平壤市【평양시】)設置學校。光宗9年(西紀958年),第4代國王光宗王昭【광종왕소】則開始實施科舉制度,為強化王權與建立官僚體系的一種措施。以科舉考試來選拔國家官吏的制度。如此,培育年青學子的國家教育機關到處林立。第6代國王成宗王治【성종왕치】時期(981-997)也在各地開始擴大設置大學,讓開京以外的地方大都市的青年們就讀。而成宗11年(992),首次在首都開京設置國子監【국자감】,為最高教育機關,相當於現今之國立綜合大學,其學生依照身分與專業,區分為國子學、太學、四門學、律學、書學、算學等六種機關,稱為「京師六學」【경사육학】。其中,國子學、太學、四門學以研究儒教經典為主;律學、書學、算學則以研究法律、書法、算數為主。日後成為高階官員或中級技術官吏的必經途徑。而第17代國王仁宗王楷【인종왕해】時期(1123-1146)在各地方設置如同國子監的教育機關稱為鄉學【향학】。國子監與鄉學的入學資格必須具有高級身分的子弟,平民與奴婢的子弟則無法入學。私學教育方面,由於麗濟羅三國【려제라삼국】與統一新羅【통일신라】時期的儒學一向蓬勃發展,到了高麗前期,以儒學【유학】教育為中心的私學也發達起來,其原因是歷代國王皆實施獎勵儒學措施有關。

科舉制度

如前述,經由光宗王昭時期(949-975)施行的科舉制度,可以成為高官,也是為了強化王權,淘汰舊勢力,網羅地方豪族優秀人才進入中央,以便強化王權。爾後,更加擴大規模為三類,即製述科、明經科、雜科等。製述科(進士科)與明經科(經典)為文官由來;雜科(醫業、卜業、明書業〔書法〕、明法業〔法律〕、明算業〔算術〕、僧科〔僧侶資格〕)則為技術官的由來。其中,製述科地位最高,最被重視;明經科地位居次;雜科地位最低。但是後來由於契丹族【거란족】頻繁入侵,造成社會混亂,使歷代國王都崇信佛教與地理風水說,造成政府的學校與師資逐漸沒落,學子們便求學於知名的儒學者。結果是國學衰退而私學興盛,培育出更多人才,對國家文化的發展有著重要的影響。第8代國王顯宗王詢【현종왕순】時期(1010-1031),曾經大力振興國學。第16代國王睿宗王俁【예종왕우】時期(1105-1122),終於擴大整備中央國子監的國學教育,禮聘著名文人學者擔任師資,吸引優秀學子入學。仁宗王楷時期,創設地方鄉學,但是不久,發生內憂外患,使得社會動盪,國學教育還是受到嚴重打擊。

官學教育方面

太祖王建	曾在首都開京（今朝鮮開城）與西京（今朝鮮平壤）設校。
光宗王昭	開始實施科舉制度。 ┅┅➤ 為強化王權與建立官僚體系
成宗王治	一、在各地廣設大學。 ┅┅➤ 讓開京以外的青年們就讀

二、首次在首都開京設置國子監（國立綜合大學）。 ┅┅➤ 最高教育機關

三、「京師六學」＝ 國子學、太學、四門學、律學、書學、算學等六種機關

┅┅➤ 為官吏必經途徑。

仁宗王楷	鄉學：在各地方設置如國子監的教育機關。 ┅┅➤ 入學資格必須具貴族身分，平民與奴婢無法入學。

私學教育方面

一、以儒學教育為中心。

二、歷代國王實施獎勵儒學，如光宗王昭的科舉制度。
⋮
↓
可成為高官

三、契丹頻繁入侵後，社會混亂，使歷代國王都崇信佛教與地理風水說，造成官學沒落。
⋮
↓
國學衰退而私學興盛，反而培育更多人才。

國學 ◀━━▶ 私學

顯宗王詢	大力振興國學。
睿宗王俁	擴大國子監的國學教育，禮聘名師，吸引優秀學子入學。
仁宗王楷	創設地方鄉學。

✚ 韓國史小提醒

　　科舉制度為是經由考試來選拔人才而擔任官職的方式，源自中國隋王朝，而定型於唐王朝。高麗王朝是依據中國唐王朝的科舉制度而施行。考試期間在春三月，稱為春試。主考機關為禮部。分為三階段考試，即鄉試、會試、殿試。每三年舉行一種考試，是成為中央政界的新進士大夫，即文官的來源。

UNIT **3-6**
高麗王朝前期的對外關係：
女真民族（金國）

高麗與女真族同為阿爾泰語系通古斯語族，因此，高麗王朝與由統一的女真族所建立的大金帝國建交，雙方關係良好，可是也常有衝突與和談事件。

高麗與金國的建交

　　高麗王朝【고려왕조】太祖王建【태조왕건】建國之際（西紀 907 年），中國境內發生巨大變動，即唐王朝滅亡，出現五代十國政權，經歷 54 年，最後被宋王朝統一，高麗皆與這些政權邦交。在中國東北地區方面，契丹族【거란족】強盛，建立遼王朝並消滅了渤海國【발해국】之後，使高句麗【고구려】系統的渤海國貴族大多遷往高麗，而隸屬渤海國的另一系統，即女真族【여진족】系統的靺鞨族【말갈족】則散居在中國東北地區各地，以及鴨綠江【압록강】與豆滿江【두만강】（今圖們江；圖們，女真語「萬」之意），臣屬高麗、遼、宋等國子民。而女真族為北方遊牧民族，與韓民族【한민족】皆屬阿爾泰語系通古斯語族，居住中韓邊境一帶，由女真族完顏部首長完顏阿骨打【완안아골타】崛起，滅遼國，而建立大金帝國，登基皇帝，統一女真族諸部，向南發展，曾經在第 15 代國肅宗王顒【숙정왕옹】時期（1095-1105），與高麗建交，派遣使臣，進行使臣的官貿易與民間商人的私貿易，由於女真族尚處未開化階段，便以原始土產物進獻高麗，來換取高麗的生活必需品（如：衣、糧、鹽）及奢侈品（如：紙、金、銀、碗），雙方關係尚稱良好。

尹瓘九城

　　但是雙方也常發生衝突與和解事件，如：肅宗王顒時期，女真族完顏部為收復失土而大舉南下，進攻曷懶甸【갈라전】，雙方關係惡化，高麗大將尹瓘【윤관】迎戰失利。第 16 代國王睿宗王俁【예종왕우】時期（1105-1122），完顏部表面謝罪，卻又暗中興兵。因此，尹瓘主動攻擊，掃蕩完顏部，開始在曷懶甸築城，稱為「尹瓘九城」【윤관구성】。之後，完顏部再次攻擊「九城」無果而謝罪，並且哀求歸還「九城」，起初高麗不許，後因感到投入「九城」的軍力與軍費過高，而決定將曷懶甸歸還給完顏部，如此，女真族大為感激，向天誓言必將服從高麗，並要求與高麗締結兄弟關係，以大金為兄，高麗為弟。之後，大金卻要求以大金為君，高麗為臣的君臣關係。第 17 代國王仁宗王楷【인종왕해】時期（1123-1146），大金消滅遼王朝，又擊潰宋王朝，儼然已經成為強大的帝國，因此，高麗為求國泰民安，接受了大金要求，使得高麗不再受到大金的侵犯，長期過著和平穩定的生活。

對女真民族（金國）關係

| 高麗王朝太祖王建建國 | ＝ | 唐亡 | → | 五代十國亡 | → | 宋王朝統一 |

| 契丹族 | ＝ | 建立遼王朝 | → | 滅渤海國 |

渤海國	高句麗系統貴族多遷往高麗。女真族系統靺鞨族散居中國東北地區屬高麗、遼、宋。
大金帝國建立	女真族（北方遊牧民族）與韓民族皆屬阿爾泰語系通古斯語族，居中韓邊境，由完顏部酋長完顏阿骨打建立，統一女真族諸部。
肅宗王顒	金國與高麗建交，進行使臣的官貿易與民間商人的私貿易，未開化的女真族以原始土產物換取高麗的民生必需品與奢侈品。

金麗雙方常發生衝突與和解事件

肅宗王顒

女真族完顏部為收復失土而進攻曷懶甸，關係惡化。

高麗大將尹瓘戰敗

睿宗王俁 完顏部表面謝罪，卻暗中興兵，使尹瓘主動掃蕩。

 築城曷懶甸，稱為「尹瓘九城」。完顏部攻擊「九城」無果而謝罪，高麗歸還曷懶甸給完顏部。

女真族誓將服從高麗，與高麗締結兄（金）弟（麗）關係。

仁宗王楷

金滅遼，又擊宋，已成強國。 ⋯⋯▶ 麗為求國泰民安，接受君（金）臣（麗）關係。

＋ 韓國史小提醒

高麗東北面的曷懶甸地區的女真族部族，是沒有編入遼國國籍的生女真族的故地，曾經臣屬高麗，也與高麗有親善往來的朝貢貿易。由於此處的女真族居住在高麗東北面而稱為東女真或東北女真。曷懶甸位於今朝鮮民主主義人民共和國咸鏡南道咸興市，為軍事重鎮。女真族完顏部酋長完顏阿骨打，建立金國為皇帝，統一女真族諸部後，與曷懶甸的生女真族進行合作聯盟，目的是想再統一曷懶甸的生女真族，如此，造成了高麗的威脅，因此，高麗認為曷懶甸為高麗領土而加以阻撓，以致發生高麗與女真族的曷懶甸爭奪戰。爾後，成為明王朝初期的軍事機構，名為鐵嶺衛，當時高麗也聲稱擁有鐵嶺衛的主權。

UNIT *3-7*
高麗王朝前期的對外關係：
契丹民族（遼國）

高麗王朝太祖王建進行北進政策的目的是為了恢復高句麗故土與精神，因此，常與北方民族因外交往來的問題而產生衝突，其中受到契丹族的威脅最甚，但是其間與契丹族文化的交流也很頻繁。

拒遼親宋

高麗王朝【고려왕조】太祖王建【태조왕건】進行北進政策時，欲收復高句麗【고구려】故地之時，建立遼王朝的契丹民族【건란민족】經常侵略高麗、女真族【여진족】、五代十國，以致遭到高麗、女真族的孤立與合力反擊，於是便向太祖王建要求建立外交關係，但是由於契丹曾經滅掉了渤海國【발해국】而遭到太祖王建的拒絕。第 3 代國王定宗王堯【정종왕요】時期（西紀 945 年 -949 年），得知契丹族企圖前來侵略高麗而設置光軍司，於是築城設鎮，以強化邊境國防。第 6 代國王成宗王治【성종왕치】時期（981-997），強大的契丹族時常侵略金、宋兩國的同時，也想再與高麗進行和平外交，但是還是有鑑於契丹族具有一貫的侵略企圖的本質，而有所警戒的高麗便再度加以拒絕，而與宋往來。

三次侵犯高麗

後來造成契丹的不滿，便陸續對高麗進行三次的武力侵略，即成宗 3 年（993）、穆宗 7 年（1004）、顯宗 9 年（1018），目的在迫使高麗屈服，與契丹族建交，並與宋斷交。可是始終未果，高麗一再拒絕，並與契丹族交惡而與宋復交。後來，麗宋兩國合謀反擊契丹族的第三次侵略之時，高麗大將姜邯贊【강감찬】的龜州大捷，使契丹族潰敗。爾後高麗、遼、宋三邊都想恢復和平，逐漸友好。但是建立大金王朝的女真民族的威脅又緊接而來，於是大力築城防禦，以第 9 代國王德宗王欽【덕종왕흠】時期（1031-1034）的千里長城最為著名。此外，高麗與契丹族雖然長期處於險惡關係，但是雙方仍有進行文化交流，如：契丹族第一次入侵時，進行雙邊貿易、留學等交流；契丹族第二次入侵時，第 8 代國王顯宗王詢【현종왕순】時期（1010-1031）則祈願和平，首次進行《大藏經》木雕版印刷。爾後，麗遼兩國關係良好。同時，名僧義天（第 11 代國王文宗王徽【문종왕휘】之子，俗名王煦【왕후】）曾經致力將契丹族的佛經輸入高麗。契丹族第三次入侵時，將高麗俘虜安置中國東北地區，使高麗高度文化水準傳播出來，使契丹族受到很大的影響。如此，讓契丹族俘虜與一般契丹族民眾都喜歡居住生活條件優良的高麗境內，而有「契丹莊」的鄉村形成，在其中經營製造器皿、衣服、裝飾品等手工業，還有農業，以及傳播其特有的歌舞、假面劇、擊球、鞦韆、雜技等北方風俗。雙方也進行使臣之間的官貿易，交換特產物。民間貿易也很活躍，商人私下走私，稱為密貿易。從高麗輸出到契丹族的商品有金、銀、器皿、麻布、茶、紙、筆、墨、草席等；而從契丹族輸入到高麗的商品則有緋緞、獸皮等。

對契丹民族（遼國）關係

| 遼王朝建立 | 高麗王朝太祖王建北進時，契丹常犯高麗、女真族、五代十國，而遭聯合孤立與反擊。要求與高麗建交遭拒。| ┅▶ | 因契丹曾滅渤海國 |

一、

| 定宗王堯 | 防契丹來侵。|

↓

強化邊境國防

二、

| 成宗王治 | 契丹常侵略金·宋，欲與高麗修好遭拒。|

↓

有警覺契丹侵略野心

| 麗宋往來，契丹不滿，陸續侵略高麗三次。| ┅▶ | 迫高麗屈服，與契丹建交，並與宋斷交又遭拒。|

| 麗宋合擊契丹，高麗大將姜邯贊龜州大捷。| ┅▶ | 契丹潰敗，三邊恢復和平友好。|

| 德宗王欽的千里長城 | 防女真威脅。|

| 遼侵略高麗三次時，雙方關係險惡，但仍進行文化交流。|

一、雙邊貿易、留學。

二、顯宗王詢祈願和平，首次刊行《大藏經》，麗遼關係良好。義天將契丹佛經輸入高麗。

三、遼將高麗俘虜安置中國東北地區，獲取高麗高度文化水準。反之，契丹俘虜與一般契丹民眾喜居高麗境內，形成「契丹莊」。雙方也進行官貿易與密貿易。

✛ 韓國史小提醒

　　姜邯贊（948-1031）為高麗著名的官員與將領。曾經考取科舉而任官。曾任禮部侍郎（相當教育部副部長）。在高麗對契丹族的三次來犯的戰爭中，率領高麗軍隊，完全將契丹族軍隊擊潰，居功厥偉，其中以契丹族第一次入侵高麗時，獲得江東六州（西北面），以及契丹族第三次入侵高麗時，史稱龜州大捷等兩次最著。龜州在今朝鮮平安北道龜城市。

UNIT 3-8
高麗王朝前期的對外關係：
中國北宋王朝

圖解韓國史

韓中關係自古以來十分密切，但是高麗前期與中國北宋的外交關係常遭第三者阻撓，外交關係受到層層考驗。而在文化與民間的交流，反而活絡。

建交後的阻礙

自古以來，韓國【한국】與中國漢族中原政權的關係，長期維持著親善友好，文化交流密切。而高麗王朝【고려왕조】與北宋王朝的正式建交是在第4代國王光宗王昭【광종왕소】時期（西紀925年-975年）。此時，契丹族【거란족】所建立遼王朝在中國東北地區盤據而逐漸壯大，從中阻絕麗宋兩國雙方的陸路，而麗宋兩國只能以海路方式來進行文物交流，雙方都是和平往來，始終沒有軍事發生。之後，強大的契丹族分別攻擊麗宋兩國之時，麗宋兩國於是計畫聯合反擊，相互支援的共同構想，但是都難以執行，因為麗宋雙方都不敢輕易向契丹族宣戰，而都沒有出兵協助對方。如果宋與契丹族友好時，契丹族便會迫使宋與高麗斷交。反之，如果高麗與契丹族友好時，契丹族也便會迫使高麗與宋斷交。因此，麗宋雙方交流往來一直斷斷續續。此時，麗、宋、遼三國鼎立於東亞地區，三角關係錯綜複雜。

文化與民間交流的活躍

到了女真族【여진족】的金王朝崛起後，宋與金建交，而分別與高麗、契丹族斷交。仁宗3年（1125），金滅亡契丹族後，取代契丹族，與麗、宋再次形成三國鼎立於東亞地區，因此，也是相同的三角關係，錯綜複雜。之後，宋遭到金攻擊時，才請求已斷交的高麗協助。如此，國際外交的分分合合，複雜而微妙，絕對沒有永遠的敵人或朋友，只有現實利益為考量。高麗與宋在政治上，雖然正式建交的關係阻礙重重，十分複雜，但是在文化交流及民間商人的往來，絲毫不受影響，反而更加活躍。雙方還有學者、藝術家、僧侶等的相互往來，非常頻繁。甚至，雙方為接待交流人士到來，都有設置迎賓館，以利接待住宿。在物資交流方面，高麗與宋的貿易往來，可以分為兩大類別：一是官貿易，即朝貢，使臣上呈特產物，皇帝下賜特產物，進行這種物物交換的方式；二是私貿易，雙方民間商人、文人學者、藝術家、僧侶等的私人之間，進行買賣物品行為。物品種類繁多，高麗輸出到宋的物品有衣、金、銀、刀箭、文具、扇子、人蔘、皮革、瓷器等；而宋輸入到高麗的物品則有衣、布、金、銀、玉、茶、瓷器、香料、藥材、書籍、書畫、樂器、貨幣等。尤其，高麗的儒學與佛教因此比起過去更加隆盛。另外，值得一提的是，在麗宋的頻頻交流的影響下，產生了高麗人歸化宋，而宋人歸化高麗，雙方互相歸化，雙方也都取得官職，可說是有助於恢復與增強麗宋關係的親善友好。

> **✛ 韓國史小提醒**
> 韓國也有長城，稱為「千里長城」。建立於高麗德宗時期，完成於靖宗時期。位於韓半島北部，長約1千餘里，高約25尺，是北方國防防禦線。

對中國北宋王朝關係

自古至今，中韓關係，長期親善友好，文化交流密切。

高麗與北宋正式建交 ➡ 光宗王昭時期以海路進行。

‧‧‧> 契丹居間阻絕陸路

契丹分擊麗宋，麗宋雖欲合擊，但皆不敢輕易向契丹宣戰

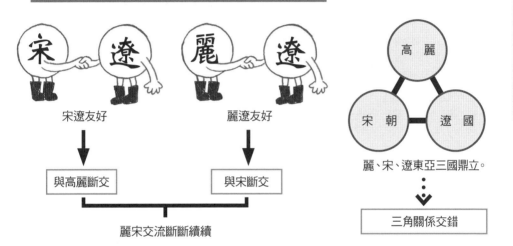

宋 遼

宋遼友好

麗 遼

麗遼友好

與高麗斷交

與宋斷交

麗宋交流斷斷續續

高麗

宋朝　遼國

麗、宋、遼東亞三國鼎立。

‧
‧
>

三角關係交錯

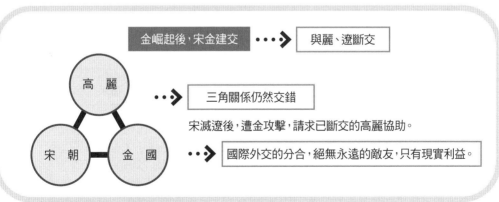

金崛起後，宋金建交 ‧‧‧> 與麗、遼斷交

高麗

宋朝　金國

‧‧‧> 三角關係仍然交錯

宋滅遼後，遭金攻擊，請求已斷交的高麗協助。

‧‧‧> 國際外交的分合，絕無永遠的敵友，只有現實利益。

麗宋建交阻礙重重，但在文化（學術、儒佛）經貿（官、私貿易）交流則不受影響，更加活躍。

麗宋相互歸化 ‧‧‧> 有助雙方外交關係的和睦

UNIT **3-9**
高麗王朝前期的社會：
階級、福利、貨幣使用

後三國時代，統一新羅的骨品制度瓦解，取而代之的是高麗王朝前期的社會身分制度。
此外，也積極推行社會福利與貨幣使用等制度。

圖解韓國史

社會階級

　　高麗王朝【고려왕조】前期社會，身分制度屬於世襲制，可區分為四種階層：即上流、
中流、下流、賤流。上流與中流屬於統治階級，具備知識水準；下流、賤流屬於被統
治階級，毫無知識水準。如：一是上流階層：為貴族身分，擁有最多特權，地位最高，
主要成員為高麗王族、高級官吏、麗濟羅【려제라】、渤海【발해】等系統的貴族與
其子孫。經由科舉考試及格來獨佔官位，官職分為文武兩班【양반】，文班主要是擔
任行政的文臣；武班則主要是擔任國防的武臣。並且擁有土地，收取農民租稅，免除
租稅、徭役、貢物等納稅義務，享教育特權、考試優惠，同時可以處罰平民犯罪，屬
於特權階層。二是中流階層：即中等身分，在宮中服侍國王的侍中，以及傳達王命的
下級官吏，還有地方鄉吏，此階層的子孫在教育、考試方面受到極大限制，並且中流
也成為貴族對付平民的打手一般，造成許多弊端。三是下流階層：為常民身分，從事
農漁工商等活動的平民，其中大多為必須依賴貴族與中流的土地來耕種的貧困農民，
即白丁，毫無個人土地，必須負擔租稅、徭役、貢物等納稅義務，不能參加教育、考試、
任官而受到歧視，與賤民無異。四是賤流階層：為賤民身分：為最低下階層，專供貴
族與中流階層所差使的奴婢，代代相傳，過著悲慘的生活，毫無人權，如貨物一般。
再者，雖然高麗前期社會的身分制度如前所述是屬於世襲制，但是表現良好，仍然可
以往上一級晉升。所以，身分的經常變動是習以為常的事。

社會福利、貨幣使用

　　高麗前期社會福利政策有對生活困苦的貧民，特別設置救濟機關來處理，如：濟危
寶是提供貧民食糧與醫療的單位；義倉是平時儲藏食糧，遇到凶年時，用來救濟貧民
的單位；常平倉是調節食糧價格的單位，價格昂貴時，將儲糧釋出，壓制高價，價格
過於便宜時，將糧食大量買入儲存，以維持平價。醫療設施方面，貧民生病時，可到
濟危寶治療，或大悲院治病，並給予糧食與衣物等。惠民局負責給予藥品等。再者，
韓國古代經濟活動大多是以物易物為主。高麗開始使用貨幣是在成宗 14 年（西紀 995
年），雖然一般民眾覺得攜帶方便，但是易錯認錢幣，錢幣太小，這些缺失太多，毫
無價值可言。同時，非常容易造成經濟秩序的紊亂。第 15 代國王肅宗王顒【숙종왕옹】
時期（1095-1105），於是施行獎勵使用貨幣的政策可說是效果不彰，原因是民眾依然
維持自給自足的生活方式，感覺不到錢幣的便利，也無法體會錢幣的價值。因此，獎
勵使用貨幣的成果不佳，也使得當時經濟活動無法蓬勃發展。

✚ 韓國史小提醒

　「兩班」即以高麗國王為中心，左邊為文官的文班（東班）；右邊為武官的武班（西班），屬於
貴族階層。

高麗前期社會階級

 上流 = 貴族：擁特權，地位最高。

…➤ 高麗王族、高級官吏、麗濟羅渤海系統的貴族與其子孫。

貴族 ➤ 經由科舉 ➤ 分為文武兩班

= 文班為文臣；武班為武臣，屬特權階層。

中流 = 中等身分：宮中服侍國王的侍中、傳達王命的下級官吏、地方鄉吏。

…➤ 在教育、考試上受極大限制。也為貴族對付平民的打手。

下流 = 常民：從事農漁工商等活動的平民（白丁）。 = 農民為主

…➤ 須負擔租稅、徭役、貢物等納稅義務。
無法參加教育、考試、任官而遭歧視，相當賤民。

賤流 = 賤民：即奴婢，世襲，無人權，如貨物。

社會階級 ➤ 以世襲為原則 ➤ 但仍可改變。

社會福利政策

對象 = 貧民

二、醫療設施：

濟危寶·大悲院
提供食糧與醫療。

一、救濟機關：

濟危寶 提供食糧與醫療。

義　倉 儲糧。

惠民局 給藥品。

常平倉 壓制高價，提高低價，以維平價。

經濟活動

一、主以物易物。

二、成宗14年，高麗開始使用貨幣，雖攜帶方便，但易錯認與錢幣過小，無價值可言，因而造成經濟秩序紊亂。

三、肅宗王顒：施行獎勵使用貨幣政策，但效果不佳，使經濟無法發展。

UNIT 3-10
高麗王朝前期的文化（一）：
佛教、風水說、風俗

圖解韓國史

高麗王朝前期的文化中，佛教興盛，風水說流行，兩者的結合，使國內充滿宗教活動與民俗節慶。其最終目的就是祈福消災，慎終追遠。

佛教與風水說的盛行

高麗【고려】前期佛教十分隆盛，歸因於太祖王建【태조왕건】曾經認為「為了國家發展必須求助佛祖」，而到處林立佛寺與佛塔，並且聘請高僧為王師或國師，使得高麗歷代國王都非常崇尚佛教與獎勵佛教，祈求國運昌隆，同時也祈求個人幸福。因此，歷代國王都將土地捐贈給寺廟，稱為寺院田。也將土地捐贈給僧侶個人，稱為別賜田。此外，一般貴族為了個人與家庭而信佛祈福，也將土地與奴婢捐贈給寺廟或僧侶。再者，在政治上，國家也給予寺廟或僧侶特殊優厚待遇，使僧侶享有如同貴族的榮華富貴。所以，許多民眾都想成為僧侶，而僧侶中大多數是與其說是為了修道，不如說是為了追求威勢與財物。科舉考試有僧科的資格考試，可提升僧侶的素質，也受到國家的尊敬與優待。此外，國王的王子們多成為僧侶，其中，第11代國王文宗王徽【문종왕휘】之子，即大覺國師義天【의천】（王煦【왕후】）最為有名，其最大成就就是，促進與宋遼兩國之間的佛教文化交流，編纂完成《高麗續藏經》【고려속장경】，也是天台宗的中興始祖。當時的佛寺規模中，以興王寺最大。另外，地理風水說也盛行，最初始於統一新羅【통일신라】末期，太祖王建依據此說，才有遷都松岳【송악】（今朝鮮民主主義人民共和國開城市【개성시】）與西京【성경】（今朝鮮首都平壤市【평양시】）之事。日後也造成官方與民間的效尤，關心自身方位與個人命運，而四處搬遷，大興土木，以致浪費莫大的國家財政。

生活風俗

生活風俗方面，無論是宮廷或民間，皆流行迷信原始宗教信仰，即巫術與占卜。此外，國家級的祭典，如：燃燈會、八關會、釋尊祭、百中等活動，也盛大舉行。燃燈會是每年農曆二月十五日舉辦，寺廟、宮廷、民間都會點燃許多亮燈，君臣與民眾一起同慶，主要是向佛祖、天地、諸神明祈福，此為佛教與原始信仰結合的祭典。八關會是只限於開京（十一月）與西京（十月）兩地舉辦，其形式如同燃燈會，但不同的是，各地官吏會向國王呈上祝賀文書。外國商人，如：中國宋王朝、女真族【여진족】、耽羅【탐라】（今韓國濟州島【제주도】）、倭國（日本）等也都會向高麗國王呈上特產品，以表祝賀之意。如此，許多外國商人都會藉此慶典之日，來進行貿易活動。釋尊祭為紀念釋迦牟尼佛的誕辰祭典，即農曆四月八日。百中為僧侶在廟設齋，民眾在家以酒、水果等祭祀祖先與地獄，即農曆七月十五日。其他重要民俗節日則有農曆新年【설날】、上元、端午、流頭【유두】、中秋【한가위】、重三【삼짇날】、寒食、冬至等。

佛教隆盛

一、歸因太祖王建曾謂「國家發展必須求助佛祖」。

到處林立佛寺與佛塔，並聘高僧為王師或國師，使歷代王都崇佛教與獎佛，將僧侶視為貴族階級。

◀聘高僧為王師或國師

二、為提升素質，僧侶可參加科舉考試，受到國家尊待，並具貴族身分。

貴族

國王的王子們多成為僧侶

文宗王徽之子　大覺國師義天（王煦），廠功甚偉，促進與宋遼的佛教文化交流，完成《高麗續藏經》，也是天台宗的中興始祖。

地理風水說也盛行

初始於統一新羅末期，太祖王建依據此說，關心自身方位與個人命運。

生活風俗

流行迷信原始宗教信仰

巫術與占卜

國家級佛教祭典　燃燈會、八關會、釋尊祭。

其他重要民俗節日　農曆新年、上元、端午、流頭、中秋、重三、寒食、冬至等。

✚ 韓國史小提醒

韓國重要的農曆民俗節日：新年一月一日，祈福、祭祖。上元一月十五日，大地回春好運。端午五月五日，避邪。流頭六月十五日，洗淨身心。中秋八月十五日，團圓。重三三月三日，春至。寒食三月，禁火，吃冷食，掃墓。冬至十一月，陽氣始。

UNIT 3-11
高麗王朝前期的文化（二）：文學與藝術

高麗王朝前期的文化之中，文學鼎盛，藝術活動盛行，人才倍出，作品出色，具有民族傳統的風格。而文學如此發達，其成果應歸功於造紙術與雕版印刷術的先進與發達；而藝術的發達，其成果應歸功於優秀的技術與創意。

文學發達

高麗【고려】前期，漢文學【한문학】十分發達，其原因是獎勵儒學【유학】、施行國學教育、私學教育、科舉考試等的結果。同時也受到中國宋王朝的影響，各種學術中，最重視文學的才能。其中，以擅長詩或散文的寫作，最為受到高度評價，如：私學代表人物崔【최충】沖的詩文最著。如此，可深得國王信任而取得高官。因此，當時在開京【개경】（朝鮮民主主義人民共和國開城市【개성시】）每月一次，在地方則每年一次舉辦官吏的作文，呈給國王評定其文學才能，續優者可以獲得更高官位與獎賞。因此，官吏們便熱衷於文學。爾後，日常生活中，國王經常要大臣們作文，官吏們依例聚集舉辦作文比賽，所寫之文都是使用漢字【한자】，可說是一種漢文學的表現。最有名的文章大家為崔沖及金富軾【김부식】，最有名的詩人大家為鄭之祥【정지상】。詩歌也發達，以鄉歌為代表，異於漢詩，為民間歌謠，如：高僧均如【균여】的《均如傳》【균여전】。文人學者也十分重視歷史書籍的編纂事業，如：金富軾的《三國史記》【삼국사기】，詳記高句麗【고구려】、新羅【신라】、百濟【백제】的政治、經濟、文化。再者，文學的發達，則必須歸功於紙張製造技術與雕版印刷術的先進與盛行。當時，印刷術已經印刷佛教經典，以及儒教經典及歷史、醫學、法學、文學等書籍，這些印刷刊行的出版機關，如：第 6 代國王成宗王治【성종왕치】時期（981-997）便設置修書院於西京（平壤）；第 11 代國王文宗王徽【문종왕휘】時期（1046-1083）設置書籍店於開京（開城）；第 15 代國王肅宗王顒【숙종왕옹】時期（1095-1105）設置書籍舖。此外，各地方都市政府也致力刊印書籍。於是文學特別發達。而製紙技術進步，以樹皮為材料，紙質良好。

藝術活動

藝術活動也十分發達，如：音樂、書法、繪畫、雕刻、建築、工藝等項目非常優秀。音樂方面，平民喜愛的俗樂（鄉樂），為麗濟羅【려제라】三國時期流傳而來的固有音樂；貴族喜愛的唐樂，為唐傳來的俗樂；宮廷的雅樂，為宋傳來的新樂曲。書法繪畫也是貴族所喜愛。書法方面，流行中國唐人歐陽詢的筆風；繪畫方面，政府設有圖畫院培養畫家，也派遣留學生赴唐深造。雕刻方面，技術更為精湛，如：石造佛像、梵鐘。建築方面，華麗雄偉的宮殿、寺院、貴族住宅，到處皆是，其中最著名的是開京的滿月臺王宮與興王寺；石雕建築則以石造佛塔為代表，最著名的是漢城【한성】（首爾【서울】）景福宮【경복궁】的法泉寺智光【지광】國師玄妙塔。工藝方面，雖然有金、銀、銅等金屬製成的器物，但是最著名的是以瓷器為代表，製作技術精美細緻，其中以翡翠色青瓷與象嵌青瓷舉世聞名。

漢文學發達原因

一、施行國學教育、私學教育、科舉考試。
二、受宋影響，最重視文學才能。代表：崔沖。
三、以擅長漢文學的詩或散文寫作，最受高度評價。
　　代表：崔沖·金富軾·鄭之祥；民謠：高僧均如《均如傳》；
　　史料：金富軾《三國史記》，詳記麗羅濟三國。

▲重視文學才能

文學的發達：造紙術與印刷術的優越

藝術活動發達

音樂方面

平民的俗樂（鄉樂）；貴族的唐樂；宮廷的雅樂。

書法繪畫方面

流行中國唐人歐陽詢的筆風；政府設圖畫院培養畫家，也派留學生赴唐深造。

歐陽詢

雕刻方面 技術精湛，如：石造佛像、宮殿、寺院、貴族住宅。

工藝方面

有金銀銅等金屬器物，但以瓷器為著。

✛ 韓國史小提醒

　　高麗儒學與教育發達原因：光宗實行科舉制度，成宗推動儒教政治，文宗致力儒學發展。因此，以此為基礎，學校教育也十分發達。

UNIT 3-12
高麗王朝前期末葉的貴族內部動搖與武權建立

高麗王朝前期末葉，貴族形成門閥勢力，掌控權勢，沽名釣譽，不擇手段，所幸得以消弭。之後，西京遷都事件造成文臣打壓武臣，造成貴族內部的分裂，使得武臣報復文臣，以文臣為中心的政體崩潰，以武臣為中心的政權成立，開啟武人統治的時代。

貴族社會內部的動搖

11 世紀中葉，高麗【고려】第 11 代國王文宗王徽【문종왕휘】時期（西紀 1046年-1083 年），長期與王室締結婚姻關係的仁州李氏的李資謙，以外戚族閥貴族的身分，專橫跋扈，在朝廷謀取高位，享受榮華富貴，勢力達到頂點，並且強奪土地財產，企圖獨謀王權，即李資謙【이자겸】之亂。第 17 代國王仁宗王楷【인종왕해】時期（1123-1146），由於再也無法忍受，而平定了李資謙一派，逐出李氏的王妃們，恢復了王權。之後，地方貴族妙清【묘청】和尚利用當時地理風水說盛行的機會，主張首都開京【개경】（今朝鮮民主主義人民共和國開城市【개성시】）已經式微，應該遷都到環境優美的西京【서경】（今朝鮮首都平壤市【평양시】），才足以對抗女真族【여진족】的大金帝國威脅，而獻計西京遷都案，雖然仁宗同意，但是遭到中央貴族金富軾【김부식】等大臣反對，使得妙清的遷都計畫無法實現，於是心懷不滿，惱羞成怒，在仁宗 24 年（1135）叛亂建國，國號「大為」【대위】。一年後被金富軾平定。爾後，西京沒落，文臣獨占政權，武臣則遭到歧視。總之，李資謙與妙清的兩次叛亂，以及貴族社會的分裂與動盪不安，以致朝廷重文輕武的差別待遇政策，使遭到賤待迫害的武臣們極力不滿。

武臣政權的建立

到了第 18 代國王毅宗王晛【예종왕현】時期（1146-1170），被文臣嚴厲打壓而積怨已久的武臣鄭眾夫【정중부】、李義方【이의방】等人有鑑於毅宗勾結不肖文臣荒淫享樂，使得民生困苦，而趁著好時機而發動政變，以嚴懲文臣的惡行，於是屠殺文臣，罷廢毅宗，另外擁戴第 19 代國王明宗王晧【명종왕호】，但是國王已經毫無實權，國家大權完全落入武臣手中。再者，武臣鄭眾夫以重房（政務機關）為中心，施行獨裁政治，並對文臣施以報復手段。之後，慶大升【경대승】殺鄭奪權，設置都房（私兵）自保，並力圖政治清明，恢復國王權力，但因在明宗 13 年（1183），病故後被李義旼【이의민】奪權，由於腐敗殘暴，在明宗 26 年（1196），被崔忠獻【최충현】所殺，終結了武臣之間的政權爭奪大戰，貴族社會也崩潰了，崔忠獻掌握了國家大權，為崔氏武臣政權【최씨무신정권】，又稱為武人時代（1170-1270，共歷經六王）的開始。結果，國王有名無實，如同傀儡一般。之後為控制政權，陸續有明・熙（第 19・21 代國王）兩王被廢位，而擁立毅・神・康・高（第 18・20・22・23 代國王）四王。並且復活都房，以保護自身安全；設置教定都監，為最高幕府，也是實際掌控國家實權的單位。

外戚族閥貴族

李資謙之亂 文宗王徽時，長期與王室締結婚姻關係的仁州李氏，在朝廷取得高位，勢力達到頂點，並強奪土地財產，企圖獨謀王權。仁宗王楷時，平亂而恢復王權。

妙清之亂 利用地理風水說，主張遷都西京未果，便於仁宗王楷時，叛亂建國，國號「大為」。後被金富軾平定。

影響：西京沒落，朝廷重文輕武，文臣獨占政權，武臣遭歧視而不滿。

▶金富軾平定妙清之亂

崔氏武臣政權的開始

一、武臣鄭眾夫、李義方等因毅宗勾結不肖文臣，而發動政變，廢毅宗，另擁明宗王晧，國王毫無實權，武臣掌握國家大權。

二、武臣鄭眾夫施行獨裁政治，被慶大升所殺。慶大升力圖政治清明，但病故後被李義旼奪權。李義旼腐敗殘暴，被崔忠獻所殺。

終結武臣間的政權爭奪，貴族社會也崩潰。

三、崔忠獻掌握國家大權。

✚ 韓國史小提醒

李義旼（？－1196）為高麗武臣政權第三位獨裁者。慶大升逝後，李義旼掌握政權，施行暴政13年後，被崔忠獻逮捕處死。李義旼本籍旌善（今韓國江原道旌善郡）李氏。依據《旌善李氏族譜》，李義旼的旌善李氏始祖先李陽焜為越南李朝皇帝李仁宗之子。因爭王位之爭，亡命中國北宋王朝。北宋靖康2年（1127）時，遭金侵略，便移居歸化高麗，定居慶州，爾後再遷居旌善。

UNIT **3-13**
高麗王朝前期末葉的民亂抗爭
與武權終結

高麗王朝前期末葉。由於經由武臣之亂成功後，武臣政權成立，獨裁統治，國王與文臣無法施政，而且民不聊生，民亂興起，但是功敗垂成，造成國內情勢混亂。爾後，武臣政權內部失和，以武臣為中心的政權結束。

圖解韓國史

民亂事件的抗爭

12世紀初期，高麗第15代國王肅宗王顒【숙종왕옹】時期（西紀1095年-1105年）開始，官員濫用特權，公然迫害與榨取人民，使得全國饑荒，造成盜賊日增，民間混亂不已。貴族社會也因為受到李資謙【이자겸】與妙清【묘청】之亂而分裂的影響，造成全國動盪不安。再者，以鄭眾夫【정중부】之亂為首的武臣之亂發生後，武臣取代了國王與文臣。由於武臣素質不如文臣，一直遭到兩班【양반】貴族的歧視與賤待。因此，一般農民與賤民對武臣腐敗橫暴的政治極為不滿，而在全國各地發動大規模抗爭，目的在爭取身分解放與生活自由。最後，武臣之亂與民亂都由崔忠獻【최헌충】所弭平，而成功地獨攬政權。其中重要的賤民叛亂事件，如：明宗6年（1176）的亡伊【망이】與亡所伊【망소이】之亂，發生在公州【공주】（位於韓國忠清南道），北進後，直逼開京（今朝鮮民主主義人民共和國開城市【개성시】）而被鄭眾夫弭平。明宗23年（1193）的金沙彌【김사미】與孝心伊【효심이】之亂，分別發生在雲門【운문】（位於韓國慶尚北道）與草山【초산】（位於韓國慶尚北道蔚山市【울산시】），兩者合流，但是由於勢力薄弱而不敵，遭到弭平。上述亂事的成員有貴族、武臣、農民、賤民等為主，然而最下階層的奴婢也受到衝擊而開始羨慕自由，向權勢抗議而叛亂，這可說是韓國史上最早的奴婢之亂。

武臣政權的終結

神宗1年（1198），崔忠獻執政時，公奴婢與私奴婢一同聯合起來，以萬積【만적】（開京【개경】附近）為中心，主張抵制各種苦役與要求身分解放，但是由於消息走漏而失敗。另外，高宗2年（1215）起，還有官兵叛亂，並且將官糧分給民眾，目的在抵抗腐敗的武權，恢復百姓的權益，雖然也是失敗，但是與民眾的訴求一致。到了崔忠獻身亡後，其子崔瑀【최우】續掌實權，在自宅設置政房，執行國家人事行政權，強化自身勢力。同時，設置書房，禮遇文臣。設置三別抄組織，負責警察與軍事的任務。崔瑀死後，崔沆【최항】、崔竩【최의】陸續無能的執權，便被文臣柳璥【유경】與武臣金俊【김준】推翻。百年的崔氏武臣政權【최씨무신정권】（1170-1270）終於結束。於是，國王重拾國家實權，王權得以恢復了，時為第24代國王元宗王禃【원종왕식】（1260-1274）時期。

民亂事件的抗爭

肅宗王顒時期起，官員濫權、公然虐民、貴族社會因李資謙與妙清之亂而分裂。　⋯⋯▶　全國動盪不安

| 武臣之亂 | 以鄭眾夫為首，武臣取代國王與文臣。 |

| 民亂 | 因武臣素質不如文臣，使農民與賤民不滿武臣政治腐敗橫暴，發動全國大抗爭，目的 爭取身分解放與生活自由。 |

崔忠獻弭平武臣之亂與民亂，成功獨攬政權。

崔氏武臣政權終結

亡伊與亡所伊之亂、金沙彌與孝心伊之亂為著。　⋯⋯▶　成員有貴族、武臣、農民、賤民、奴婢等為主。

一、奴婢主張抵制各種苦役與要求身分解放，但失敗。

韓國史最早的奴婢之亂

二、官兵叛亂，將官糧分給民眾。

目的

抵抗腐敗的武權，恢復百姓的權益，但也是失敗。

三、崔忠獻亡後，其子崔瑀續掌實權，強化自身勢力。崔瑀死，崔沆、崔竩陸續無能執權。

⋯⋯▶　被文臣柳璥與武臣金俊推翻

四、崔氏武臣政權終結。⋯⋯▶　元宗王禃時期王權恢復

✚ 韓國史小提醒

　　高麗王朝的前期與後期的區分法：由於高麗共有475年（918-1392），筆者依照歷史過程的事件為基準，即以崔氏武臣政權（1170-1270）結束後，為高麗後期的開端，相當於第24代國王元宗王禃執政時期，因此，高麗前期為918年到1270年；高麗後期為1271年到1392年。此時的元宗王禃正是介於這前後期的緩衝期。元宗王禃之後為忠烈王王昛執政，蒙古入侵干涉高麗國政，以致共有6位國王廟號有忠字頭（烈、宣、肅、惠、穆、定）表示對蒙古效忠之意，並受蒙古控制而喪失主權，為後期特色。

UNIT **3-14**
高麗王朝後期蒙古強盛及麗蒙關係惡化

圖解韓國史

高麗前期與後期的交替時期為崔氏武臣掌權階段，國家社會紊亂。此時蒙古帝國崛起，伐金征遼，與高麗王朝開始進行外交，但是由於朝貢問題，曾經發動五次侵犯高麗，麗蒙兩國關係因此惡化。

蒙古族的強盛

12 世紀末，高麗前期【고려전기】與後期【후기】的交替時期，崔氏武臣政權【최씨무신정권】執政期間，國王與文臣完全無法運作國政，民亂四起，國家社會動盪不安之際，蒙古族【몽고족】英雄鐵木真統一了蒙古諸部族，成為蒙古帝國國王，號稱成吉思汗【성길사한】。同時，國家強盛後，便對鄰國進行征伐，如：女真族【여진족】的大金帝國遭受到蒙古侵略而幾乎滅亡；而契丹族【거란족】便乘機建立了大遼帝國。同時，為謀取更大的生存空間，越過鴨綠江【압록강】，侵略高麗，這時正值蒙古討伐金國將領蒲鮮萬奴在中國東北建立的東真國。因此，當時高麗掌權者崔忠獻【최충헌】在蒙古的協助下，擊退契丹族，此為麗蒙兩國的第一次接觸，時為第 23 代國王高宗王皞【고종왕철】在位期間（西紀 1213 年 -1259 年），而崔忠獻去世後，執政者為其子崔怡【최이】（改名，即原崔瑀【최우】）。

麗蒙兩國關係的惡化

此後，蒙古多次邀功來藉機強要高麗進貢，崔怡則極為反彈，加以拒絕，造成麗蒙兩國關係逐漸惡化。再者，蒲鮮萬奴不滿麗蒙修好，而暗殺蒙古使臣，嫁禍高麗，造成蒙古憤怒，故而以此藉口，開始對高麗陸續發動多達五次的侵略戰爭。例如：高宗 18 年（1231），蒙古第一次侵犯時，崔怡無能，讓蒙古在高麗設置達魯花赤，形同殖民地。高宗 19 年（1232），崔怡強行遷都到江華島【강화도】（位於黃海的島嶼，今屬韓國仁川市江華郡【인천시강화군】），以決心抗蒙，可是此舉觸怒了蒙古，造成蒙古第二次侵犯。後來由於高麗仍然不對蒙古朝貢，蒙古便在高宗 22 年（1235），發動第三次侵犯，殺人掠奪，燒毀寺廟、古蹟、典籍，高麗曾經派遣三別抄軍隊對抗而無果。因此，高麗國土荒廢，民生困苦。之後麗蒙兩國講和，蒙古軍撤退。但是由於崔怡仍然排斥蒙古使臣，以致蒙古十分不滿，於是在高宗 40 年（1253），進行第四次侵犯，此時崔沆【최항】開始執權，之後再次講和，但是又因為拒絕與蒙古親朝，使得蒙古在高宗 41 年（1254），又發動了第五次侵犯高麗。總之，蒙古在崔氏武臣政權期間共有五次侵略高麗，其最終目的是為了要求貢物，以及將高麗作為征服中國南宋王朝與日本的跳板。

> **✚ 韓國史小提醒**
> 「三別抄」為高麗王朝時期的戰鬥軍隊，包括有左別抄、右別抄與神義軍等三種部隊的合稱。原為崔氏武臣政權的私兵，後來成為高麗的國家正規軍。此外，「達魯花赤」為蒙古語「da-ru-gha-chi」，原意為「鎮壓」，引申為「鎮守者」，後來成為掌握行政權與軍事權的一種地方首長的職稱。

高麗後期崔氏武臣執政

高麗後期崔氏武臣執政期間，
國王與文臣完全無法運作國政。 ···▶ 民亂四起，國家社會動盪不安。

蒙古族 英雄鐵木真統一蒙古，
為國王，號成吉思汗。

▼

國家強盛，對鄰國進行征伐。

女真族 大金帝國亦遭蒙古侵略而幾乎滅亡。

契丹族 乘機再建立遼國，越鴨綠江，侵高麗，正值蒙古伐金將蒲鮮萬奴的東真國。

···▶ 高麗高宗王皞時，掌權者崔忠獻受蒙古協助，擊退契丹，為麗蒙首次接觸。

崔忠獻逝，執政者為其子崔怡，多次拒絕蒙古強要進貢高麗。

···▶ 麗蒙關係逐漸惡化

高
麗 蒙
古

麗蒙關係惡化 蒲鮮萬奴不滿麗蒙修好，暗殺蒙臣，嫁禍
高麗，使蒙古對高麗發動五次侵略戰爭。

第一次侵犯 崔怡讓蒙古在高麗設置達魯花
赤，形同殖民地。崔怡強行遷都
江華島，決心抗蒙，觸怒蒙古，

第二次侵犯 高麗仍拒蒙古朝貢。

第三次侵犯 蒙古燒殺擄掠，高麗國亂民困。

第四次侵犯 雙方講和後，
崔怡仍排斥蒙古使臣。

第五次侵犯 崔沆執權，再次講和，
又拒蒙古親朝。

最終目的：要求貢物，並將高麗做為征服中日的跳板。

UNIT **3-15**
高麗王朝後期江華島遷都
與開京還都及武權崩潰

高麗前期與後期的交替時期崔氏武權與蒙古關係緊張，以江華島遷都避開威脅，爾後又以開京還都向蒙古示好，但其主力三別抄曾遭麗蒙聯軍的瓦解，造成崔氏武權的崩潰。

圖解韓國史

江華島遷都

高麗前期【고려전기】與後期【후기】的交替時期，崔氏武臣政權【최씨무신정권】執政時期，由於蒙古的過分索求無度，如：貢物、少年少女各五百名、派兵助征東真國等，同時又受到蒙古的第一次侵略。為此，高麗武臣政權不屈從蒙古的橫暴，決定從開京【개경】（今朝鮮民主主義人民共和國開城市【개성시】）遷都到附近島嶼，即江華島【강화도】（位於黃海的島嶼，今屬韓國仁川市江華郡【인천시강화군】）作為新首都，此事件稱為「江華遷都」【강화천도】，而成為貴族的避難地，又稱為江都【강도】。雖然有朝臣反對，但是當權者崔怡【최이】仍執意強行遷都。此舉造成蒙古陸續發動了共五次侵略。此後崔沆【최항】逝去，崔竩【최의】執權時，在高宗45年（西紀1268年），發生政變，使得文臣柳璥【유경】與武臣金俊【김준】得以推翻早已式微的四代崔氏武臣政權（共100年，1170-1270）。爾後，第24代國王元宗王禃【원종왕식】恢復王權，稱為王權復興【왕권부흥】。同時與蒙古講和，撤廢高麗達魯花赤機構，完全恢復和平。但是權臣仍然排斥蒙古，其中，林衍【임연】發動政變，殺功臣金俊一派，並軟禁元宗王禃。蒙古得知後，則派兵介入。元宗10年（1269），元宗王禃得以復位，並在西北面【서북면】設置東寧府【동녕부】（西京，今朝鮮首都平壤市【평양시】），連同先前東北面【동북면】的雙城摠管府【쌍성총관부】（和州，今朝鮮咸鏡南道永興郡【영흥군】），北方皆成為蒙古領土。

開京還都與武權崩潰

元宗王禃決定還都開京之後，以向蒙古示好，但是三別抄對此表示反對而抗爭，此事件稱為三別抄之亂。三別抄原為高麗貴族階層夜間巡查的特殊軍隊，稱為夜別抄。分為左別抄、右別抄、神義軍等三支。其中，神義軍是曾經被蒙古俘虜而逃回高麗所組成的軍隊，因此對蒙古的反抗意識特別強烈。別抄一詞另外含有精銳部隊之意。由於三別抄兵力強大，元宗王禃則請求蒙古協助，在元宗12年（1271），麗蒙聯軍掃蕩之下，三別抄殘餘勢力則南下耽羅（今韓國濟州島【제주도】）而消聲匿跡。如此，最後僅存的武臣政權的重要軍事勢力三別抄也告瓦解了，於是崔氏武臣政權可謂完全崩潰。二年後，蒙古便設置耽羅摠管府管轄。此後，再也沒有出現反抗蒙古的事件。從此，蒙古對高麗內政的干涉期便開始了。

+ 韓國史小提醒

蒙古在韓半島設置三個摠管府，一是雙城摠管府，位於東北面，即高麗高宗45年（1258）；二是東寧摠管府，位於西北面，即高麗元宗10年（1269）；三是耽羅摠管府，即高麗元宗12年（1271），在耽羅島（今韓國濟州島）設置。均以官職達魯花赤治理。

▲江華島位置圖

江華遷都

高麗後期崔氏武臣政權時期,不屈從蒙古過分索求與橫暴,決定遷都江華島。

造成蒙古共五次侵略高麗

開京還都

文臣柳璥與武臣金俊推翻式微的四代崔氏武臣政權後,元宗王禃恢復王權,稱為王權復興。並與蒙古講和,但權臣仍排蒙。

→ 林衍發動政變,蒙古則派兵介入,元宗復位,並在西北面設置東寧府,

＋ 先前東北面雙城摠管府

北方皆為蒙古領土。於是元宗為向蒙古示好,決定還都開京。

三別抄之亂

三別抄反對還都而抗爭還都。

三別抄　分為左別抄‧右別抄‧神義軍。其中,神義軍曾被蒙古俘虜,反蒙意識強烈。
別抄:精銳部隊。

三別抄兵力強大,元宗曾請蒙古協助掃蕩。

崔氏武臣政權崩潰

武臣政權的要軍事勢力告瓦解,崔氏武臣政權完全崩潰。蒙古管轄耽羅摠管府。此後,無抗蒙事件。

蒙古開始干涉高麗內政

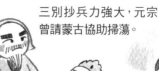

UNIT 3-16
高麗王朝後期蒙古干涉期與蒙古征東行省

高麗後期在蒙古的干涉下，自國體制完全崩解。一切王室制度都被強迫降等改字，使高麗喪失國家的自主性，淪為蒙古附庸，形同蒙古的殖民地。

圖解韓國史

蒙古干涉期的形成

高麗後期【고려후기】第 24 代國王元宗王禃【원종왕식】在元宗 1 年（西紀 1260年），與蒙古講和後，向其稱臣，成為其東藩，此時蒙古與高麗結盟。元宗 5 年（1264），蒙古帝國正式建立元王朝，開始進行對高麗內政的干涉，並且必須接受蒙古族【몽고족】文化風俗與政治制度。即從第 25 代國王忠烈王王昛【충렬왕왕거】即位開始（1274-1308），便成為高麗第一位正式向蒙古稱臣的國王，同時也成為蒙古的藩屬國。如此，忠烈王時期開始就必須向蒙古請娶蒙古公主為妻，以求得王世子，來繼承王位，以後的高麗國王也依此慣例，血統混合。所以，高麗可說是成了蒙古的駙馬國。此後，高麗王位的繼承者，必須先以質子身分駐留在蒙古，過著蒙古族的生活方式，父王逝後，才能回到高麗繼承王位。如此，高麗國王長期使用蒙古的姓名、衣服、髮型、語文、風俗，全國上下也都受到蒙古的影響。

蒙古征東行省的設置

在國家中央組織制度方面，也必須依循蒙古制度。另外，在蒙古的壓力下，要求與高麗兩次征伐不友善的日本，第一次征伐是在元宗 9 年（1268）時，蒙古在高麗設置軍事基地，準備開戰，到了忠烈王即位後，麗蒙聯軍曾經出兵席捲日本對馬島、壹岐島、九州一帶，後來由於颱風而中斷征伐；第二次征伐是忠烈王 5 年（1279）時，蒙古挾著消滅中國南宋王朝的氣勢，仍然要求日本朝貢而被拒，並且在高麗設置征東行省【정동행성】，以高麗國王兼任征東行省達魯花赤（相當丞相、總督、太守），成為蒙古的藩屬國，作為東征日本的指揮機構，也是強化蒙古對高麗的統治關係。於是麗蒙聯軍再進擊壹岐島等處，後來又是因為颱風而中斷征伐。以上兩次征日都算是失敗。最後，由於蒙古國內混亂，便放棄了第三次征伐計畫。在國土方面，高麗北方的東北面【동북면】雙城【쌍성】（和州，今朝鮮民主主義人民共和國咸鏡南道永興郡【영흥군】）、西北面【서북면】東寧【동녕】（西京，今朝鮮首都平壤市【평양시】），以及南方的耽羅【탐라】（今韓國濟州島【제주도】）等三地都被蒙古不法佔領，而設置摠管府【총관부】來統治，皆成為其殖民地。

> **+ 韓國史小提醒**
>
> 高麗王朝後期在位國王有六位處於蒙古干涉內政時期，共78年（1274-1351），即：①第25代國王忠烈王王昛；②第26代國王忠宣王王璋；③第27代國王忠肅王王燾；④第28代國王忠惠王王禎；⑤第29代國王忠穆王王昕；⑥第30代國王忠定王王胝。以上高麗國王的廟號第一字改加「忠」字，強迫表示對蒙古效忠。而且被禁用「祖」或「宗」字，改為「王」字。由知高麗成為蒙古的藩屬國。

蒙古干涉期

高麗後期元宗王禃與蒙古講和後,向其稱臣,成為其東藩,與蒙古結盟。

開始干涉高麗內政,並接受蒙古文化風俗與政治制度。

忠烈王王昛 高麗首位向蒙古稱臣的國王,為蒙古藩屬。並向蒙古請婚娶,以求王世子,繼承王位,血統混合。

高麗成蒙古的駙馬

蒙古征東行省 忠烈王時起,高麗王位的繼承者,須先以質子身分駐留在蒙古,過著蒙古族生活方式,父王逝後,才能回到高麗繼承王位。

國家中央組織制度
須依蒙古制度。

蒙古式

高麗國王的姓名、衣服、髮型、語文、風俗,全國都受影響。

高麗兩次征日

在蒙古壓力下,要求與高麗兩次征日:

第一次征伐 麗蒙聯軍曾席捲日本,後因颱風中斷。

第二次征伐 蒙古挾滅南宋之氣勢,仍要求日本朝貢而被拒,並在高麗設置征東行省,高麗成蒙古藩屬。

強化對高麗統治征

麗蒙聯軍再進擊壹岐島等處,後又因颱風中斷征伐。兩次征日皆敗。最後蒙古因國內混亂,放棄了第三次征伐計畫。

國土方面

國土方面,高麗北方的東北面雙城‧西北面東寧‧南方的耽羅(濟州島)都被蒙古設置摠管府,來占領統治,皆成其殖民地。

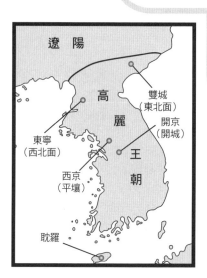

◀摠管府:東北面雙城‧西北面東寧‧南方耽羅位置圖

UNIT 3-17
高麗王朝末期恭愍王的
自主運動與李成桂的崛起

高麗末期在蒙古的干涉下，處於內憂外患，內有外戚奇氏一族的干政奪權，外有倭寇侵犯，全國動盪不安。於是恭愍王決心實踐反蒙運動，以及在李成桂的協助下，使國家自主性得以成功回復。

圖解韓國史

恭愍王的自主運動

　　高麗末期【고려말기】，第 30 代國王忠定王王胝【충정왕왕저】時期（西紀 1348 年 -1351 年），發生內有外戚干政，外有倭寇侵擾，以致內憂外患，都無法解決，情勢相當混亂。有鑑於此，忠定王 3 年（1351），第 31 代國王恭愍王王祺【공민왕왕기】於是發動政變，即位國王，決心安內攘外。當時在中國大陸的蒙古【몽고】政權逐漸式微，中國漢族【한족】群雄舉事，向蒙古異族統治抗爭，勢力壯大。此時，恭愍王王祺也對蒙古產生反感，採行排斥蒙古政策，決心回復失去已久的國家自主性，此舉稱為高麗自主性回復運動或恭愍王王祺的反元政策。自第 25 代國王忠烈王王昛【총렬왕왕거】以後，恭愍王王祺也曾和其他國王一樣，以質子方式，幼時在蒙古長大，也娶蒙古王室女子為妃，但特別的是，恭愍王的自主精神十分堅強。所以，即位後，首先廢除蒙古式的辮髮胡服，其次是剷除一向在高麗蠻橫殘暴的奇氏一族，即高麗奇氏女子出身的蒙古皇后，史稱「奇皇后」【기황후】的家族。再者，廢止征東行省，恢復高麗舊有官制，收復被蒙古掠奪的高麗領土，即北方的東北面【동북면】雙城摠管府【쌍성총관부】（和州，今朝鮮民主主義人民共和國咸鏡南道永興郡【영흥군】）、西北面【서북면】東寧摠管府【동녕총관부】（西京，今朝鮮首都平壤市【평양시】），以及南方的耽羅摠管府【탐라총관부】（今韓國濟州島【제주도】）等三地。其間，西北面已經在忠烈王王昛的努力之下收復了。而耽羅是在蒙古政權衰退時，無心治理而自然回歸到高麗了。唯獨鴨綠江【압록강】西側的遼東地區【요동지구】與東北面則仍然被蒙古持續統治著。

李成桂的崛起

　　恭愍王 5 年（1356），高麗政府決定發動戰爭，進行收復故土的北進計畫，從西側的遼東地區開始攻擊，同時也征伐東北面的雙城摠管府，當時東北面豪族，並且擔任蒙古雙城摠管府千戶官職的李子春【이자춘】與其子李成桂【이성계】，大力支持恭愍王的反元政策，積極協助恭愍王驅逐蒙古佔領的雙城摠管府，因此，恭愍王王祺成功掃蕩雙城摠管府後，便授權歸附高麗王朝的李子春與李成桂父子負責東北面行政事務，於是父子兩人一起立下大功而晉升高官。雖然僅收復韓半島【한반도】境內的東北面部分，即咸南一帶，雖然成效不如預期，但是可謂成功地實現了反元政策。爾後，李成桂及其家門地位在東北面日趨重要，勢力也逐漸壯大，聲名遠播，於是崛起，邁入政界。

恭愍王王祺的反元政策

恭愍王王祺的反元政策：
高麗末期，高麗自主性回復運動。

一、中國大陸蒙古政權逐漸式微。
二、中國漢族群雄舉事，反抗蒙古異族統治。
三、恭愍王對蒙古也反感，採排蒙政策，決心回
　　復國家自主性。
四、首先廢除蒙古式辮髮胡服，其次剷除高麗橫
　　暴的奇氏一族。
五、廢止征東行省，恢復高麗舊有官制，收復被
　　蒙古掠奪的高麗領土。

 北方的東北面、西北面，以及南
方的耽羅（濟州島）等三地。

▲恭愍王於眾朝臣前脫下元朝服飾，改換韓服。

恭愍王發動戰爭，收復故土的北進計畫，攻擊西側遼東地區，並征
伐東北面雙城摠管府，獲得東北面豪族暨時任蒙古雙城摠管府千戶
官職的李子春與其子李成桂大力支持。

成功收復雙城摠管府，實現反元政策。

李成桂崛起　立下大功的李成桂，其家門地位在東北面崛起，勢力壯大，
聲名遠播，而邁入政界。

╋ 韓國史小提醒

　　高麗蒙古干涉期，高麗第24代國王元宗王禃為了強化王權而與蒙古
王室建立婚姻關係，相互娶其女子。從其子第25代國王忠烈王王昛首
開其例，爾後歷代王皆依此。於是高麗奇氏一家的女子嫁去蒙古成為
元順帝的（奇）皇后，奇皇后之兄奇轍因而在受到蒙古厚待為官，地
位有如高麗王等級。並且以蒙古高官的身分來掌控高麗政權，權勢巨
大，足以影響王權正常運作。因此奇轍企圖謀反奪權。後來被恭愍王
王祺得知，於是誅殺奇轍，肅清奇氏一家。

UNIT 3-18
高麗王朝末期恭愍王與辛旽的政局

高麗末期恭愍王大力實行復興運動，但因個人因素，由辛旽掌權改革，雖然跋扈，但是反而受到民眾歡迎。後來兩人被殺，由禑王即位，由親元政策轉為親明政策，以表示友好。

圖解韓國史

恭愍王的失意與辛旽的擅政

高麗末期【고려말기】，第31代國王恭愍王王祺【공민왕왕기】征伐一連串外敵入侵的期間，展開內部的制度改革，但在內憂外患下，政治運作滯礙難行。此外，辛旽【신돈】惡意操弄政治，引發巨大混亂。即恭愍王14年（西紀1365年），身分原為賤民，同時也是僧人的辛旽趁恭愍王王祺悲痛於失去魯國大長公主而無心國事之時，使用詭計取得許多權限，於是立即強化自己的勢力，並且擅自以高位官職給予自己熟識之人或遭遇如同自己一般的低賤之人。再者，將責難他的反對派貴族，予以解除要職，同時驅逐之。以及喜好奢侈與財物，並且收取許多賄賂，使自己的生活如同國王一般的舒適優渥。還有新設機構，即田民辨正都監之後，便掠奪貴族的土地，分給窮人，並且將私人奴婢恢復為良人身分，因此，反而深受一般民眾的擁戴。

辛旽與恭愍王的被殺及禑王即位

辛旽曾經假借恭愍王王祺之意，企圖遷都到西京【서경】（今朝鮮民主主義人民共和國首都平壤市【평양시】），以及也計畫暗殺恭愍王王祺，恭愍王王祺得知後，非常憤怒，便將倒行逆施的辛旽流配，但是最後在恭愍王20年（1371），辛旽被反對派的貴族所處決。而恭愍王王祺在辛旽死後，又太過於信任身邊奸臣而不以為意之下，三年後，仍然反被殺害。因此，恭愍王王祺的改革政策成效雖然有待加強，但是曾經擊潰蒙古干政與親蒙走狗，也是值得肯定。爾後，由李仁任【이인임】一派擁立年僅十歲的第32代國王禑王王禑【우왕왕우】即位，而掌握政權。而李仁任一派一向採取親元排明，目的是為了躲避明王朝追究禑王王禑即位的合法性與自己得來不易的擅政。於是，處處與明作對，向蒙古示好。於是明王朝欲以攻擊高麗為由，威脅親元派，但是李仁任一派仍然執意聯蒙抗明，而將早在恭愍王王祺時期主張親明反元政策的大儒臣，如：鄭夢周【정몽주】等人流放。最後，有鑑於蒙古的衰敗與明王朝的強大，使得高麗對明產生畏懼感，於是有請鄭夢周等親明派為使臣，前往明王朝修好雙方關係，化解了明王朝入侵高麗的危機。

> ✚ 韓國史小提醒
>
> 　　恭愍王王祺的兒子王禑，實為正宮韓氏所生。但是李成桂為了將篡位高麗國王一事合理化而所故意操作所謂「廢假王，立真王」的事件，認為王禑是恭愍王的寵臣辛旽的親生兒子，姓名叫做辛禑的藉口，於是朝鮮王朝史官在記錄《高麗史》時，認定恭愍王故意將辛旽之子詐稱為己子，所以，禑王王禑並非王種，而是辛旽之辛氏，同時不承認禑王王禑的國王正統性與合法性。但是，韓國學界都一致認為禑王王禑絕對是恭愍王的親生兒子。

恭愍王王祺業績

在內憂外患下，展開內部制度改革。成效不理想，但曾擊潰蒙古干政與親蒙走狗，值得肯定。

辛旽亂政

一、操弄政治，引發混亂。
二、強化自己勢力，收取賄賂，掠奪貴族土地，分給窮人。
三、將私人奴婢恢復為良人身分。
四、深受一般民眾的擁戴。
五、假借恭愍王之意，企圖遷都西京（平壤），
六、計畫暗殺恭愍王曝光，被流配後遭被反對派貴族處決。

▲收取賄賂，掠奪貴族土地，分給窮人。

奴婢　　　良人

▲將私人奴婢恢復為良人身分。

▶深受一般民眾的擁戴。

禑王王禑即位

李仁任一派擁立，採親元排明，目的是躲避明王朝追究禑王即位與李仁任擅政的合法性。

執意聯蒙抗明

鄭夢周

親明反元政策的大儒臣，曾被流放，後有鑑蒙衰明強，而請鄭夢周等親明派為使臣，與明修好，化解明侵高麗的危機。

UNIT **3-19**
高麗王朝末期李成桂的
征倭與威化島回軍

圖解韓國史

高麗末期倭寇猖獗，不斷侵擾高麗，在外交與軍事上，對日交涉最為繁複。其中以李成桂為首的將領多次征倭，成果卓越；而李成桂成功地主導威化島回軍後，使原與明關係由對峙轉為友好，並肅清親蒙勢力，如此便得以掌控國家政權。

李成桂的征伐倭寇

高麗末期【고려말기】，第31代國王恭愍王王祺【공민왕왕기】時期（西紀1351年-1374年），日本倭寇【왜구】仍然多次入侵，高麗受害不少。到了第32代國王禑王王禑時期【우왕왕우】時期（1374-1388）也是時常遭到倭寇入侵。此時，高麗正處於與明元兩國複雜的外交考驗，同時也是正處於對倭寇的戰略考驗，尤其是此時倭寇的來犯更為頻繁猖獗，而且更加膽大妄為，甚至滲入內陸的忠清南道與慶尚南道一帶（位於韓國），到處燒殺擄掠，於是李成桂【이성계】與崔瑩【최영】等將領率兵征伐擊潰之。昌王1年（1389），朴葳【박위】曾出兵到對馬島【대마도】，勦滅倭寇的巢穴。另外，一般而言，武將都擁有自己的私兵，李成桂與崔瑩曾經皆以所屬的私兵打敗倭寇、紅巾賊、蒙古等外敵，建立大功的將領。但是過去辛旽【신돈】的亂政及李仁任【이인임】擁立幼王禑王而擅政專權的事件，除了造成國家動盪不安之外，也是李成桂與崔瑩兩大私兵勢力的對立開始。

李成桂的威化島回軍

禑王14年（1388），李成桂與崔瑩兩大勢力聯合驅逐李仁任一派而升官。崔瑩是屬於舊勢力親元派的代表，而李成桂則是屬於新進勢力親明派的代表，可是如同李仁任與崔瑩等舊勢力的親元派是最佔優勢，時常對於新進勢力的親明派給予打壓，來取得政界的領導權。其中，親元派與親明派的對決中，結果，新進勢力的親明派取得勝利，就是史稱的威化島回軍【위화도회군】事件。由於明王朝國勢日強，蒙古國勢則逐漸衰退，親元派也失勢沒落。但是禑王得知明王朝計畫將在遼東地區【요동지구】設置鐵嶺衛【철령위】，於是親元派主張攻擊遼東，想要收復鐵嶺衛故土，派遣大將崔瑩與李成桂出征，但是親明派為首的李成桂則聲明反對攻遼。因此，李成桂不得已在率領高麗征遼軍往北進兵時，突然從鴨綠江【압록강】中的威化島（今朝鮮民主主義人民共和國平安北道義州郡【의주군】的島嶼）臨陣撤兵，班師回朝，稱為威化島回軍。李成桂返回首都開京【개경】（今朝鮮開城市【개성시】）後，立即剷除以禑王為首的主張攻遼的親元派。如此，李成桂逐步地掌握高麗王朝的統治權，並且強化與明王朝的友好關係。再者，為日後李成桂所開創的新興王朝，即朝鮮王朝【조선왕조】建國奠定了穩固基礎。

日本倭寇猖獗

日本倭寇猖獗：多次入侵高麗，
麗末恭愍王‧禑王時期王禑受
害嚴重，於是李成桂與崔瑩等
將領擊潰之。其中，朴葳曾征伐
對馬島滅倭。

李成桂與崔瑩
兩大私兵勢力開始對立

一、聯合驅逐李仁任一派而升官。
二、崔瑩代表舊勢力親元派。

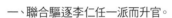 占優勢

李成桂則代表新進勢力親明派。

 遭打壓

三、親元派與親明派對決後，
　　親明派取勝。

 史稱威化島回軍事件

威化島回軍

一、禑王得知明將在遼東設鐵嶺衛。
二、親元派主張攻擊遼東，欲收復鐵嶺衛故土。
三、派崔瑩與李成桂出征，但親明派的李成桂反對攻遼。
四、李成桂北進時，突從鴨綠江中的威化島撤退回京。
五、李成桂回首都開京（開城）後，剷除禑王與親元派。
六、李成桂掌握高麗王朝的統治權，強化與明友好。

▶威化島位置圖

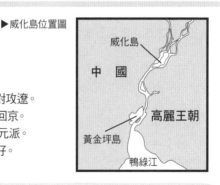

✛ 韓國史小提醒

　　關於鐵嶺衛，中國《明實錄》記載明王朝政府主張以鐵嶺北方的東‧西之地，原屬中國，其境內
有女真族、蒙古族與高麗族等族群，屬於遼東地區，以及鐵嶺之南，則原屬高麗族，應該完全由明
王朝管轄。韓國《高麗史》記載高麗王朝政府主為鐵嶺迤北，歷文‧高‧和‧定‧咸等諸州，以
至公嶮鎮，自古以來都是高麗的疆域。如此，雙方交涉後，明王朝讓步，於是中國《盛京通志》則
記載古時的鐵嶺城，由於鄰接高麗邊界，因此，明王朝改置鐵嶺衛在遼東地區的奉天府（今中國東
北地區遼寧省瀋陽市）鐵嶺縣。而放棄原古時的鐵嶺城。

UNIT **3-20**
高麗王朝滅亡與李成桂的登場

圖解韓國史

高麗末期，李成桂的攻遼「四不可論」毅然威化島回軍，讓高麗王朝逐漸式微，而能順利邁向中央政界，掌握王權。同時主張廢假立真，認定異姓的禑昌父子退出王氏政權，來擁立真正王氏即位，爾後陸續排除政敵，發動易姓革命，如願取得國家政權。

高麗王朝的落幕

高麗末期【고려말기】，親元反明派的第32代國王禑王王禑【우왕왕우】為了阻止明王朝在遼東地區【요동지구】設置鐵嶺衛【철령위】，並認定鐵嶺衛為高麗王朝的故有疆域，下令李成桂【이성계】、崔瑩【최영】等大將領軍攻遼，奪回該地。而親明派的李成桂則主張攻遼「四不可論」【사불가론】，即一、以小逆大。二、夏月發兵。三、舉國遠征，倭乘其虛。四、時方暑雨，弓弩膠解，大軍疾疫。即認為小國的高麗王朝應該與大國的明王朝親善才是上策，而反對征伐遼東，與明為敵。夏天十分酷熱，無法動員軍隊進行作戰。再者，如果全國動員遠征遼東，日本倭寇就會趁虛而入侵高麗。並且目前正夏季的梅雨，會造成弓箭腐壞，無法使用，而全軍士兵也會得到重病，無法作戰。而在其從小結拜的義兄弟暨女真族【여진족】裔大將李之蘭【이지란】的大力支持下，毅然從威化島回軍【위화도회군】，返抵首都開京【개경】（今朝鮮民主主義人民共和國開城市【개성시】），並捉拿處決主張攻遼的禑王王禑與崔瑩，舊勢力的親元派從此失勢。李成桂逐漸得勢掌權，順利進入中央政界，高麗王朝落幕在即。

李成桂終結高麗而登場

禑王王禑逝後，依照曹敏修【조민수】的建議，由第33代國王昌王王昌【창왕왕창】即位（西紀1388年）。此後，李成桂對曹敏修十分反感。再者，由於自從崔氏武臣政權【최씨무신정권】開始，大規模的土地為貴族不法私有。因此，到目前為止，全國土地幾乎都被舊勢力所壟斷為私田，以致國家無法徵收私田租稅，造成國家財政困窘，社會生活凋敝。因此，李成桂為了打破舊勢力擁有私田的弊端，決心實施土地改革，以田制改革為首要，即私田收為國有，土地公平分配，史稱私田改革【사전개혁】或科田法【과전법】。這個措施是以經濟專家大臣趙浚【조준】來進行改革。但是曹敏修則反對剝奪舊勢力原有土地，以致親明派分裂為兩派，即保守舊勢力與改革新進勢力，日後雙方爭執不休，曹敏修遭到流配，也讓保守舊勢力更為沒落。於是，李成桂的私田改革進行順利，使得國家、社會、民生都趨於安定。同時，也藉機主張禑王王禑與昌王王昌並非高麗王室的王氏子孫，而是辛旽辛氏的子孫，來促成昌王王昌的退位，另立真正的高麗王室的王氏，即第34代國王恭讓王王瑤【공양왕왕요】為國王（1389），史稱廢假立真【폐가입진】。並且錄用許多新進勢力，以鄭夢周【정몽주】為主的反對派舊勢力則逐漸失勢，並且遭到大規模的肅清，於是李成桂計畫以易姓革命為由，來合法取得國家政權，而完全清除了預備建立新興王朝的阻力。最後，恭讓王4年（1392），恭讓王王瑤被廢位放逐。總計475年國祚的高麗王朝終於結束。而李成桂的朝鮮王朝【조선왕조】即將揭幕。

李成桂攻遼「四不可論」

一、以小逆大。
二、夏月發兵。
三、舉國遠征，倭乘其虛。
四、時方暑雨，弓弩膠解，大軍疾疫。

 ···▶ 認為親明為上策

李之蘭

李成桂在其義兄弟暨女真族裔大將李之蘭的大力支持下，毅然威化島回軍。

李成桂得勢掌權

▲禑王與崔瑩遭處決。

李成桂返抵首都開京（開城），處決攻遼的禑王與崔瑩，親元派失勢，而得勢掌權，進入中央政界，高麗王朝即將落幕。

昌王王昌即位後，李成桂實施土地改革：

一、打破舊勢力擁有私田的弊端，即私田國有，公平分配，史稱私田改革或科田法。

 ➡ 以經濟專家大臣趙浚進行改革

二、但曹敏修反對，使親明派分裂為兩派。

 ➡ 保守舊勢力與改革新進勢力

三、曹敏修遭流配，保守舊勢力沒落。李成桂私田改革順利，使國家社會民生趨於安定。

▲曹敏修遭流配。

影響

一、促昌王退位，另立恭讓王王瑤為國王，史稱廢假立真。
二、錄用新進勢力，鄭夢周的反對派舊勢力遭肅清。
三、李成桂以易姓革命為由，清除預建新王朝阻力後，恭讓王王瑤被廢位，高麗王朝結束。

＋ 韓國史小提醒

　　鄭夢周（1337-1392）為儒學大臣，因與恭讓王王瑤一起阻礙李成桂勢力擴張，而被李成桂五子李芳遠暗殺身亡，於是李成桂順利地主導恭讓王王瑤退位後，取得高麗政權。

UNIT **3-21**
高麗王朝後期的對外關係（一）：
倭寇、紅巾賊的入侵

圖解韓國史

倭寇是東亞地區在海上進行盜掠為主的日本人，長期侵擾韓半島與中國沿岸的海盜。高麗對倭以武力與懷柔並用，曾多次擊潰，並對倭採取友善措施。而中國紅巾賊反蒙之餘，曾侵犯高麗，終被平定。

倭寇的入侵

高麗後期【고려후기】對外關係，倭寇【왜구】方面，13世紀至16世紀期間，正值中國元明政權交替時期，即高麗末期（恭愍王【공민왕】、禑王【우왕】、昌王【창왕】、恭讓王【공양왕】）之際，倭寇是曾經活躍於韓半島【한반도】與中國大陸沿岸的日本海盜，由於日本當時國號倭國，所以稱為「倭寇」。倭寇侵入的對象，首先以地理最鄰近的高麗。從高麗恭愍王王祺到禑王王禑時期（西紀1351年-1388年），倭寇掠奪行徑十分猖獗，是非常熾烈。第32代國王禑王王禑時期，便開始對倭寇作戰，強力征伐，都贏得許多勝利戰果，著名戰役，如：洪山大捷（禑王2年，1376，今韓國忠清南道扶餘郡【부여군】），由崔瑩【최영】出戰；鎮浦大捷（禑王6年，1380，今韓國全羅北道群山市【군산시】），由崔茂宣【최무선】、羅世【나세】出戰；荒山大捷（禑王6年，1380，今韓國全羅北道南原市【남원시】），由李成桂【이성계】、王副命【왕부명】出戰。南海（觀音浦）大捷（禑王9年，1383，今韓國慶尚南道南海郡【남해군】），由鄭地【정지】出戰；對馬島大捷（禑王14年，1388，位於韓國慶尚南道南端及釜山市對面），由朴葳【박위】出戰。此外，高麗政府對倭寇政策，有強化海陸國防，駐防安邊策，其中，崔茂宣曾經製造與使用的火器，有效地嚇阻了倭寇的來犯，居功厥偉。再者，施行懷柔方策，如：設立倭人萬戶府、締結和親，提供土地居住與糧食，但是成果不彰。而外交方面，以使節往來方式，商議要求日本政府約束勸導倭寇的蠻行，一起對抗倭寇。第34代國王恭讓王王瑤時期（1351-1388），再次擊潰倭寇。總之，倭寇的入侵也是促使高麗王朝的沒落，以及朝鮮王朝建國的主要原因之一。

紅巾賊的入侵

紅巾賊【홍건적】方面，在倭寇侵擾高麗的混亂之中，從中國北方興起反抗蒙古【몽고】統治而叛亂的紅巾賊，由於內部分裂，勢力逐漸弱化，失去原有本質，而部分往東流竄作亂。在恭愍王8年（1359），越過鴨綠江【압록강】，入侵高麗西北面【서북면】（今朝鮮民主主義人民共和國平安南北道、慈江道），如同倭寇侵略一般到處燒殺擄掠，南下直逼西京【서경】（今朝鮮首都平壤市【평양시】），隔年便被擊潰。但是恭愍王10年（1361），紅巾賊再次侵犯西北面，南下席捲開京【개경】（今朝鮮開城市【개성시】）一帶，此時由東北面【동북면】（今朝鮮咸鏡南北道、兩江道）出身的將軍李成桂領兵，與鄭世雲【정세운】會合，一同在恭愍王11年（1362），擊退紅巾賊，並且將紅巾賊往北驅逐到鴨綠江以北，於是平定了紅巾賊之亂。其間，高麗遭受紅巾賊之禍害程度，不亞於倭寇。

對倭寇、紅巾

倭寇

中國元明政權交替時期與高麗末期（恭愍王、禑王、昌王、恭讓王）之際，日本海盜活躍韓半島與中國大陸沿岸，當時日本國號倭國，故稱「倭寇」。

倭寇侵入

掠奪行徑十分猖獗。禑王時期，征倭獲勝的著名戰役：

洪山大捷	崔瑩出戰。
鎮浦之役	崔茂宣、羅世出戰。
荒山大捷	李成桂、王副命出戰。
南海（觀音浦）大捷	鄭地出戰。
對馬島大捷	朴葳出戰。

二、施行懷柔方策：
設倭人萬戶府、締結和親，提供土地居住與糧食。

···➤ 成果不彰

對倭寇政策

一、強化海陸國防，駐防安邊策：崔茂宣製造與使用火器。

···➤ 有效嚇阻倭寇來犯

══ 居功厥偉

▲提供土地居住。

三、外交策略：
使節往來，要求日方約束倭寇蠻行，共抗倭寇。

···➤ 恭讓王王祺時期曾擊潰倭寇

影響　倭寇入侵使高麗王朝沒落，讓朝鮮王朝建國的主因之一。

紅巾賊　在倭亂中，從中國北方興起抗蒙統治而叛亂的紅巾賊，因內訌分裂，流竄作亂，恭愍王時，越鴨綠江，犯高麗西北面，曾南下直逼西京（平壤），被擊潰。但又再犯西北面，南下席捲開京（開城），由李成桂、鄭世雲擊退驅逐出境。

▲締結和親。

✚ 韓國史小提醒
韓國政府曾主張擁有對馬島的領有權，因為該島自古民風皆與韓民族相似。

UNIT **3-22**
高麗王朝後期的對外關係（二）：蒙古、明王朝

蒙古大將納哈出一心要奪回高麗東北面，但被李成桂所擊潰，於是李成桂深得恭愍王重用；而明王朝的建立，使高麗脫離蒙古束縛，得以回復自主，因此對明一向友善。

對蒙古關係

　　高麗後期【고려후기】對外關係，蒙古【몽고】方面，由於紅巾賊的入侵，造成開京（今朝鮮民主主義人民共和國開城市【개성시】）成為廢墟，因此在恭愍王11年（西紀1362年），高麗政府正值討論遷都到水原【수원】（位於韓國京畿道）之時，曾經名聲威震於中國東北地區的蒙古將軍納哈出【납합출】，由北方越過鴨綠江【압록강】，入侵高麗，想要搶奪東北面【동북면】雙城摠管府【쌍성총관부】（和州，今朝鮮咸鏡南道永興郡【영흥군】）的控制權，但被東北面出身的將軍李成桂【이성계】在咸興平野【함흥평야】（今朝鮮咸鏡南道咸興市【함흥시】）所擊敗。從此，李成桂深得第31代國王恭愍王王祺【공민왕왕기】的賞識。恭愍王13年（1364），留在蒙古的奇氏一派成員崔濡【최유】則率領蒙古軍越過鴨綠江，入侵高麗西北面【서북면】（今朝鮮平安南北道、慈江道），其目的是要將實施反元政策的恭愍王王祺廢位，而欲迎入曾經在蒙古王族生活的德興君為高麗國王，此時崔瑩【최영】與李成桂則率兵殲滅了蒙古敵軍。

對明王朝關係

　　明王朝方面，當時中國漢族【한족】為了脫離日益腐敗衰微的蒙古異族統治，興起抗蒙勢力，其中，以朱元璋最為強盛，統一中國大陸南方後，在恭愍王17年（1368），北伐滅元，建立漢族政權的明王朝，為明太祖。而蒙古殘餘勢力則逃回北方的原聚居地蒙古地方，建立新政權，史稱北元。這對於高麗王朝而言，也十分重要，即在恭愍王王祺時期（1351-1374）也得以完全脫離蒙古異族政權的統治，實施反元政策，同時斷絕與蒙古往來，廢除蒙古一切制度，恢復高麗王朝的舊制規模，回復民族尊嚴與民族意識，並且回復了韓民族【한민족】原有獨立自主，使得高麗王朝政府重新掌握了國家統治政權。因此，高麗末期【고려후기】恭愍王王祺對明的關係十分友善密切，時常派遣使臣來維持麗明【려명】兩國的友誼。恭愍王19年（1370），恭愍王王祺得知西北面東寧府（西京，今朝鮮首都平壤市【평양시】）奇氏一派與蒙古勢力聚合後，計畫將要侵略高麗，於是再度派遣將軍李成桂領兵，攻陷中國東北地區的遼東中心地，即遼陽【요양】，並且宣稱自古以來該地就是高麗的領土。可是由於當時氣候寒冷，以及糧食不足，便班師回朝。不久之後，遼東地區【요동지구】就成為明的版圖。如此，雖然恭愍王王祺收復東北面的北進政策【북진정책】效果有些不彰，但是仍然與明維持著深厚的友好關係。

蒙古、明王朝

| 對蒙古 | 恭愍王時,蒙古將軍納哈出越鴨綠江,入侵高麗,搶奪東北面,被李成桂擊敗。 |

| 殲滅蒙軍 | 奇氏一派成員崔濡率蒙古軍越鴨綠江,入侵高麗西北面。 |

・・▶ | 目的 | 將實施反元政策的恭愍王王祺廢位,迎入德興君為王,但被崔瑩與李成桂殲滅。

| 明方面 | 中國漢族為脫離蒙古異族統治而抗蒙,以朱元璋(明太祖)最強,北伐滅元,建立漢族政權的明王朝。 |

・・▶ 蒙古則逃回蒙古地方,建立北元政權。

▲明太祖朱元璋北伐滅元,建立漢族政權的明王朝。

麗明抗元成功

明王朝滅元後,高麗也脫離蒙治,實施反元政策,斷絕與蒙往來,廢蒙制,恢復高麗舊制規模,回復民族尊嚴、意識、獨立自主,使高麗政府重掌國家政權。

麗明友好

恭愍王對明關係友好,常派使臣增強兩國友誼。

遼陽之爭

恭愍王派李成桂征伐遼東西北面東寧府奇氏一派的蒙古軍,,並稱遼東為高麗領土。但寒冷與缺糧便撤退,遼東則為明版圖。

・・▶ 恭愍王北進政策效果不彰,但仍與明親善。

✚ 韓國史小提醒

　　關於德興君,姓名為王譓,忠宣王王璋之三子,曾在高麗為僧侶。恭愍王王祺即位後(1351),便逃往蒙古。恭愍王王祺實施反元與改革時(1356),奇轍等親蒙派的權門勢族計畫殺害恭愍王王祺。於是奇轍之妹奇皇后與背叛高麗的在審崔濡一起圖謀去恭愍王王祺。因此,恭愍王王祺遭到蒙古廢位(1362),而以德興君王譓取代之,同時在遼陽動員一萬名蒙古軍侵略高麗,以便讓德興君王譓進入高麗即位,但遭崔瑩與李成桂所率領的高麗軍阻撓而戰敗。德興君王譓則被拔除「君」的稱號,並遭到流配(1365)。

UNIT 3-23
高麗王朝後期的社會：
社會與風俗的變動

高麗後期，在蒙古干政下，社會風俗產生巨大變動，社會秩序混亂，傳統社會與文化風俗遭到崩解，國民生活品質逐漸滑落，所幸李成桂為首的新進勢力掃除親蒙勢力，成功復興了國家獨立自主的正統性，並且振興了風俗文化與強化了民族意識。

社會與風俗的瓦解

　　高麗後期【고려후기】的貴族社會延續前期，分為文班【문반】與武班【무반】，即兩班【양반】。但是當時高麗的中心勢力為王族【왕족】與文班；武班則受到嚴重賤待與歧視，甚至連一般民眾也是一樣遭到如此的差別待遇，並且過著貧困生活。因此，在崔氏武臣政權【최씨무신정권】時期（明宗1年至元宗11年，西紀1170年-1270年），為報復這種差別待遇，促使王族與文班的地位大大地下降，於是武臣們勢力在全國各處極為龐大，撼動人心，而中流階層與平民階層，甚至賤民階層，也隨著武臣政權躍升高官，且為數不少。於是，使得高麗前期【고려전기】社會秩序幾乎崩潰。再者，自第25代國王忠烈王王昛【충렬왕왕거】時期（1274-1308）開始，蒙古【몽고】異族勢力的入侵，高麗便接受蒙古式的風俗習慣，造成高麗傳統社會與文化風俗遭受破壞，失去原有的民族自主性，產生一種被殖民統治的不良影響。因此，政治的混亂，國民生活必定受到負面效應，如：民眾受到欺壓迫害，財產被掠奪充公。

社會與風俗的回復

　　依上述所論的負面情形，反之，如果政治的穩定，國民生活必然富庶，經濟必然繁榮，尤其農業社會講究的是善用大自然條件，即對於山岳河流的開發經營，而能成為具有經濟效益的大農場（莊園），實為重要。但是這些大農場卻皆屬私田，為貴族大地主所私有壟斷，反而有礙國家經濟發展。以及經由上述政治、經濟、社會等各方面的巨大變動，執權者暴虐無道，使一般民眾流離失所而結群叛亂，或偽裝倭寇侵擾沿海地方進行燒殺擄掠的情形也層出不窮。因此，幸好有賴於高麗大將李成桂【이성계】所領導的新進文臣勢力，推翻了親元派與保守舊勢力，得以挽回高麗王朝最後的獨立自主，並且再次延續國家的正統性，有效振興固有的風俗文化，強化固有的民族意識。同時，成功地實施私田改革制度，土地國有化，重新整頓，公平分配，使民生與社會逐漸趨於安定繁榮，而貴族大地主階層與保守舊勢力也就隨之沒落失勢了。於是，李成桂為首的新進勢力也順勢地重新開創新興王朝之路。

高麗後期貴族社會

一、即兩班：文班與武班。

二、中心勢力為王族與文班，武班及民眾則遭賤
　　待與歧視。

三、崔氏武臣政權，為報復差別待遇，使王族與文班地位大降。

四、中流、平民、賤民，因武臣勢力龐大，也躍升高官。•••▶　　使高麗社會秩序崩潰

自忠烈王王昛時期開始，蒙古勢力入侵，接受蒙古式風俗習慣，造成高麗傳統社會與文化風俗遭
受破壞，失去原有民族自主性，產生被殖民統治的不良影響。

以李成桂為首的新進文
臣勢力，推翻親元派與
保守舊勢力，挽回高麗
獨立自主，延續國家正
統性，振興固有風俗文
化，強化固有民族意識。

成功實施私田改革制度，
土地國有，公平分配，使
民生與社會安定繁榮，而
舊勢力失勢，李成桂等新
進勢力得以重新開創新興
王朝之路。

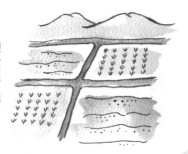

✚ 韓國史小提醒

　　關於高麗貨幣的使用，起源於成宗15年（996），鑄造鐵錢（銅錢或葉錢），但難以普及。肅宗2
年（1097），致力普及，但百姓仍無法接受而失敗。肅宗6年（1111），設置鑄錢都監，開始發行
高麗貨幣，如有海東通寶、海東重寶、三韓通寶、三韓重寶、東國通寶、東國重寶等六種。同時也
發行銀貨，是仿韓半島形態而製造的銀瓶，銀以一斤為單位。其價值相當米十六到三十石；或麻布
百正，但其單價高又容易偽造，一般也無法普遍使用。爾後有發行銀瓶貨，是以碎銀流通的貨幣，
為銀銅合鑄，忠烈王13年（1289）時曾禁用。忠惠王1年（1331）時，則發行小銀瓶，其價值相當
五綜布十五正。蒙古干政後，曾輸入蒙古的中統寶鈔與至元寶鈔，流通於高麗。恭讓王2年（1930）
時，有流通明錢（明王朝貨幣）。次年，設置資贍楮貨庫，發行楮貨（紙幣）。

UNIT 3-24
高麗王朝後期的文化（一）：佛教、儒學、文史學

高麗後期文化受到前期影響，佛教興盛，成為護國神教；同時儒學一向發達，在引進宋朱子學的哲理後，使性理學廣為流行；而文史學也受儒學影響，以漢文學為主，產生許多著名學者與豐碩著作，可作為國家社會的改革依據。

圖解韓國史

佛教與儒學

高麗前期【고려전기】的佛教【불교】受到貴族統治階層的保護，到了後期則受到崔氏武臣政權【최씨무신정권】或親元派與保守舊勢力的保護而繼續隆盛，如：《大藏經》【대장경】的製作；崔氏武政第3執權者崔沆【최항】少時曾為僧侶；第31代國王恭愍王王祺【공민왕왕기】曾重用辛旽【신돈】僧人等。此外，佛教宗派的統合，以曹溪宗【조계종】（位於今韓國首都首爾市【서울시】）為中心，大大地興起，十分發達。因此，佛教儼然成為高麗的護國神教。另外，高麗前期的儒學一向盛行，但是到了高麗後期【고려후기】，崔氏武臣政權為了報復以往遭到文臣的迫害，以及蒙古【몽고】的入侵，曾經一度衰微，但是在第25代國王忠烈王王昛【충렬왕왕거】時期（1274-1308），則獎勵儒學【유학】，並且由儒學者安珦【안향】從中國元王朝引進新儒教哲學【신유교철학】，即宋王朝的朱子學【주자학】傳入高麗，此後的儒學從原來重視文學層面轉為重視哲學層面，也稱為性理學【성리학】，使儒學再次興起。因此，新進勢力藉儒學的學說來做為進行政治、社會、文化等改革的依據，而專注於儒家思想與意識的研究與普及。此時，中央的國子監【국자감】便改名為成均館【성균관】，著名的性理學者有李齊賢【이제현】、李穡【이색】、鄭道傳【정도전】、鄭夢周【정몽주】、權近【권근】、吉再【길재】等。

文學與史學

高麗後期的文學【문학】與史學【사학】發達，皆以漢字【한자】撰寫的漢文學【한문학】為主。一、著名的文學作品，如：李奎報【이규보】的《東國李相國集》【동국이상국집】，其中的〈東明王篇〉【동명왕편】是民族敘事詩，記載高句麗【고구려】建國始祖朱蒙【주몽】故事，以及《麴先生傳》【국선생전】、《白雲小說》【백운소설】；李仁老【이인로】的《破閑集》【파한집】；崔滋【최자】的《補閑集》【보한집】；李齊賢的《櫟翁稗說》【역옹패설】、《益齋集》【익재집】；李穡的《牧隱集》【목은집】；鄭夢周的《圃隱集》【포은집】等，以上多屬於文學評論、民間傳說等性質。二、著名的史學作品，如：李奎報的〈東明王篇〉；李承休【이승휴】的《帝王韻紀》【제왕운기】，為韻文史詩，記載古朝鮮檀君王儉【고조선단군왕검】至高麗忠烈王王昛為止；一然【일연】法師的《三國遺事》【삼국유사】，為記載古朝鮮檀君王儉、高句麗、百濟【백제】、新羅【신라】三國的歷史與神話傳說的史書；金富軾【김부식】的《三國史記》【삼국사기】為記載麗濟羅三國的正史；覺訓【각훈】的《海東高僧傳》【해동고승전】為記載麗濟羅三國時期著名高僧的傳記。以上，文史學的名著都可作為研究漢文學的重要史料。

佛教隆盛

受貴族統治階層保護，後期則受崔氏武臣政權或親元派與保守舊勢力的保護而隆盛，如：製作《大藏經》；崔沆少時曾為僧；恭愍王王祺曾重用辛旽僧人等；貴族階層曾獻給寺廟財產；寺廟經營大農場；僧侶參與擊退外敵入侵等。

第
3
章

高麗王朝時代史【西紀918年‧西紀1392年】

佛教為高麗的護國神教

佛教宗派統合，以曹溪宗（位於今首爾）為中心，大大地興起，十分發達。

儒學再興

高麗前期儒學盛行，後期則因崔氏武臣政權而衰微。在忠烈王王昛時期，獎勵儒學，引進新儒教哲學。

 性理學

‧‧‧▶ 中央國子監改名成均館，著名性理學者：李齊賢、李穡、鄭道傳、鄭夢周、權近、吉再等。

高麗後期文學發達，文史學的名作，如：

一、文學：以漢文撰寫 ▦▬ 漢文學為主

如：李奎報《東國李相國集》中的〈東明王篇〉→民族敘事詩，記載高句麗建國始祖朱蒙故事。
李奎報《麴先生傳》、《白雲小說》；李仁老《破閑集》；崔滋《補閑集》；李齊賢《櫟翁稗說》、《益齋集》；李穡的《牧隱集》；鄭夢周的《圃隱集》等。

二、史學：

如：李承休《帝王韻紀》→記載古朝鮮檀君王儉至高麗忠烈王王昛為止。一然法師《三國遺事》→記載古朝鮮檀君王儉‧高句麗‧百濟‧新羅三國的歷史與神話傳說。金富軾《三國史記》→記載麗濟羅三國的正史。《海東高僧傳》→記載麗濟羅三國的著名高僧。以上皆為研究漢文學重要史料。

✚ 韓國史小提醒

曹溪宗為韓國佛教界中的最大宗派。「曹溪」是中國唐王朝禪宗六祖慧能的法號。

UNIT **3-25**
高麗王朝後期的文化（二）：
印刷術、藝術、科技

高麗後期文化中的印刷術、藝術、科技持續受到前期的影響，都非常發達。

圖解韓國史

印刷術

　　高麗後期【고려후기】的印刷術【인쇄술】十分發達。最早使用金屬活字印刷術的方式，依據李奎報【이규보】的《東國李相國集》【동국이상국집】中記載，以高宗21年（西紀1234年）的《詳定古今禮文》【상정고금례문】為代表著作。還有禑王3年（1377）的《直指心經》【직지심경】，為世界最古的金屬活字版本。另外，《高麗大藏經》【고려대장경】是高宗23年到38年（1236-1251）期間，以十六年時間完成工程浩大的活字木版雕刻，十分精美。恭讓王4年（1392），中央出版印刷機關的書籍院【서적원】曾經以金屬活字印刷術來刊印許多書籍，使得日後的印刷術更加興盛。藝術【예술】方面，受到漢詩【한시】的影響，出現詩歌的形式，稱為高麗歌謠【고려가요】，以《悼二將歌》【도이장가】、《鄭瓜亭曲》【정과정곡】為代表。其中又有歌詞體【가사체】、時調體【시조체】兩種。歌詞體又稱為別曲體【별곡체】（景幾體歌）【경기가체】，以《西京別曲》【서경별곡】、《青山別曲》【청산별곡】、《雙花店》【쌍화점】為代表，流行於民間的俗謠，以韓國語【한국어】的吏讀【이두】（固有語【고유어】）體書寫；而流行於貴族社會，以漢文體【한문체】（文言體【문언체】）書寫，則是以《關東別曲》【관동별곡】、《翰林別曲》【한림별곡】為代表。時調體是以鄭夢周【정몽주】的《丹心歌》【단심가】為代表，以及李成桂【이성계】之子李芳遠【이방원】、吉再【길재】等都有相關作品，流行於貴族社會。以上的優秀作品，在韓國的國語文學之中，具有極高的評價。

藝術與科技

　　高麗後期的藝術【예술】與科技【과학기술】方面也都十分發達。後期的音樂舞蹈仍然與前期一樣是流行俗樂、唐樂、雅樂。第23代國王高宗王皞【고종왕철】時期（1213-1259）則流行起源自統一新羅【통일신라】的假面劇【가면극】，以《山臺演戲》【산대놀이】為代表。書法與繪畫而言，書法流行唐代歐陽詢體，以崔氏武臣政權【최씨무신정권】的崔怡【최이】為代表；元代趙孟頫體，則以李嵒【이암】為代表，同時李嵒的繪畫技巧也十分著名；東晉王羲之體，以洪灌【홍관】為代表。再者，李齊賢【이제현】與第31代國王恭愍王王祺【공민왕왕기】的書法繪畫也非常有名。此外，由於高麗的佛教鼎盛，因此，佛教美術非常發達，全國各地著名的佛寺中的壁畫最著，以及古墳壁畫也深具高水準風格，以浮石寺【부석사】（位於韓國慶尚北道榮州市【영주시】）為代表。建築與雕刻則以精緻技術呈現於佛寺、石塔、石鐘為著，莊嚴隆重，以景福宮【경복궁】（位於韓國首都首爾市【서울시】）為代表。瓷器為高麗最聞名的特產品，以黃綠色、白色系統為主，其中，灰白色最為普遍而實用，稱為高麗瓷器【고려자기】。科技方面，天文地理學、外語翻譯、醫學、農業、火藥製造等技術都十分發達。

印刷術、藝術、科技等方面都十分發達

| 印刷術 | 使用金屬活字代表作 ➡️ 《詳定古今禮文》、《直指心經》、《高麗大藏經》 |

藝術 **高麗歌謠**

代表作 ➡️ 《悼二將歌》、《鄭瓜亭曲》、《西京別曲》、《青山別曲》、《雙花店》、《關東別曲》、《翰林別曲》，鄭夢周《丹心歌》，在國語文學中，具極高評價。

以及俗樂、唐樂、雅樂、統一新羅假面劇

代表作 ➡️ 《山臺演戲》

書法繪畫 書法流行唐代歐陽詢體。代表人物 ➡️ 崔氏武臣政權崔怡
元代趙孟頫體。代表人物 ➡️ 李嵒

繪畫技巧 王羲之體。代表人物 ➡️ 洪灌
李齊賢與恭愍王王祺的書法繪畫非常著名。

佛教美術發達 佛寺、古墳壁畫最著。代表作 ➡️ 浮石寺

精緻的建築與雕刻技術呈現於佛寺、石塔、石鐘為著，莊嚴隆重。代表作 ➡️ 景福宮

瓷器，高麗瓷器 ＝ 高麗特產

以黃綠色、白色系統為主。

科技 天文地理學、外語翻譯、醫學、農業、火藥製造等技術都很發達。

▶浮石寺

✛ 韓國史小提醒

恭愍王王祺的繪畫中以騎馬射箭狩獵為題材的《天山大獵圖》最為著名。

UNIT 3-26
高麗開城王氏的由來

圖解韓國史

高麗開城王氏一般是以高麗王朝建國始祖王建為共同始祖,其宗派有三,即開城王氏、
江陵王氏、海州王氏,也有部份渤海國貴族。而溯其開端有檀君王儉一說。

開城王氏的發展史

韓國【한국】古朝鮮【고조선】開國始祖為檀君王儉【단군왕검】,史稱檀君朝鮮
【단군조선】或檀君王儉朝鮮【단군왕검조선】。韓民族【한민족】的王氏【왕씨】
可說是由此開始。也可推測或斷定高麗王朝【고려왕조】太祖王建【태조왕건】的先
世,源自於此,而記錄於《開城王氏族譜》【개성왕씨족보】。而一般都以太祖王建
為王氏始祖,主因是太祖王建立高麗王朝十九年之後,征服了統一新羅【통일신라】
與後百濟【후백제】之後,採取懷柔與包容政策,以寬大為懷的胸襟廣納了渤海國
【발해국】與統一新羅、百濟的遺民,使韓半島【한반도】與韓民族不再分裂,得以
正式團結與統一。從此,以團結與統一的國家、國土、民族的高麗王朝,正式展開運
作。如此的偉大業績與精神,得到其後世子孫的緬懷與尊崇。

開城王氏的派別

開城王氏有一個主幹及兩個分支,依據《開城王氏族譜》記載,主幹為開城王氏,
開城即高麗王朝的首都開京【개경】,為太祖王建的故鄉,即松嶽【송악】(今朝鮮
民主主義人民共和國開城市【개성시】)。而另有兩個分支,一個是江陵【강릉】(位
於韓國江原道江陵市)王氏;另一個是海州【해주】(位於今朝鮮民主主義人民共和
國黃海南道海州市,太祖王建命名;或有稱為濟南王氏)王氏等。這兩分支早先都是
屬於開城王氏,而江陵王氏是尊奉太祖王建之子王裕【왕유】為始祖。海州王氏則是
尊奉太祖王建賜給新羅原姓朴【박】的王儒【왕유】,由於王儒在統一新羅時期,對
於泰封【태봉】(後高麗【후고려】)國王弓裔【궁예】的暴虐無道,毅然棄官隱居,
後來有功於太祖王建的高麗王朝建國,而被賜姓王氏。另外,渤海國末代國王大諲譔
【대인선】之子大光顯【대광현】王子歸順太祖王建的高麗王朝,太祖王建有鑑於渤
海國建國目的為繼承高句麗【고구려】精神,與太祖王建建國高麗王朝的目的完全一
致,因此賜姓王氏予大光顯,其姓名便稱為王繼【왕계】,直屬於開城王氏。綜上所述,
韓國王氏至今共有三個派別,即一是開城王氏;二是江陵王氏;三是海州王氏。而無
論任何姓氏,如果子孫眾多,日後派別都將會衍生更多的分支。但是不論何種派別,
以開城王氏而言,應該皆與太祖王建有密切的親屬關係,或是其他被太祖王建賜姓為
王氏的宗親關係。同時,韓國王氏各派別,應該統合成為一個以太祖王建為共同中心
始祖的宗親會,如:韓國高麗王氏宗親總會。同時,統合各派別的族譜,成為一個以
太祖王建為共同中心始祖的族譜,如:《韓國高麗王氏宗族譜》。

韓國古朝鮮開國始祖

檀君王儉 史稱檀君朝鮮或檀君王儉朝鮮 ‧‧‧➤ 韓民族王氏之始

▬▬ 高麗王朝太祖王建的先世，載於《開城王氏族譜》。
▬▬ 太祖王建為王氏始祖。

高麗王朝建國

太祖王建立高麗王朝征服統一新羅與後百濟後，採懷柔與包容政策。

‧‧‧➤ 廣納渤海國與新羅、百濟遺民，韓半島與韓民族統一。

▲檀君王儉　　▲太祖王建

韓國開城王氏

一、有一個主幹：開城王氏，開城即松岳，為太祖王建的故鄉。

二、兩個分支：一個是江陵（位於韓國江原道，始祖王裕）王氏；
　　　　　　　另一個是海州（濟南，始祖原姓朴的王儒）王氏。 ‧‧‧➤ 皆屬開城王氏

三、渤海國末代國王大諲譔之子大光顯王子歸順太祖王建高麗
　　王朝，太祖王建有鑑渤海國建國目的為繼承高句麗精神，
　　與太祖王建建國高麗王朝的目的一致，因賜姓王予大光
　　顯，其姓名稱為王繼。 ‧‧‧➤ 直屬開城王氏

韓國王氏共有三派 開城王氏、江陵王氏、海州王氏。

‧‧‧➤ 統合以太祖王建為共同中心始祖的宗親會

▬▬ 韓國高麗王氏宗親總會。共同中心始祖的族譜。
▬▬ 《韓國高麗王氏宗族譜》

✚ 韓國史小提醒

　　由於恭讓王4年（明洪武25年，西紀1392年），高麗大將李成桂一派強制恭讓王退位後，便擁戴李成桂即位為高麗國王於開京（今朝鮮開城市）的壽昌宮。之後，李成桂為鞏固政權，嚴禁高麗王室的王氏貴族反抗，而展開追殺。如此，王氏貴族為避免殺身之禍，於是將「王」氏增加筆劃，改為玉、全、琴、田、申、車、馬、金，以及龍、乃等姓氏，因此，目前韓半島的王氏人口僅有近三萬人，是為稀姓。

韓國高麗王朝歷代國王表列

【一】高麗王朝（西紀 918 年至 1392 年，34 代王，國祚 475 年）

01. 太祖（918-943）：王建

02. 惠宗（943-945）：王武

03. 定宗（945-949）：王堯

04. 光宗（949-975）：王昭

05. 景宗（975-981）：王伷

06. 成宗（981-997）：王治

07. 穆宗（997-1009）：王訟

08. 顯宗（1009-1031）：王詢

09. 德宗（1031-1034）：王欽

10. 靖宗（1034-1046）：王亨

11. 文宗（1046-1083）：王徽

12. 順宗（1083）：王勳

13. 宣宗（1083-1094）：王運

14. 獻宗（1094-1095）：王昱

15. 肅宗（1095-1105）：王顒

16. 睿宗（1105-1122）：王俁

17. 仁宗（1122-1146）：王楷

18. 毅宗（1146-1170）：王晛

19. 明宗（1170-1197）：王晧

20. 神宗（1197-1204）：王晫

21. 熙宗（1204-1211）：王韺

22. 康宗（1211-1213）：王祦

23. 高宗（1213-1259）：王皞

24. 元宗（1259-1274）：王禃

25. 忠烈王（1274-1308）：王昛

26. 忠宣王（1308-1313）：王璋

27. 忠肅王（1313-1330；1332-1339）：王燾

28. 忠惠王（1330-1332；1339-1344）：王禎

29. 忠穆王（1344-1348）：王昕

30. 忠定王（1348-1351）：王胝

31. 恭愍王（1351-1374）：王祺

32. 禑王（1374-1388）：王禑

33. 昌王（1388-1389）：王昌

34. 恭讓王（1389-1392）：王瑤

【二】崔氏武臣政權（共4代62年）

01. 崔忠獻（1197-1219）：相當明／神／熙／康／高宗時期
02. 崔怡（瑀）（1219-1249）：相當高宗時期
03. 崔沆（1249-1257）：相當高宗時期
04. 崔竩（1257-1258）相當高宗時期

第4章
朝鮮王朝時代史
【西紀1392年-西紀1919年】

朝鮮王朝前期史【西紀 1392 年 - 西紀 1567（1608）年】、朝鮮王朝後期史【西紀 1567（1608）年 - 西紀 1919 年】

創造韓文的世宗大王

UNIT 4-1
朝鮮王朝建國的過程

高麗大將李成桂在女真族的東北面，因與義兄弟女真大酋長李之蘭結盟，才能在威化島回軍後，登基為高麗國王，並改新國號為朝鮮，成為朝鮮建國始祖。

圖解韓國史

李成桂的王位登基

原為高麗末期【고려말기】大將李成桂【이성계】，其家門在第 23 代高宗王皞【고종왕철】時期（西紀 1213 年 -1259 年），歷經高祖父李安社【이안사】（穆祖【목조】）、曾祖父李行里【이행리】（翼祖【익조】）、祖父李椿【이춘】（度祖【도조】）、父親李子春【이자춘】（桓祖【환조】）等四代祖先曾經從全州【전주】（今韓國全羅北道全州市）北上，在女真族聚居區，即東北面【동북면】（今朝鮮民主主義人民共和國咸鏡南北道、兩江道）定居，並且治理雙城摠管府【쌍성총관부】（和州，今朝鮮咸鏡南道永興郡【영흥군】）當地高麗軍民與女真族【여진족】諸部。日後便擁有強大的家別抄【가별초】（gabeci，女真語，意為射箭的弓士，即私兵、家兵）軍隊，驍勇善戰，曾經擊潰日本倭寇【왜구】、中國紅巾賊【홍건적】、女真族、蒙古族【몽고족】等的外力侵略。其間，曾經在青少年時期與李成桂結拜為義兄弟的李之蘭【이지란】大酋長為首的許多女真族諸部皆向高麗投靠，歸附李成桂的軍士陣營，並由李之蘭統轄之，這些以李之蘭為首的女真族始終追隨李成桂東征西伐，百戰百勝，立下無數戰功。所以李之蘭始終都是李成桂的最佳得力助手了。爾後，在不得已奉命攻遼的威化島回軍【위화도회군】的行動中，再次獲得李之蘭的強大女真族勢力支援下，才得以逐步進入中央政府政界，並且結合親明派的新進勢力，在恭讓王 25 年（1392），肅清所有保守舊勢力，推翻了王氏的高麗王朝【고려왕조】，在開京【개경】（今朝鮮開城市【개성시】）登基王位，成為朝鮮王朝【조선왕조】的開國始祖，即太祖【태조】。

李成桂的王業肇基

高麗國王李成桂起初為了安定民心，國號仍暫稱「高麗」，闡明國家制度維持舊制，但是體認出新王朝的成立，必須要有新氣象的新國家概念，因此，首先將國號改為「朝鮮」，意為「朝陽鮮明」【조양선명】，表示繼承古朝鮮（檀君王儉朝鮮【단군왕검조선】）的精神，同時獲得中國明王朝太祖的正式承認。總之，祖籍全州的太祖李成桂在李之蘭為主的女真族後援勢力的不斷地從旁協助，成為太祖李成桂的朝鮮王朝建國軍事勢力的來源與基礎，並且使得朝鮮王朝建國的目標更加順利進行，而朝鮮王朝建國的成功，可說重要關鍵就是在於李之蘭為首的東北面女真族諸部的投靠。因此，《朝鮮王朝太祖實錄》記載說明東北面是朝鮮王朝王業開創的肇基之地。

＋ 韓國史小提醒

活躍於高麗末期的東北面女真族大酋長李之蘭（1331-1402），原名為佟豆蘭，在李成桂的朝鮮王朝建國過程中，居功厥偉。他在青年時期就與李成桂結拜為義兄弟。在高麗恭愍王王祺時期，歸順李成桂陣營，同時被賜姓「李」，以後則名為李豆蘭或李之蘭，於是更強化了李成桂的軍事勢力。

李成桂的朝鮮王朝建國背景

一、李成桂的家門四代：

高祖父李安社　　　曾祖父李行里　　　祖父李椿　　　李子春
（穆祖）　→　　　（翼祖）　→　　　（度祖）　→　　（桓祖）

二、祖籍：全州（韓國全羅北道）。

三、定居：東北面（朝鮮咸鏡南北道），治理雙城摠管府。 •••▶ 女真聚居區

四、家兵：即私兵，家別抄（女真語：射箭的弓士）。

•••▶ 擊潰日本倭寇、中國紅巾賊、女真族、蒙古等外侵。

▲家別抄

▲日本倭寇

▲中國紅巾賊

▲蒙古

▲女真族

五、得力助手：結拜義兄弟 ══ 李之蘭（女真族大酋長）

六、軍士陣營：女真族諸部 •••▶ 東征西伐，百戰百勝，戰功無數。

七、威化島回軍：李之蘭強力支援下，得以進入中央政界。

•••▶ 推翻王氏高麗，為朝鮮王朝開國始祖，即太祖。

國號 為安定民心，暫稱「高麗」，但體認新王朝成立，須有新氣象的新國家概念，則國號改為「朝鮮」。 •••▶ 表示繼承古朝鮮（檀君王儉）精神，並獲明王朝承認。

東北面 朝鮮王朝肇基之地，李之蘭為首的女真族為朝鮮建國勢力的來源與基礎。

UNIT 4-2
朝鮮王朝建國的發展情勢

朝鮮王朝太祖李成桂即位後，認為新國應有新氣象，新王朝應有新政策，如此決定施行國家基本政策，其內容除了有改國號為「朝鮮」之外，還有遷都、信仰、重農、外交、團結等五項政策，將前朝痕跡完全清除，以鞏固王權，造就國泰民安。

圖解韓國史

國家基本政策：遷都與信仰

太祖李成桂【태조이성계】即位國王，更新國號為「朝鮮」【조선】後，陸續展開國家基本政策的執行，重要的措施，如：遷都方面，認為應該摒棄前朝高麗王朝【고려왕조】首都開京【개경】（今朝鮮開城市【개성시】），因為該地仍然存有高麗舊勢力、文物、記憶，以及風水欠佳等因素，而決定遷都到位置優越的漢陽【한양】，後改名漢城【한성】（今韓國首都首爾市【서울시】）。崇儒抑佛方面，依照大臣鄭道傳的主張，採行崇尚儒教，排斥佛教。主要政策皆以遵循儒教理論為基礎而制定，是為崇儒抑佛政策。唯獨例外是太祖曾奉僧侶無學大師【무학대사】為國師，使爾後歷代國王也信佛。民間也如此，即生活上，依循儒教，在精神上，則更加依循佛教。所以，實際上，當時並非崇儒抑佛，而是外儒內佛，即表面實踐儒教，而內心信仰佛教。

國家基本政策：重農、外交與團結

太祖李成桂的國家基本政策的執行還有，如：農業方面，特別重視農業生產，以防饑饉，但如此重農政策，反而忽略工商業發展，引發民怨。國際外交方面，實施事大政策，即事奉明朝為大國，採取親明路線；至於交鄰政策則是與北方的女真族【여진족】，以及南方的日本倭寇【왜구】、琉求【유구】、中南半島等國際間維繫和平友好的外交關係。日後，歷代王都以此事大交鄰【사대교린】政策作為慣例。此外，對於前朝貴族與遺臣方面，太祖李成桂為鞏固王位，確保政治安定，對前朝王氏舊貴族與大臣都視為新王朝的子民，不圖報復與肅清，特別錄用當中優秀人才為官吏，給予優渥待遇，以安撫舊朝人心，凝聚對新王朝的向心力，是為實踐收拾人心，團結一致的穩健政策。但是爾後曾經發生謠傳不事貳君而隱居的舊貴族與大臣將合力圖謀復興，太祖李成桂得知之後，為了要避免前朝殘餘勢力死灰復燃，於是大力將王氏貴族勢力予以剷除。結果，王氏族人為了躲避殺身之禍，便將其姓氏「王」字增加筆劃，改姓為玉【옥】、全【전】、琴【금】、田【전】、申【신】、馬【마】、車【차】、金【김】，以及龍【용】、乃【내】等姓氏，同時隱姓埋名，淪落民間。所以現在韓國的「王」姓人口數量，約近三萬名，是為稀姓。於是王氏的高麗王朝被太祖李成桂成功而徹底地終結。

國家基本政策

一、改國號:「朝鮮」。

二、遷都:漢陽。 •••••▶ 改名漢城（今韓國首都首爾）

三、崇儒抑佛:遵循儒教理論。

四、國王信佛:唯獨例外。 ━━▶ 奉僧侶無學大師為國師

•••••▶ 實際上是外儒內佛

五、農業:重農政策。

六、外交:事大交鄰。

━━ 事大:事奉明王朝大國

━━▶ 親明路線

━━ 交鄰:與北方女真族、
南方日本倭寇、琉求、
中南半島等和平友好。

七、實踐穩健策:為確保王位與政治安定,對前朝舊貴族不秋後算帳。

•••▶ 錄用其優秀人才為官,給予優待,以安人心。 •••▶ 團結

高麗王氏沒落

曾謠傳前朝殘餘勢力圖謀復興,剷除王氏貴族勢力。

•••▶ 王氏族人為避禍,改姓玉、全、琴、田、申、馬、車、金、龍、乃等。

✛ 韓國史小提醒

漢城（今大韓民國首都首爾市）位於韓國西北部的漢江流域,居韓半島中部的位置,為古真番、辰國之地。也是三國時期百濟首都慰禮城,地理位置十分重要。其地名曾經多次改稱,如:為漢山、漢陽（統一新羅）;楊州、南京、漢陽（高麗時期）。太祖1年（西紀1392年）,朝鮮太祖李成桂在開京（開城）登基為王之後,因為重視地理風水,於太祖3年（1394）,遷都漢陽,並改名為漢城,大興土木,建設宮闕、官廳、街道、市場、下水道、內外城廓、城門等設施。其中有四大外廓的城門:東為興仁之門（東大門）、西為敦義門（西大門）、南為崇禮門（南大門）、北為肅靖門（北大門）,而中央為報時的普信閣。內有許多宮闕,其中景福宮為朝鮮王朝的正宮,是歷代國王的王宮。

UNIT 4-3
朝鮮王朝前期的王子之亂與王權強化

朝鮮王朝開創之初,曾發生兩王子們爭奪王位事件,即王子之亂,其中,李芳遠如願取得王位。爾後,積極強化王權與安定國家社會,並且推行國家新政策。

圖解韓國史

王子之亂

朝鮮王朝【조선왕조】開創不久之後,逐漸衍生王位繼承問題,造成王子們之間的流血衝突。因此,引發了兩次王子之亂【왕자의 난】的事件。太祖5年(西紀1396年),第一次王子之亂是由於太祖李成桂的長男李芳雨【이방우】早逝,具有智勇雙全與建國功勳的五子李芳遠【이방원】不滿父親太祖李成桂【태조이성계】將八子李芳碩【이방석】冊立為王世子,並以此舉違悖儒教道德為由,而起兵殺掉政敵李芳碩與其家族,以及大臣鄭道傳【정도전】。太祖李成桂得知此悲劇後,非常傷心,就將王位讓給二子李芳果【이방과】,為第2代國王定宗【정종】,定宗李芳果為收拾民心,又遷都回開京【개경】(今朝鮮開城市【개성시】)。定祖2年(1400),第二次王子之亂是因為大臣朴苞【박포】謊稱五子李芳遠將殺害四子李芳幹【이방간】,於是李芳幹動員兵力欲襲殺李芳遠,但是反而遭到李芳遠的逮捕,而被流放後病逝。同時,引起李芳幹叛亂的朴苞也遭到殺害。不久之後,定宗李芳果便將王位讓給李芳遠,為第3代國王太宗【태종】。

王權強化

定祖2年(1400)時,太宗李芳遠如願地登基王位之後,是為太宗1年,首要的新政策就是王權的強化與國家社會的安定。在軍事方面,因為太宗李芳遠有鑑於朝鮮王朝開創之初,便發生了兩次王子之亂的事件,認為王子們作亂都是利用自己的私人軍隊,擁兵自重,而並非屬於國家軍隊。因此,主張私兵革罷【사병혁과】的措施,廢除所有私人軍隊,將軍事統一由國家掌控。因此,王族與大臣們的個人勢力逐漸弱化。反之,王權則逐漸穩定而強化起來。在遷都方面,後來有感於開京的地理環境不佳,在太宗5年(1405),又再遷都回漢陽,此時改稱為漢城【한성】(今韓國首都首爾市【서울시】)。再者,在信仰與教育方面,為了國家與社會安定,也是繼續採行崇儒抑佛的政策,即積極獎勵儒學,制定宗廟禮法,在首都新設四部學堂【사부학당】(中學;即中東南西四部)與成均館【성균관】(大學);裁減寺院數量,收回寺院的土地與奴婢,並且鎮壓佛教,打擊民間相關信仰,如:地理風水說。此外,在社會方面,實施號牌法【호패법】,以利管理十六歲以上的男子,如同身分證。設置申聞鼓【신문고】,以利受冤屈的民眾擊鼓申冤。如此一來,太宗李芳遠所推行的諸多新措施,可說是成效良好。

> **+ 韓國史小提醒**
>
> 高句麗時期最高的教育機關為太學。為古代的國立大學。高麗時期則為國子監(國學)。到了高麗末第25代國王忠烈王王昛時期,將國子監改稱為成均館。高麗第31代國王恭愍王王祺時期,再改稱為國子監,後來又改稱為成均館。朝鮮第3代國王太宗李芳遠繼續維持成均館的設置。

王子之亂

朝鮮王朝開創之初，因王位繼承問題，使王子間發生流血衝突。共計兩次：

一、第一次王子之亂

五子李芳遠不滿父親太祖李成桂冊立八子李芳碩為王世子，而殺死李芳碩。因此，太祖將王位讓給二子李芳果，為2代王定宗。

二、第二次王子之亂

因大臣朴苞謊稱李芳遠將殺害四子李芳幹，於是李芳幹欲襲殺李芳遠，但反遭李芳遠逮捕，朴苞遭到殺害。此後，定宗讓位給李芳遠，為3代王太宗。

太宗登基後的新措施

一、首務：強化王權與安定國家社會。

二、軍事： 主張私兵革罷 　有鑑朝鮮開創初期，發生兩次王子之亂，皆擁兵自重，因此廢除私人軍隊，由國家統一掌控軍事。

‧‧‧‧➤ 避免再政變

三、遷都：遷回漢陽，並改稱漢城。

四、信仰與教育： 續採崇儒抑佛政策 　獎勵儒學，制宗廟禮法，在首都新設四部學堂與成均館。

五、實施號牌法：管理16歲以上的男子，如同身分證。

六、設申聞鼓：受冤屈的民眾擊鼓申冤。

▼申聞鼓

▲號牌法

UNIT 4-4
朝鮮王朝前期的政局與王權鞏固

朝鮮國王太宗為避免爭奪王位的再演，則以舉賢方式冊立世宗大王。爾後，世祖因野心篡位，曾引發反抗事件而強化王權。成宗則王權更為鞏固，國運昌隆。

圖解韓國史

王位的繼承問題

朝鮮【조선】第 3 代國王太宗李芳遠【태종이방원】面對日後王位繼承問題，為避免王子之亂【왕자의 난】的情事再次發生，則以舉賢方式，在太宗 18 年（西紀 1418 年），冊立忠寧大君【충녕대군】為王世子，即第 4 代國王世宗大王【세종대왕】李祹【이도】（1418-1450）。世宗大王為賢明之君，禮遇學者，振興儒學，積極整備與發展各項制度，使國家運作更邁入正軌。同時，也採行外儒內佛政策，遵循儒教與崇尚佛教並重。此外，創制朝鮮的民族文字，即訓民正音【훈민정음】（即韓文【한글】），頒布通行於全國，並且設置正音廳【정음청】的出版機構，大多以韓文來翻譯刊行佛經。對外而言，以北方四郡六鎮【사군육진】的開拓與三浦【삼포】開放等重大政策為重要業績。其子第 5 代國王文宗李珦【문종이향】即位不久就病逝（1450-1452），由其幼子第 6 代國王端宗李弘暐【단종이홍위】即位，但是其次子第 7 代國王世祖李瑈【세조이유】野心頗大，在端宗 1 年（1453），發動癸酉靖難【계유정난】篡奪王位，將端宗李弘暐流放，並且降等為魯山君【노산군】（1452-1455）。

王權的強化

癸酉靖難事件發生後，引發兩次反抗事件：一是在世祖 2 年（1456）的死六臣【사육신】事件：成三問【성삼문】、朴彭年【박팽년】、河緯地【하위지】、李塏【이개】、俞應孚【유응부】、柳誠源【유성원】等六位大臣密謀使端宗李弘暐復位失敗被殺。二是在世祖 2 年（1456）的生六臣【생육신】事件：金時習【김시습】、成聃壽【성담수】、元昊【원호】、李孟專【이맹전】、趙旅【조여】、南孝溫【남효온】等六位大臣（有時以權節【권절】取代南孝溫），不滿世祖李瑈的集權統治，秉持不事二君的氣節，拒官而隱居。在地方上，也發生兩次作亂，進而造成全國騷亂。如：一是端宗 1 年（1453）的李澄玉【이징옥】之亂：李澄玉是咸吉道（今朝鮮民主主義人民共和國咸鏡南北道）長官，屬於死六臣一派，因為深恐受累而自稱為大金皇帝，結合女真族【여진족】起事，但卻失敗。二是世祖 13 年（1467），李施愛【이시애】之亂：李施愛是會寧（今朝鮮咸鏡北道會寧市【회령시】）長官，因為深恐中央權力干涉該地而起事，也是失敗。因此，世祖李瑈致力強化王權與中央集權，穩定了政局。其重要業績，如：依照父王世宗大王的外儒內佛政策，同時獎勵儒教與佛教；著手編纂法典，即《經國大典》【경국대전】等措施。爾後，第 8 代國王睿宗李晄【예종이광】即位，不久就早逝（1468-1469）。第 9 代國王成宗李娎【성종이철】即位，雖然內部派系較勁，但國家文物與制度發展十分迅速而完備，儒教文化也發達，確立儒教立國，王權更加鞏固，呈現太平盛世且國運昌隆，以及完成《經國大典》（1469-1494）。

＋ 韓國史小提醒

四郡（西北面）：即閭延、慈城、茂昌、虞芮；六鎮（東北面‧公嶮鎮）：即鍾城、穩城、會寧、慶源、慶興、富寧。三浦：釜山浦、乃爾浦（慶南昌原）、鹽浦（蔚山）。

世宗大王的誕生

朝鮮太宗李芳遠對王位繼承問題，為避免王子之亂再生，以舉賢方式，冊立忠寧大君為王世子，即4代王世宗大王李祹。

世宗大王的重要業績

一、賢明之君。
二、振興儒學。
三、國家運作邁入正軌。
四、採行外儒內佛政策，儒佛並重。
五、創制朝鮮民族文字  訓民正音（即韓文）
六、設正音廳的出版機構，以韓文翻譯刊行佛經。
七、北方開拓與三浦開放。

世祖

野心大，發動癸酉靖難篡位，將端宗流放並降等為魯山君。 ∙∙∙∙▶ 引發兩次反抗事件

| 一、死六臣事件 | 成三問、朴彭年等六位大臣密謀使端宗復位失敗被殺。 |
| 二、生六臣事件 | 金時習、南孝溫等六位大臣，不滿世祖集權統治，拒官而隱居。 |

地方發生兩次作亂，全國騷亂：

| 一、李澄玉之亂 | 咸吉道（今朝鮮咸鏡南北道）長官，屬死六臣一派，因深恐受累而結合女真族起事失敗。 |
| 二、李施愛之亂 | 會寧（居朝鮮咸北）長官，深恐中央干涉該地而起事失敗。 |

世祖重要業績

一、強化王權與中央集權，穩定政局。
二、編纂法典

 ➡ 《經國大典》

成宗重要業績

一、國家文物與制度完備，
二、儒教文化發達，確立儒教立國。
三、王權鞏固，呈現太平盛世與國運昌隆。
四、《經國大典》完成。

UNIT **4-5**
朝鮮王朝前期的中央與地方政府體制

朝鮮前期中央與地方的政府體制都是繼承前朝高麗體制，並且依據朝鮮法典《經國大典》來實踐國家體制的完備。

圖解韓國史

中央政府體制

朝鮮前期【조선전기】的政治組織，幾乎是完全繼承前朝高麗王朝【고려왕조】的中央集權體制，權力強大的國王最初王位為世襲制，其下全國官吏也如同高麗時期，分為兩班【양반】，即行政由文班【문반】的文官擔任，國防由武班【무반】的武官擔任，官等分為十八等級。待遇上，文官比武官優渥，京職比外職優渥。依據《經國大典》【경국대전】的規定來實施，中央方面，主要有議政府【의정부】（最高政務機關，相當韓國行政部）、六曹【육조】（吏・戶・禮・兵・刑・工）、三司【삼사】（弘文館【홍문관】〔學術〕、司憲府【사헌부】〔監察〕、司諫院【사간원】〔言論〕、承政院【승정원】〔秘書，輔佐國王與議政府〕、備邊司【비변사】〔邊防〕、義禁府【의금부】〔裁判〕、春秋館【춘추관】〔史料〕、捕盜廳【포도청】〔治安〕。此外，還有內侍府【내시부】〔飲食〕、內資寺【내자시】〔蔬果〕、藝文館【예문관】〔記錄王命〕、成均館【성균관】〔大學〕等。

地方政府體制

地方方面，主要有首都的漢城府【한성부】（今韓國首都首爾市【서울시】）；舊都的開城府【개성부】。全國行政區劃分八道【팔도】（京畿道【경기도】、江原道【강원도】、忠清道【충청도】、全羅道【전라도】、慶尚道【경상도】、黃海道【황해도】、咸鏡道【함경도】、平安道【평안도】）。軍事組織方面，廢除私兵，軍隊國家化，以文臣領導指揮，分為中央軍（防衛首都）與地方軍（陸軍、水軍）兩種。兵役制度完備，國防軍力強化。教育制度方面，中央設有文科教育，如：成均館【성균관】與四部學堂【사부학당】（東部・西部・南部・中部）；地方設有鄉校【향교】。技術教育，如：醫學、譯學、算學、律學、天文地理學。武科教育則是只能從儒教經典或兵書之中獨自學習而來，武人的地位比文人低，因此，武科教育常被忽視。科舉制度方面，有文科（儒學）、武科（兵學）、雜科（技術學）三種。採行定期考試，三年一試，另有不定期考試（增廣試、別試、謁聖試）。此外，設有驛馬與燧火設施，驛馬為交通驛站，燧火為外敵入侵時，以白日燒煙，晚間燒火為警示方式。司法制度整備方面，由太祖李成桂【태조이성계】開始到成宗李娀【성종이철】完備，相關司法機關與刑罰類型，都規範於《經國大典》中。

> ✚ **韓國史小提醒**
>
> 　朝鮮王朝或韓國現行的道，相當於中國的省，古稱朝鮮八道，也有代表朝鮮（韓）半島之意。各道名稱為：1.京畿道（首都所在）、2.忠清道、3.慶尚道、4.全羅道、5.江原道、6.平安道、7.黃海道、8.咸鏡道。另外，濟州島則屬全羅道；1946年，升格為道；2006年，為保障其高度的自治權而改名為濟州特別自治道。

朝鮮前期政治組織

完全繼承高麗中央集權體制：

一、國王：世襲制。
二、官吏：文班（文官）與武班（武官）。
三、官等：十八等。

四、依《經國大典》實施：

▲朝鮮八道位置圖

政治體制

中央方面	主有議政府、六曹、承政院、備邊司、義禁府、春秋館、捕盜廳、內侍府、內資寺、藝文館、成均館等。
地方方面	主有首都漢城‧舊都開城府。全國行政區劃分八道（京畿、江原、忠清、全羅、慶尚、黃海、咸鏡、平安）。
軍事組織	廢私兵，軍隊國家化，由文臣領導，分中央軍與地方軍兩種。

兵役制度完備，國防軍力強化。

教育制度 中央設文科教育 **═** 成均館與四部學堂

地方設鄉校。
（一）技術教育
═ 醫學、譯學、算學、律學、天文地理學。
（二）武科教育
═ 地位比文人低，常被忽視。

科舉制度	有文科（儒學）、武科（兵學）、雜科（技術學）三種。採行定期考試，三年一試，另有不定期考試（增廣試、別試、謁聖試）。
設驛馬與燧火設施	驛馬為交通驛站，燧火為外敵入侵時，以煙火警示。
司法制度	由太祖開始到成宗完備，規範於《經國大典》。

UNIT 4-6
朝鮮王朝前期的經濟結構與社會制度

朝鮮前期經濟以重農政策為主，屬於農本主義。各項產業發達，但貨幣制度有待加強。
重視社會身分制度而屬於世襲制。家族制度則是以儒教為中心。

圖解韓國史

經濟結構

　　朝鮮前期【조선전기】主要產業仍以農業為主。經濟而言，由於國家財政與民眾
生活皆賴以土地上的產物為主，因此，土地十分重要。所以，主張重農政策，即農
本主義的經濟政策。太祖李成桂【태조이성계】在高麗恭讓王 3 年（西紀 1391 年）
時，對於土地制度，實施科田法【과전법】，確保國家的經濟基礎與農民的耕作權，
分為公田（農民）與私田（官方）。租稅制度，農民有負擔田稅（依收穫量）、貢納
（徵收土產物）、漕運（運費）、服徭役的義務，以充實國家財政。產業方面，十分
發達，如：農為立國之大本，朝鮮歷代國王都積極獎勵農業，以及推動有關農業知識
與技術普及的政策，產量大增。礦業採掘與提煉技術進步，以鐵、銅為主。手工業以
製造生活必需品為主。商業由官方特許，在首都漢城【한성】（今韓國首都首爾市
【서울시】）與舊都開城【개성】（今朝鮮民主主義人民共和國開城市【개성시】）
設置市廛【시전】，地方則設置市場，進行買賣。有貨幣使用，如：第 3 代國王太宗
李芳遠【태종이방원】時期（1367-1422）的楮貨【저화】（紙幣）與第 4 代國王世宗
大王【세종대왕】李祹【이도】時期（1418-1450）的朝鮮通寶【조선통보】（銅幣），
但一直不理想，仍是以物易物為主。

社會制度

　　社會身分方面，區分為兩班【양반】、中人【중인】、常民【상민】、賤民【천민】
等四種。說明如下：一、兩班：為貴族，屬上流階層，析分文班【문반】與武班【무반】。
文班地位比武班為高，重視文閥。如此，兩班社會重視科舉【과거】考試的實力，並
且追求性理學【성리학】，受到極高的評價。二、中人為中流階層，在中央主要是擔
任下級官吏。從事醫學、譯學、算學、觀象、律學、惠民、寫者、畫員等特殊技術。三、
常民又稱百姓、良人、庶民。從事農工商等產業活動，必須負擔納稅、服役、兵役等
義務。四、賤民為最低階層，分為官奴婢（官廳）與私奴婢（個人）。如同動物與物
品一般，可以被買賣讓渡與交換。以上皆屬於世襲身分。家族生活方面，以儒教禮儀
與道德為中心準則。重視人倫與名分，因此，重視個人家族中的教養。如此才可以延
伸到國家運作，並擴及到國際間的和平友好關係，即所謂修身、齊家、治國、平天下。

> ### ✚ 韓國史小提醒
> 　　市廛是高麗王朝在首都開京與朝鮮王朝在首都漢陽的街道所設置的大商店，商店街道則稱為市
> 廛街道。高麗時代的市廛是在太祖2年（919），由太祖王建所設置。朝鮮時代的市廛是在太祖1年
> （1392），由太祖李成桂所設置。定宗1年（1399），以鐘路為中心，設置常設店鋪，稱為公廊。市
> 廛功能是保障與監督物價，以利發展商業活動。

朝鮮前期經濟

一、重農政策：即農本主義的經濟政策。

二、土地制度： 科田法 ••▶ 確保國家經濟基礎與農民耕作權，分公田（農民）與私田（官方）。

三、租稅制度：充實國家財政。

四、產業方面：農業、礦業、手工業、商業發達。
但貨幣使用不理想。

社會身分

分為兩班、中人、常民、賤民等四種。

一、兩班：即貴族（上流階層）

═ 文班（地位高）與武班（地位低）

••▶ 兩班社會重文閥、重科舉考試
實力，追求性理學。

▲由左至右：兩班、中人、常民、賤民。

二、中人：中流階層，在中央擔任下級官吏。

••▶ 從事醫學、譯學、算學、觀象、律學、惠民、寫者、畫員等特殊技術。

三、常民：即百姓、良人、庶民。••▶ 從事農工商，須納稅、服役、兵役等義務。

四、賤民：最低階層，分官奴婢（官廳）與私奴婢（個人）。

••▶ 如同動物與物品，可以買賣讓渡與交換。世襲身分。

家族生活

以儒教禮儀與道德為中心
準則。重人倫與名分，重視
個人家族中的教養。 ➡ 延伸國家運作 ➡ 擴及國際和
平友好關係

••▶  修身、齊家、治國、天下

UNIT *4-7*
朝鮮王朝前期的對外關係（一）：女真族

朝鮮前期對外秉持交鄰政策，對女真族，成功仰賴女真裔李之蘭的威望，使雙方平和，但李之蘭逝後，女真族的犯邊，朝鮮便展開恩威政策。爾後便有賴女真裔童清禮的斡旋。

交鄰平和政策

朝鮮前期【조선전기】太祖李成桂【태조이성계】時期（西紀1392年-1398年），對外關係一向以交鄰政策【교린정책】為主，如：憑藉東北面【동북면】女真族【여진족】大酋長暨開國功臣李之蘭【이지란】的女真族勢力建立朝鮮王朝【조선왕조】後，對東北面與西北面【서북면】女真族諸部酋長授予官職，並且積極招撫該地區，並設置鎮邑，使其隸屬朝鮮領土，與朝鮮通婚、納稅、服役，而成為朝鮮國民，成功推行了同化政策【동화정책】，成為朝鮮王朝開國之基。再者，將豆滿江【두만강】（即圖們江，tumen，女真語，萬之意）與鴨綠江【압록강】作為邊界。從此，朝鮮與女真族關係非常圓滿平和，使女真族經濟生活好轉，雙方物產交易與文化交流，十分密切。第2代國王定宗李芳果【정종이방과】時期（1398-1400），也是秉持太祖的平和政策【평화정책】，與女真族維持友好。

恩威並行政策

到了第3代國王太宗李芳遠【태종이방원】時期（1400-1418），雙方關係開始複雜，便對女真族實施恩威並用的兩面策【양면책】。尤其是李之蘭逝世後，缺乏足以安撫女真族的人才。因此，雙方關係漸次惡化，如：太宗2年（1402），趙思義之亂【조사의의 난】，開始對女真族展開征伐政策。但是朝鮮與明王朝同時招諭懷柔女真族時，女真族反而與朝鮮關係最密切，透過朝貢的外交方式，給予女真族生活物資與官職，以防其侵掠與經濟不安。如此的恩威並用的兩面策就成為朝鮮歷代國王的外交準則。第4代國王世宗大王【세종대왕】李祹【이도】時期（1418-1450），與女真族關係十分親善友好，但是女真族越江恣意侵犯朝鮮邊境逐漸頻繁，因此，繼續採行恩威並行政策，以維護國土安全。以強硬策由大將金宗瑞【김종서】武力征伐，擊敗女真族後，開拓了四郡六鎮【사군육진】的版圖，實行移民開墾措施。西北面有四郡，即鴨綠江流域一帶的茂昌【무창】、閭延【여연】、虞芮【우예】、慈城【자성】。東北面有六鎮，即豆滿江流域一帶的鍾城【종성】、慶源【경원】、慶興【경흥】、會寧【회령】、溫城【온성】、富寧【부녕】。如此，世宗大王李祹的北進政策【북진정책】，擴張了朝鮮版圖，達到宣揚國威的目的。爾後，女真族大酋長暨歸化朝鮮大臣童清禮【동청례】，文武兼備，聲望如同李之蘭，是第9代國王成宗李娎【성종이철】、第10代國王燕山君李＜忄隆＞【연산군이융】、第11代國王中宗李懌【중종이역】三朝懷柔與招撫女真族的最有力人士。

> **＋ 韓國史小提醒**
>
> 趙思義（？-1402）為文臣，曾聲討太宗，但失敗被誅殺。另外，女真族裔朝鮮大臣童清禮，活躍於成宗、燕山君與中宗時期，為調解朝鮮與女真事務的最佳仲裁者。

對女真族關係

太祖李成桂 對外關係主以交鄰政策。

一、李之蘭：積極招撫東北面與西北面女真族。•••▶ 隸屬朝鮮領土

二、同化政策：與朝鮮通婚、納稅、服役。•••▶ 成為朝鮮國民

三、東北面：為朝鮮王朝開國之基。

四、雙方邊界：豆滿江與鴨綠江。

五、雙方關係圓滿平和。•••▶ 女真族民生好轉

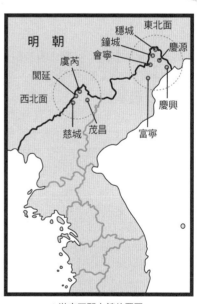

定宗李芳果 秉持太祖和平政策，與女真族友好。

太宗李芳遠 首次以施恩威並用的兩面策，為朝鮮歷代國王的外交準則：李之蘭逝後，女真族與朝鮮關係開始惡化。

趙思義之亂 開始對女真族展開征伐政策。

懷柔女真族 與朝鮮關係最密切。•••▶ 以朝貢的外交方式，給女真族生活物資與官職，以防其入侵。

世宗大王李祹

一、恩威並行政策：女真族有時和平 ＝ 懷柔策（恩）

　　•••▶ 友好親善

　　女真族有時犯邊 ＝ 強硬策（威）

　　•••▶ 武力征伐

二、北進政策：開拓版圖四郡六鎮，實行移民開墾。

　　(一)西北面四郡，鴨綠江流域茂昌、閭延、虞芮、慈城。

　　(二)東北面六鎮，豆滿江流域鍾城、慶源、慶興、會寧、溫城、富寧。

三、成果：擴張朝鮮版圖，宣揚國威。

成宗、燕山君、中宗三朝 女真族大酋長暨歸化朝鮮大臣童清禮。

　　•••▶ 懷柔與招撫女真族的最有力人士。

▲世宗四郡六鎮位置圖

(地圖標示：明朝、東北面、穩城、鐘城、會寧、慶源、虞芮、閭延、西北面、慶興、慈城、茂昌、富寧、慶源)

第4章

朝鮮王朝時代史【西紀1392年-西紀1919年】

UNIT 4-8
朝鮮王朝前期的對外關係（二）：明王朝

朝鮮王朝從太祖開始，主張對明採取事大主義，許多政策都徵求明認可，以鞏固政權，成為歷朝準則。但是對女真族關係，則比對明來得友好，尤其是太宗時期起，與女真族、明的三邊關係更為交錯複雜。

圖解韓國史

對明事大

朝鮮前期【조선전기】太祖李成桂【태조이성계】在高麗末期【고려말기】禑王14年（西紀1388年）開始，一向主張對明王朝採取事大主義【사대주의】的外交政策，目的是與先進大國的中國維持和平友好關係，最明顯例子就是威化島回軍【위화도회군】事件，即第32代國王禑王王禑【우왕왕우】時期（1374-1388），明計畫設置鐵領衛【철령위】在高麗【고려】領土，來收為版圖。此時，李成桂掌握高麗軍權時，曾經提出《四大不可》【사대불가】中的第一項以小逆大：認為小國高麗不可違抗大國明王朝。再者，太祖李成桂的新國號，以其出生地「和寧」【화녕】（今朝鮮民主主義人民共和國咸鏡南道金野郡，史稱永興【영흥】）與自許為古朝鮮【고조선】（檀君王儉朝鮮【단군왕검조선】）的繼承者的「朝鮮」，報請明決定與認可，明則選擇「朝鮮」一詞，從此，高麗王朝【고려왕조】的國號改稱為朝鮮王朝【조선왕조】。再者，與明進行文化與物資等各種交流往來，視明為宗主國，視己為藩屬國一般的類似宗藩關係。因此，鮮明兩國外交關係，以互派使臣的朝貢與賞賜為主，即官貿易。另外，雙方都在首都設置接待使節外賓的行館，如：朝鮮漢城府【한성부】的太平館，明王朝北京的會同館。以上事大主義的例證，成為朝鮮歷代國王對明外交關係的準則。

三邊關係

第3代國王太宗李芳遠【태종이방원】時期（1400-1418）開始，與女真族【여진족】、明王朝發生三邊關係的情勢，即與明發生對女真族統轄權之爭議。即李之蘭【이지란】逝世後，女真族再度犯邊，使雙方關係轉惡，太宗李芳遠就改採和戰兩面策略來因應。此時，正是明積極實行衛所制度統治女真族的遼東【요동】地域，使鮮明兩大政權對遼東的領有權產生紛爭與對立。太宗李芳遠為了阻止明派遣遼東女真官員王得名【왕득명】、王迷失帖【왕미실첩】、王可仁【왕가인】等進行建立建州衛【건주위】一事，便立即宣示遼東自古為朝鮮領土的事實，並且要求當時在女真族中最具影響力的大酋長童猛哥帖木兒【동맹가칩목아】來朝貢朝鮮，以防其附明。而明仍執意設置建州衛與毛憐衛【모린위】，朝鮮也積極與這兩衛維持原有友好關係。但是童猛帖木兒仍被明使王教化的【왕교화적】說服入明。朝鮮因此再次重申遼東為其領土。雖然明表面統治遼東女真族，但是實際上，女真族與朝鮮仍然維持比明更緊密切的親善關係。

對明王朝關係

太祖李成桂的事大主義

一、對明王朝採取事大主義的外交政策。 ➡ 目的：與先進大國中國維持和平友好關係

・・・➤ 佳例：威化島回軍事件，曾提「四大不可」的第一項以小逆大：
小國（高麗）不可違抗大國（明）。

二、太祖李成桂新國號，以「和寧」（出生地）與「朝鮮」（為古朝鮮【檀君王儉】的繼承者）。

・・・➤ 由明擇一：「朝鮮」

三、與明進行文化與物資等各種交流，視明為宗主國，視己為藩屬國。・・・➤ 似宗藩關係

四、鮮明兩國外交，以朝貢與賞賜為主。・・・➤ 官貿易，互設行館

太宗李芳遠　　與明爭執遼東女真族統轄權。

・・・➤ 女真族大酋長童猛哥
帖木兒來附朝鮮

✚ 韓國史小提醒

　童猛哥帖木兒（即孟特穆），建州女真斡朵里部酋長。朝鮮太祖1年（明洪武25年，1392），接受朝鮮授上萬戶職；朝鮮太宗3年（明永樂1年，1403），接受明設置建州左衛，擔任指揮使。日後被清太宗皇太極追尊為清肇祖。同年，建州女真胡里改部接受明設置建州衛，以胡里改部酋長阿哈出擔任指揮使。毛憐衛與建州衛原同屬胡里改部，阿哈出之子猛哥不花擔任指揮使。朝鮮世宗24年（1442，明英宗正統7年）自建州左衛分出建州右衛，由童猛之子董山為指揮使。以上史稱建州三衛或建州女真三衛。

UNIT **4-9**
朝鮮王朝前期的對外關係（三）：
日本、南方諸國

朝鮮王朝建國後，原對日本實施交鄰政策。但倭寇來犯嚴重，必須採取恩威並用的兩面策因應。對於南方諸國關係則和平往來，進行貿易十分熱絡。

三浦倭亂

　　朝鮮王朝【조선왕조】建國以後，對日本與南方諸國關係，也首重採行交鄰政策【교린정책】。對於日本使臣善意來訪時，必定隆重款待；反之，倭寇【왜구】來犯時，則必以武力徹底嚴懲，全面掃蕩，也是採行恩威並用的兩面策。但是由於日本政府無法禁止自己倭寇的橫暴行徑，在太宗7年（西紀1407年）時，就請求第3代國王太宗李芳遠【태종이방원】政府（1400-1418）開放慶尚道南海沿岸地區與釜山浦【부산포】（今韓國釜山市【부산시】），進行農工商等貿易活動。同時，請求比照優待女真族【여진족】使臣的辦法，賜予日本使臣官職。可是之後，日本國內發生饑荒，倭寇再度侵犯朝鮮，聯合住在朝鮮的日本人一同作亂。到了第4代國王世宗大王【세종대왕】李祹【이도】時期（1418-1450），派遣大將李從茂【이종무】擊潰倭寇基地對馬島【대마도】，倭寇稍微消聲匿跡。於是日本政府再度請求朝鮮政府開放釜山浦、濟浦【제포】（今韓國慶南昌原市【창원시】）、鹽浦市【염포】（今韓國慶南蔚山市【울산시】）等三浦，進行貿易活動。於是首次正式開放三浦給日本。此外，為保護朝鮮民眾的安危，與日本對馬島島主簽訂《癸亥條約》【계해조약】，限制倭人船隻數量，並且徵收航海稅。雙方貿易的主要項目為生活物資，以及佛教與道教的宗教書籍，尤其是急需印刷活字與《大藏經》【대장경】。第11代國王中宗李懌【중종이역】時期（1506-1544），朝鮮誤殺倭人，引起三浦倭人不滿而作亂，稱為三浦倭亂【삼포왜란】。

乙卯倭亂、對南方諸國關係

　　中宗李懌立即平定倭亂，廢除三浦，不久日本認錯而再次開放，但是經由簽訂《壬辰條約》【임진조약】後，更加嚴格限制倭人船數，而只能開放釜山浦一處，並設置倭館，以接待日本使臣。第13代國王明宗李峘【명종이환】時期（1545-1567），日本境內又發生饑荒，倭寇數量大增，再次來犯，為乙卯倭亂【을묘왜란】，雙方曾經簽訂《丁未辰條約》【정미조약】後，也是再次嚴格限制倭人的活動。爾後，朝鮮與對馬島島主協同擊潰倭寇，並且斷絕與日本關係，而與對馬建立友好關係，同時強化備邊司【비변사】的運作，三浦一帶也開始築城防禦。再者，南方諸國方面，琉求【유구】為獨立自主的國家，對鮮明兩國都視為大國。經常以多樣的土產物，如：糧食、香料、布料、織品、農具、農產品、動植物、工藝品等來朝貢，進行貿易交流。同時，琉求也可說是東南亞國家與朝鮮、日本之間貿易往來的中繼站，泰國、印尼等東南亞船隻都是經由琉求來到日本，再到朝鮮，並且以土產物來朝貢，進行貿易交流。因此，朝鮮與琉求等南方諸國的關係一向互信友好。

對日本關係

太宗李芳遠

（一）採交鄰政策 ••••▶ 友好

（二）倭寇來犯 ••••▶ 武力嚴懲掃蕩

（三）開放港口、賜官。

世宗大王李祹

（一）李從茂擊潰倭寇對馬島。

（二）首次開放三浦：釜山浦、濟浦、鹽浦，進行貿易。

（三）與日本對馬島主簽訂《癸亥條約》，倭船限量，徵航海稅。

（四）貿易 ••••▶ 生活物資、佛道書籍、印刷活字、《大藏經》。

中宗李懌

（一）三浦倭亂：朝鮮誤殺倭人，引起三浦倭人不滿而作亂。

（二）平倭，廢除三浦。

（三）日本認錯而再開放，只有釜山浦。

（四）設倭館。

明宗李峘

（一）日本饑荒，倭寇再犯。 ••••▶ 乙卯倭亂

（二）與對馬島共擊倭寇，與日斷交，而與對馬島建交，並在三浦築城防禦。

對南方諸國關係

（一）琉球為獨立自主的國家。 ••••▶ 視朝鮮、明為大國

（二）進行朝貢。

（三）對泰國、印尼也進行貿易。

➕ 韓國史小提醒

　　朝貢為宗藩關係的維持，是古代國際外交關係的體系，可增進友好的國際關係，以東亞地區的中・韓・日・越為代表。

UNIT *4-10*
朝鮮王朝前期的文化（一）：
訓民正音與編纂事業

朝鮮前期文化中，尤以朝鮮民族文字訓民正音的創制最為著稱，有了民族文字，使得民眾可以方便表達記錄，書籍種類數量大增，學者人才輩出，學問學風也增加。

圖解韓國史

訓民正音

朝鮮前期【조선전기】，第 4 代國王世宗大王【세종대왕】李祹【이도】有鑑於朝鮮民族【조선민족】長期以漢字【한자】的音意（即吏讀【이두】）來書寫自己的語言，十分不便又難以精準。同時，學習漢字多為貴族階層，一般民眾無法接觸而成為文盲。因此，體會必須要有適合自己的一套民族文字，於是在世宗 25 年（西紀 1443 年），召集鄭麟趾【정인지】、申叔舟【신숙주】、成三問【성삼문】等優秀學者大臣，創制表音文字的訓民正音【훈민정음】（韓文【한글】字母），並且設置正音廳【정음청】，以韓文譯書，如：《釋譜詳節》【석보상절】、《龍飛御天歌》【용비어천가】等。三年後，正式頒布。推行期間曾經遭到貴族反對與輕視，但是對國文學發展有很大的助益。世宗大王李祹在《訓民正音諺解》【훈민정음언해】詔曰：「國之語音，異乎中國，與文字不相流通。故愚民有所欲言而終不得伸其情者多矣。予為此憫然，新制二十八字，欲使人人易習，便於日用耳。」

編纂事業

世宗大王李祹成功創制了《訓民正音》後，此時的書籍編纂事業十分盛行，如：一、法典：第 9 代國王成宗李娎【성종이혈】時期（1469-1494）完成並刊行《經國大典》【경국대전】，為朝鮮王朝的憲法。二、道德典籍：第 4 代國王世宗李祹時期（1418-1450）的《治平要覽》【지평요람】、《國朝五禮儀》【국조오례의】、《三綱行實圖》【삼강행실도】等。三、歷史典籍：第 3 代國王太宗李芳遠【태종이방원】時期（1400-1418）開始由春秋館【춘추관】史官記載《朝鮮王朝實錄》【조선왕조실록】。世宗李祹時期的《龍飛御天歌》。第 7 代國王世祖李瑈【세조이유】時期（1455-1468）的《國朝寶鑑》【국조보감】、《三國史節要》【삼국사절요】、《東國通鑑》【삼국통감】。第 5 代國王文宗李珦【문종이향】時期（1450-1452）完成《高麗史》【고려사】、《高麗史節要》【고려사절요】等。此外，16 世紀時，士林崇拜國祖檀君【단군】，也更加崇拜國祖箕子【기자】。族譜與族譜學也受到重視；四、地理典籍：世宗李祹時期，梁誠知【양성지】的《八道山川圖》【팔도산천도】、卞季良【변계량】的《八道地理志》【팔도지리지】、《朝鮮世宗實錄地理志》【조선세종실록지리지】。成宗李娎時期，盧思慎【노사신】的《新撰東國輿地勝覽》【신찬동국여지승람】；第 11 代國王中宗李懌【중종이역】時期（1506-1544），增補完成《新增東國輿地勝覽》【신증동국여지승람】。五、語學典籍：世宗李祹時期創制訓民正音（韓文）後，即有《訓民正音》、《古今韻會》【고금운회】、《洪武正韻》【홍무정운】、《東國正韻》【동국정운】、《訓蒙字會》【훈몽자회】、《老乞大諺解》【노걸대언해】等相關文獻的撰寫刊行。

訓民正音（韓文字母）

（一）朝鮮世宗大王李祹創制 ••• ▶ 召集鄭麟趾、申叔舟、成三問等大臣。

（二）漢字不便 ••• ▶ 貴族使用，民眾文盲。

（三）設正音廳，韓文譯 ••• ▶ 《釋譜詳節》、《龍飛御天歌》。

（四）頒布後，曾遭貴族反對，但有益於國文學發展。

▶漢字貴族使用，
民眾文盲。

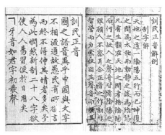

▲世宗大王《訓民正音》

第4章 朝鮮王朝時代史【西紀1392年-西紀1919年】

書籍編纂事業

盛行

（一）法典： 成宗李娎時期 ═ 《經國大典》

（二）道德典籍：

世宗李祹時期 ═ 《治平要覽》、《國朝五禮儀》、《三綱行實圖》等。

太宗李芳遠時期 ═ 《朝鮮王朝實錄》

世宗李祹時期 ═ 《龍飛御天歌》

世祖李瑈時期 ═ 《國朝寶鑑》、《三國史節要》、《東國通鑑》。

文宗李珦時期 ═ 《高麗史》、《高麗史節要》等。

（四）士林崇拜檀君與箕子。

（五）重視族譜與族譜學。

（六）地理典籍：

世宗李祹時期 ═ 梁誠知《八道山川圖》、卞季良《八道地理志》、《朝鮮世宗實錄地理志》。

成宗李娎時期 ═ 盧思慎《新撰東國輿地勝覽》

中宗李懌時期 ═ 《新增東國輿地勝覽》

（七）語學典籍：

世宗李祹時期 ═ 《訓民正音》、《古今韻會》、《洪武正韻》、《東國正韻》、《訓蒙字會》、《老乞大諺解》。

＋ 韓國史小提醒

韓文古稱訓民正音，共28個字母；而到大韓帝國時期，改良為24個字母。

UNIT 4-11
朝鮮王朝前期的文化（二）：
科技、文藝、性理學

朝鮮前期文化中，科學技術、文學藝術、性理學等都十分發達，象徵國家發展的文明與先進，成果豐盛。

科技與文藝

朝鮮前期【조선전기】為了要富國強兵與民生安定，獎勵科學技術，因此，科技發達，相關著書，如：一、軍事典籍：太祖李成桂【태조이성계】（西紀1392年-1398年）時，鄭道傳【정도전】的《陣圖》【진도】；第4代國王世宗大王【세종대왕】李祹【이도】（1418-1450）時期，有《兵將圖說》【병장도설】；第5代國王文宗李珦【문종이향】時期（1450-1452），有《東國兵鑑》【동국병감】。二、農業典籍：世宗李祹時，鄭招【정초】《農事直說》【농사직설】；第7代國王世祖李瑈【세조이유】時期（1455-1468），申叔舟【신숙주】的《農產畜牧書》【농산축목서】；第9代國王成宗李娎【성종이철】時期（1469-1494），姜希孟的【강희맹】《衿陽雜錄》【금양잡록】；第11代國王中宗李懌【중종이역】時期（1506-1544），金安國【김국안】《農書史諺解》【농서사언해】；第13代國王明宗李峘【명종이환】時期（1454-1567），有《救荒撮要》【구황촬요】。三、醫藥典籍：世宗時期，俞孝通【유효통】的《鄉藥集成方》【향약집성방】、金循義【김순의】的《醫方類聚》【의방류취】；第15代國王光海君李琿【광해군이혼】時期（1608-1623），許浚【허준】的《東醫寶鑑》【동의보감】。四、曆書：世宗李祹時期，李純之【이순지】的《七政算》【칠정산】。再者，活字印刷術、製紙術、天文學、數學、武器等都十分發達。文學方面，漢文學【한문학】以成宗李娎時期，徐居正【서거정】的《東文選》【동문선】為代表；國文學【국문학】以說話、時調文學為主。藝術方面，音樂有雅樂，以成宗李娎時期，成俔【성현】的《樂學軌範》【악학궤범】為代表；俗樂、假面劇，舞蹈也受其影響而發達。繪畫、書法、建築、雕刻、工藝等技術皆精緻而唯美。

性理學

朝鮮前期，性理學【성리학】也發達，學者分為官學派與私學派。官學派主要從事建立國家政策，編纂事業。同時，繼續研究性理學是為私學派，亦即新進的士林派，著名的有吉再【김재】、金宗直【김종직】、金宏弼【김굉필】、鄭汝昌【정여창】、趙光祖【조광조】、金安國【김안국】等。成宗李娎時期，士林派學者開始關心政治，進出中央政界，反而遭到勳舊派的嫉妒打壓而逐出或犧牲。因此，士林派決定下鄉專注研究學問，使性理學逐漸興盛。日後的研究便傾向哲學般的宇宙與人間的自然現象。其中以徐敬德【서경덕】（主理 ）、李彥迪【이언적】（主氣 ）為代表。後有曹植【조식】（重節義）、李滉【이황】（主理氣二元）、李珥【이이】（主理氣一元）等優秀人才輩出，使得性理學達到全盛期。第14代國王宣祖李昖【선조이연】時期（1567-1608），主張多樣，而有嶺南學派（慶尚南北道 / 東人）與畿湖學派（京畿道、湖西〔即今韓國忠清南北道〕/ 西人）的區分。在黨爭【당쟁】時期，也曾經發生不同學派的對立與衝突。

朝鮮前期科技發達

為富國強兵與民生安定 ●●●➤ 獎勵科學技術

一、科技：

（一）軍事典籍： 太祖李成桂時期 ━ 鄭道傳《陣圖》

世宗李祹時期 ━ 《兵將圖說》

文宗李珦時期 ━ 《東國兵鑑》

（二）農業典籍： 世宗李祹時期 ━ 鄭招《農事直說》

成宗李娎時期 ━ 姜希孟《矜陽雜錄》

世祖李瑈時期 ━ 申叔舟《農產畜牧書》

中宗李懌時期 ━ 金安國《農書史諺解》

明宗李峘時期 ━ 《救荒撮要》

（三）醫藥典籍： 世宗李祹時期 ━ 俞孝通《鄉藥集成方》、金循義《醫方類聚》。

光海君李琿時期 ━ 姜希孟《矜陽雜錄》

（四）曆書： 世宗李祹時期 ━ 李純之《七政算》

（五）其他：活字印刷術、製紙術、天文學、數學、武器。

二、文藝：

（一）文學： 漢文學 成宗李娎時期 ━ 徐居正《東文選》為代表。

國文學 說話、時調文學為主。

（二）藝術： 音樂有雅樂 成宗李娎時期 ━ 成俔《樂學軌範》為代表。

音樂有俗樂 假面劇。舞蹈、繪畫、書法、建築、雕刻、工藝等皆發達。

三、性理學：發達 分為官學派與私學派。

（一）官學派：從事建立國家政策，編纂事業。
（二）私學派：研究性理學，即新進士林派。

性理學全盛期：成宗李娎時期

黨爭對立衝突 宣祖李昖時期

嶺南學派（慶尚道／東人）◄━━━━► 畿湖學派（京畿、湖西【忠清】／西人）

✛ 韓國史小提醒

許浚（1546-1615）是朝鮮宣祖到光海君時期的著名御醫，有「韓國醫聖」之稱譽。著有《東醫寶鑑》成書於光海君2年（1610），其重要性可比美中國明王朝李時珍的《本草綱目》。

UNIT 4-12
朝鮮王朝前期士林登場、
新舊派對立與士禍

朝鮮前期新興的社會勢力形成，進入中央政界稱為新進士林派，時常與保守勳舊派處於嚴重對立局面，危及保守勳舊派的權位而造成士禍。

圖解韓國史

新進士林派的登場與舊勢力

朝鮮前期【조선전기】儒教【유교】中的哲學思想，以強而有力的性理學【성리학】為中心而大興，於是，學者之間，政治理念的差異，日益明顯，因而對立，甚至造成流血衝突。以致分裂為兩個學派，即官學派與私學派。官學派是熱衷朝廷政治的官吏學者，支持擁護當時政治變動下的國王執權，如：贊成太祖李成桂【태조이성계】登基的鄭道傳【정도전】、權近【권근】；贊成第7代國王世祖李瑈【세조이유】登基的鄭麟趾【정인지】、申叔舟【신숙주】；私學派是支持擁護舊朝國王正統執權，隱居山林，專心學術與教育，培育出許多性理學人才，如：反對太祖李成桂登基的李穡【이색】、鄭夢周【정몽주】；反對世祖李瑈登基的成三問【성삼문】、金時習【김시습】。第9代國王成宗李娎【성종이철】時期（西紀1469年-1494年），官吏學者則又分裂為兩派，即勳舊派與士林派。具有深厚性理學的私學派進入中央政界為官的新勢力，稱為新進士林派，如：金宗直【김종직】、金馹孫【김일손】；反之，依存太祖이성계、世祖李瑈而進入中央政界長期為官的舊勢力，稱為保守勳舊派，如：李克敦【이극돈】、柳子光【유자광】。

新舊派的對立與四次士禍

由於新進士林派經常指責保守勳舊派的錯誤，導致兩派嚴重對立衝突，而爆發了四次士禍，如：戊午【무오】、甲子【갑자】、己卯【기묘】、乙巳【을사】等士禍【사화】。一、戊午士禍：第10代國王燕山君李＜忄隆＞【연산군이융】時期（1494-1506），勳舊派的李克敦、柳子光以金馹孫的史草《弔義帝文》【조의제문】批評世祖李瑈篡位為由，剷除士林派。二、甲子士禍：燕山君李＜忄隆＞時期，宮中勢力任士洪【임사홍】透露士林派與勳舊派主導燕山君李＜忄隆＞生母尹妃廢黜賜死事件給燕山君李＜忄隆＞得知，使兩派大臣全被剷除。三、己卯士禍：第11代國王中宗李懌【중종이역】時期（1506-1544），在中宗反正【중종반정】期間登場的趙光祖【조광조】一派，因急進改革，被誣陷為「走肖為王」【주초위왕】而遭到犧牲。四、乙巳士禍：第13代國王明宗李峘【명종이환】時期（1454-1567），王室外戚，大尹【대윤】（尹士衡【윤사형】）與小尹【소윤】（尹任【윤임】）之間發生流血政爭，小尹遭到剷除。如此，以上士禍的影響，使勳舊派勢力擴大，掌握政權，官職世襲化；士林派則受到打擊而轉往鄉村研究性理學，建立書院，實施鄉約，構築其各地方基礎，十分發達。

✚ 韓國史小提醒

燕山君是韓國史上著名的暴君，由於得知勳舊派與新進士林派共同將其母賜死後，為報母仇，性格開始凶殘，政績也由興轉衰，而引發多次的士禍。

朝鮮前期儒教

「哲學思想」與「性理學」大興 ➡ 學者間對立衝突，分裂成兩學派。 ┅➡

(一)官學派：贊成太祖李成桂、世祖李瑈登基。
(二)私學派：反對太祖、世祖登基。

成宗李娎

官吏學者分裂兩派 ┅➡ 勳舊派與士林派

(一)勳舊派（保守）：依太祖、世祖而進入中央。
(二)士林派（新進）：具性理學私學派而進入中央。

新進士林派與保守勳舊派的嚴重衝突

四次士禍爆發　戊午、甲子、己卯、乙巳。

(一)戊午士禍：燕山君時，勳舊派以金馹孫史草《弔義帝文》批評世祖篡位而剷除士林派。
(二)甲子士禍：燕山君其生母尹妃廢黜賜死事件，剷除兩派大臣。
(三)己卯士禍：中宗反正時，急進改革的趙光祖，被誣「走肖為王」而遭犧牲。
(四)乙巳士禍：明宗時，外戚大小尹之流血政爭，小尹遭剷除。

士禍影響

一、勳舊派勢力：擴大掌權。┅➡ 官職世襲化

二、士林派：受挫後往鄉村研究性理學。

　　┅➡ 於各地方建書院，行鄉約而發達

UNIT 4-13
朝鮮王朝前期書院與
鄉約的發達及佛教的式微

朝鮮前期士林勢力快速成長，鄉校為主的官學沒落，士林便如雨後春筍地大量設立個人的書院，有助提升教育水準。另外，鄉約也因書院關係，強化地方團結自治。於是佛教逐漸式微，朝鮮王朝實現了以儒教立國的政策。

書院與鄉約的發達

朝鮮前期【조선전기】，第 10 代國王燕山君李＜忄隆＞【연산군이융】（西紀 1494 年 -1506 年）與第 11 代國王中宗李懌【중종이역】時期（1506-1544）的士禍事件，使得性理學者下鄉到各地方去專心研究性理學【성리학】的學問，並且建立書院，以中宗 38 年（1543），榮州郡郡守周世鵬【주세붕】創設紀念高麗後期【고려후기】暨韓國【한국】最早的性理學者安珦【안향】的白雲洞書院【백운동서원】（今紹修書院【소수서원】，位於今韓國慶尚北道榮州市【영주시】），為韓國最早的書院，以及明宗 6 年（1551），又擔任黃海道觀察使時，創設紀念高麗前期【고려전기】最著名的儒學者崔沖【최충】的首陽書院【수양서원】（位於今朝鮮民主主義人民共和國海州市【해주시】）等兩所最為著名。並且在著名學者李滉【이황】的努力推動之下，書院受到國家支援而數量大增，十分興盛，因此，李滉有「東方朱子」之稱譽。到了第 14 代國王宣祖李昖【선조이연】時期（1567-1608），共有一百二十四所。因此，重要的學者幾乎都在書院任教，使得以往擔任中等教育的四學與鄉校逐漸沒落。於是，性理學自然而然地就以書院為中心而發達起來，尤其在朝鮮後期【조선후기】更為隆盛。到了第 19 代國王肅宗李焞【숙종이순】時期，各道都有八十到九十多所，其中最有名是設置紀念李彥迪【이언적】的玉山書院【옥산서원】、李滉的陶山書院【도산서원】、西人首領宋時烈【송시렬】的華陽書院【화양서원】。此外，鄉約是與性理學有密切關係，乃是地方自治的規範，廣泛地普及於全國各地方鄉村，也是強化地方團結合作的準則，並且使得士林派的支配勢力更加茁壯。其主要內容綱領為：德業相勸、禮俗相交、患難相恤。中宗李懌時，趙光祖【조광조】一派被逐出而鄉約被迫中斷。宣祖李昖時，李滉與李珥【이이】的鄉約普及農村，也強化了團結意識。

佛教的式微

由於以往佛教在高麗時代長期享有土地、奴隸等大量財產，以及免稅、免服役等弊端逐漸嚴重，因此，朝鮮王朝【조선왕조】建國開始，便以儒教立國，而採取獎勵儒教，打壓佛教，建立崇儒排佛政策。但是不久歷朝國王便採取內佛外儒政策，而儒學者無法接納佛教。因此，佛教又被打壓，而轉隱山林，便逐漸式微，成為民間信仰，不再被國家重視了。日後統合成為曹溪宗【조계종】為最著名。

書院發達

書院建立 朝鮮前期，燕山君李隆與中宗李懌時期的士禍事件，使性理學者下鄉專研性理學。中宗李懌時期，周世鵬設兩書院：

白雲洞書院 韓國最早的書院。

首陽書院 在李滉推動下，書院受國家支援而興盛。

宣祖李昖時期 書院共 124 所。

•••> 性理學發達，隆盛於朝鮮後期。◄► 使四學與鄉校漸衰。

肅宗李焞時期 各道皆設 80-90 所書院。

•••> 著名：玉山、陶山、華陽書院。。

鄉約發達

(一) 與性理學有密切關係。
(二) 為地方自治規範，遍及全國各地鄉村。
(三) 強化地方團結合作的準則，使士林派勢力更強。
(四) 主要綱領：德業相勸·禮俗相交·患難相恤。
(五) 中宗時，趙光祖一派被逐而鄉約一度中斷。
(六) 宣祖時，李珥與李滉的鄉約普及農村，強化團結意識。

佛教式微

(一) 高麗時代佛教弊端嚴重：享鉅產、免稅、免服役，
(二) 朝鮮王朝建國開始，以儒教立國，採崇儒排佛政策。
(三) 國王則採取內佛外儒政策，但儒學斥佛教。
(四) 佛教遭打壓而衰微 成為民間信仰，曹溪宗統合之。

✛ 韓國史小提醒

　　李滉（1501-1570），字退溪，為文臣暨性理學者，形成氣動說、理氣互發說等主理論的思想，即理是形成宇宙的根源，理是氣動的法則。因此李滉一向深化與發展朱子性理學。再者，李珥（1536-1584），字栗谷，為文臣暨性理學者，則主氣論，主張宇宙的根源是氣，認為氣是理與任何現象產生的動力，因此氣是實踐的方法，理只是理念。李珥為鑽研儒學，曾經多次向李滉求教；而母親是申師任堂（1504-1551），為藝術家，具有學問、教養與婦德，為女性的典範，因此是賢妻良母的代名詞。

第 4 章 朝鮮王朝時代史【西紀1392年-西紀1919年】

157

UNIT 4-14
朝鮮王朝後期的黨爭

朝鮮王朝後期士林的政治黨爭嚴重，由於地域與理念相同而集結成為朋黨，但由於內部的紛歧，以致經常分裂成為其他朋黨，造成對立衝突，有如現代政黨政治。

圖解韓國史

東・西派與南・北派

　　朝鮮後期【조선후기】，在日本倭寇【왜구】之亂與胡人【호인】（女真族【여진족】）之亂的外族侵犯下，使朝鮮國家陷入危機的同時，發生兩班【양반】官僚階層爭權奪利的對立與分裂，造成黨爭【당쟁】現象。第14代國王宣祖李昖【선조이연】時期（西紀1567年-1608年）開始，著名學者李滉【이황】（退溪【퇴계】）、李珥【이이】（栗谷【율곡】）師徒，擔任中央要職，於是士林派勢力再興，但是其下門人，在宣祖8年（1575），首都漢城【한성】（今韓國首都首爾市【서울시】）的兩班分裂為東人【동인】、西人【서인】兩派。東人是嶺南地區學派（今韓國慶尚道），屬於李滉的門人，西人則是畿湖地區學派（今韓國京畿道、忠清道），屬於李珥的門人，東・西兩派因為人事權而發生政爭，東人佔優勢，西人則失勢。宣祖24年（1591），東人內訌，依照其漢城居地方位，又分裂為南人【남인】與北人【북인】兩派的政爭，南人採取穩健策【온건책】，而北人則採取嚴峻策【엄준책】。從此，黨爭加劇。北人曾在宣祖李昖與第15代國王光海君李琿【광해군이혼】時期（1608-1623）獨攬大權。

西・南派與老・少派

　　光海君李琿實施暴政時，光海君15年（1623），第16代國王仁祖李倧【인조이종】反正後，西人宋時烈【송시렬】掌權。第18代國王顯宗李棩【현조이연】時期（1659-1674），西人與南人因第17代國王孝宗李淏【효종이호】去世的服喪論戰而對立，南人掌權後，便主張北伐論【북벌론】。第19代國王肅宗李焞【숙종이순】時期（1674-1720），西人密告肅宗李焞指稱南人造反，南人便遭到整肅，稱為庚申大黜陟【경신대출척】。之後，宋時烈的西人因內訌而分裂為強硬策【강경책】的老論【노론】與穩健策的少論【소론】對立政爭。於是朝鮮後期南人、北人、老論、少論的所謂四色黨爭【사색당쟁】形成。肅宗15年（1689），南人則因張禧嬪【장희빈】之子被冊封王世子而得勢，稱為已巳換局【이사환국】。五年後，在西人老論反對，推動閔中殿【민중전】復位，張禧嬪便被賜死，稱為甲戌獄事【갑술옥사】。第20代國王景宗李昀【경종이윤】初期，在景宗1年（1721），曾經發生第21代國王英祖李昑【영조이금】冊封問題，發生辛壬士禍【신임사화】，少論掌權，逐出老論。到了英祖李昑，老論再次得勢，可是由於老論長期一黨專政，曾經發生對此不滿的李麟佐之亂【이인좌의 난】。平亂後，英祖李昑則實施蕩平策【탕평책】，中立而平均任用各派人才。到了第22代國王正祖李祘【정조이산】時期（1776-1800），更加用心維持各派和諧，使得王權強化，政治安定，文化發達。

黨爭：朝鮮在倭亂與胡亂時，發生官僚派系之爭權奪利。

| 宣祖李昖 | 學者李滉（退溪）、李珥（栗谷）師徒，任職中央。 |

‧‧‧▶ | 士林派勢力再興 | 其門人，在首都漢城兩班分裂。

‧‧‧▶ 東人（嶺南＝慶尚／李滉→優勢）、
西人（畿湖＝京畿忠清／李珥→失勢）兩派。

▲東人派代表，李滉。

| 東人內訌政爭分裂 | ‧‧‧▶ 南人（穩健策）、北人（嚴峻策）兩派。

‧‧‧▶ 北人曾在宣祖與光海君時期攬權。

| 光海君暴政 | 光海君暴政時，仁祖李倧反正後，西人宋時烈掌權。

| 顯宗李棩 | 西人、南人（掌權／北伐論）對立。

‧‧‧▶ 孝宗去世的服喪爭論。

▲西人派代表，李珥。

| 肅宗李焞 | 西人密告肅宗南人造反，南人遭整肅。‧‧‧▶ | 庚申大黜陟 |

| 西人內訌分裂政爭 | ‧‧‧▶ 老論（強硬策）、少論（穩健策）。‧‧‧▶ 朝鮮後期四色黨爭形成

═══ 南人、北人、老論、少論。

| 肅宗李焞 | 南人因冊封張禧嬪之子為王世子而得勢。‧‧‧▶ | 己巳換局 |

西人老論反對己巳換局，推動閔中殿復位，張禧嬪被賜死。

‧‧‧▶ | 甲戌獄事 |

| 景宗李昀 | 發生英祖李昑冊封問題，少論逐出老論而掌權。

‧‧‧▶ | 辛壬士禍 |

| 英祖李昑 | 不滿老論長期一黨專政。‧‧‧▶ | 李麟佐之亂 | 平亂後，實施蕩平策。

‧‧‧▶ 中立而平均任用各派人才。

| 正祖李祘 | 維持各派和諧，使王權強化，政治安定，文化發達。

✚ 韓國史小提醒

李麟佐（？-1728）是朝鮮英祖時期的逆臣。為世宗大王第四子臨瀛大君的後孫。辛壬士禍發生後，失勢的老論在英祖登上王位之際，再一次掌握政權。由於先前誣陷老論的少論遭到迫害，使少論十分不滿，於是在英祖4年（1728），李麟佐等人擁戴密豐君李坦為國王而伺機叛亂，可是只有為期四天的叛亂就告結束。次年，李麟佐被捕處死，而密豐君則遭到賜死，此李麟佐之亂也稱為戊申政變。

UNIT **4-15**
朝鮮王朝後期的勢道政治

朝鮮王朝後期，由於正祖、純祖、憲宗、哲宗都是幼年登基王位，王權因而弱化，故落入權臣外戚把持朝政，稱為「勢道政治」，為當時的政治弊端。

圖解韓國史

勢道政治的由來

勢道政治【세도정치】是朝鮮後期【조선후기】寵臣或戚臣為了取得國王的信任而掌握國政的一種信任政治。始於第 22 代國王正祖李祘【정조이산】時期（西紀 1776年 -1800 年），即過於信任洪國榮【홍국영】，使洪國榮勢力壯大，稱為洪氏勢道，但因貪瀆而被流配，只維持四年就結束。之後，正祖李祘去世，由年僅十一歲的第 23代國王純祖李玜【순조이공】即位（1800-1834）。因幼年即位，則由金祖淳【김조순】掌權，此後三十年間，金氏獨占中央要職，動不動就肅清反對派。同時，恣意搶奪民眾財物，強索賄賂物。此時，國家與社會陷入不安，勢道政治弄權十分嚴重。純祖李玜，因幼年即位，由金祖淳【김조순】掌權，此後三十年間，金氏獨占中央要職，動不動就肅清反對派。同時，恣意搶奪民眾財物，強索賄賂物。此時，國家與社會陷入不安，勢道政治弄權十分嚴重。純祖李玜【순조이공】，有鑑於勢道政治的弊端，為了重挫金氏勢道，而培養趙萬永【조만영】勢力，因此，純祖末年起，金氏與趙氏發生政爭。第 24 代國王憲宗李奐【헌종이환】時期（1834-1849），趙氏掌握勢道，但是憲宗末年，趙萬永的去世，趙氏便沒落，而金氏再次掌握勢道。並且，憲宗李奐去世後，迎立第 25 代國王哲宗李昇【철종이변】（1849-1863）後，金氏勢道更加嚴重。

勢道政治的作用

金氏勢道的操弄國政，朝鮮後期國家與社會皆陷入混亂，引起民眾叛亂。爾後，哲宗李昇無嗣，興宣大院君李昰應【흥선대원군이하응】與趙氏聯手，以興宣大院君李昰應之子，即第 26 代國王幼子高宗李熙【고종이희】登基王位（1863-1897），而實際則由高宗李熙的父親大院君李昰應掌權，驅逐金氏，勢道現象可望結束。但是以高宗的王妃閔氏【민씨】為中心的閔氏勢道又再度出現了。從上得知，勢道政治從正祖洪氏開始，經由純祖李玜的金氏、憲宗李奐的趙氏、哲宗李昇的金氏，到了大院君李昰應的閔氏，國王形同傀儡。因此，勢道政治所造成的作用可說有三種情形，如：一、影響：王室威信盡失、勢道家門專制而腐敗濫權、獨占要職而操作國事，以及殺人、賄賂、掠奪與斂稅、買賣官職等不當行為，使政治綱紀十分紊亂，農村社會也陷入動搖，就連地主、大商人也橫暴於民。於是國家收入來源的三政（田政、軍政、還穀）被地方官員壟斷而極度紊亂。二、結果：民眾自覺意識抬頭，表達不滿，民亂發生，有洪景來之亂【홍경래의난】、晉州民亂【진주민란】，並且擴及全國各地。三、防範策：丁若鏞【정약용】的《牧民心書》【목민심서】直指端正勢道政治的弊端，派遣暗行御使告發違紀地方官員，同時，設置三政釐政廳實施稅改，但是效果不彰，農村經濟呈現崩潰局面。

> **✚ 韓國史小提醒**
>
> 洪景來（1780-1812）為平安道（位於今朝鮮）農民叛亂軍的指導者，曾在朝鮮純祖時期，對抗政府專橫腐敗而帶領農民軍起事，但是最後被官軍所平定。

勢道政治

正祖洪氏 ➡ 純祖金氏 ➡ 憲宗趙氏 ➡ 哲宗金氏 ➡ 大院君閔氏

••➤ 國王 ▅▅ 傀儡

純祖李玜 因幼年即位，由金祖淳掌權亂政。

••➤ 國家與社會陷入不安。••➤ 金氏勢道

純祖 有鑑勢道政治弊端，
為重挫金氏勢道而培養趙氏勢力。

••➤ 金氏與趙氏政爭

憲宗李奐 趙氏掌權後沒落而金氏再次掌權。

••➤ 國家與社會陷入混亂，引起民亂。

閔氏勢道 哲宗無嗣，興宣大院君李是應以其幼子高宗即位。

••➤ 實由大院君掌權，但以高宗王妃閔氏為中心的閔氏勢道出現。

影響
一、王室威信盡失。
二、勢道家門專制而腐敗濫權。

••➤ 政治紊亂，農村動搖。

三、地方官員壟斷國家財源的三政
（田政、軍政、還穀）。

結果
一、民眾不滿，民亂發生。••➤ 洪景來之亂、晉州民亂、擴及全國。

二、防範策：丁若鏞《牧民心書》直指端正其弊端，派暗行御使告發違紀地方官員，並實施稅改。

••➤ 效果不彰，農村崩潰。

UNIT 4-16
朝鮮王朝後期的外來侵略：
倭亂與胡亂

朝鮮後期，原以明王朝為中心的東亞國際秩序被倭亂與胡亂給改變了，成為以清王朝為中心，而日本企圖以日本為中心的東亞國際秩序的夢想卻無法實現。

日本倭寇的倭亂

　　朝鮮後期【조선후기】發生兩大外來侵略，即日本倭寇【왜구】的倭亂【왜란】與女真族【여진족】的胡亂【호란】。在倭亂方面，朝鮮第14代國王宣祖李昖【선조이연】時期（西紀1567年-1608年），日本大將豐臣秀吉【풍신수길】統一日本後，企圖侵略中國明王朝，並要求朝鮮王朝【조선왕조】出兵協助，可是朝鮮一向與明交情深厚，嚴厲拒絕豐臣秀吉要求，於是日本便轉為進攻朝鮮，朝鮮陸軍一直敗退，但是水軍將軍李舜臣【이순신】以其發明的鐵龜船【거북선】擊潰倭軍，威震四方。地方義兵也起來協助朝鮮陸軍來抵禦倭軍，其中倭將沙也可【사야가】熱愛朝鮮文化，向化朝鮮政府，擊退倭軍有功，被賜名金忠善【김충선】。而明深恐倭軍會來侵，於是先發制敵，派兵支援朝鮮陸軍掃蕩倭軍，使倭軍節節敗退，退出韓半島【한반도】，稱為壬辰倭亂【임진왜란】。之後，韓・中・日三方進行會議，協商破裂，日本就再侵略朝鮮，爾後鮮明聯軍猛攻倭軍，因為雙方主將因李舜臣戰死與豐臣秀吉病歿，而戰事結束，稱為丁酉倭亂【정유왜란】。兩次倭亂的影響：一、日方再請求與朝鮮恢復國交，並對侵略行為謝罪道歉。二、明受戰禍而導致滅亡，朝鮮則國力衰退。三、日本則文化上受惠最深，即在侵略時，掠奪朝鮮文物、書籍、人才等資源，加以利用吸收，國力逐漸強化。

女真族的胡亂

　　胡亂方面，胡是指胡人女真族。宣祖李昖時，女真族酋長努爾哈齊【노이합제】崛起，統一女真族諸部，建立大金王朝（後金），對明造成威脅，對朝鮮則反而友好親善。第15代國王光海君李琿【광해군이혼】時期（1608-1623），注重對外和平關係，但是由於內政混亂，光海君15年（1623），第16代國王仁祖李倧【인조이종】登基王位，將光海君李琿廢位，史稱仁祖反正【인조반정】，便採親明策，金得知不悅，在皇太極【황태극】即位為清太宗，便將大金改國號為大清王朝，同時改女真族稱為滿洲族【만주족】之後，興兵攻打朝鮮，稱為丁卯胡亂【정묘호란】。後來雖然雙方議和，約定清為兄，朝鮮為弟的兄弟之盟。但是朝鮮仍然與明親善友好，而清又時常向朝鮮索求無度，以致造成朝鮮對清反感，於是皇太極再次率兵攻打朝鮮，稱為丙子胡亂【병자호란】。之後雙方議和，約定清為君，朝鮮為臣的君臣之盟，並且與明斷交。

> **✛ 韓國史小提醒**
>
> 　　金忠善（沙也可，1571-1642），號慕夏堂，為武將，在壬辰倭亂時，擔任倭軍先鋒將領，登陸韓半島的釜山後，被朝鮮文化所吸引而向朝鮮政府輸誠，並且抗倭。爾後屢次立下顯赫功勳，因此獲得賜姓與官職。居住在大邱市（位於今韓國慶尚北道南端）。

倭亂

倭亂：倭＝日本。

一、朝鮮宣祖李昖：日本豐臣秀吉為侵略明王朝，要求朝鮮出兵協助。

> ‧‧‧▶ 但鮮明情深而嚴拒其要求，使日本轉攻朝鮮。

二、李舜臣將軍以其鐵龜船擊潰倭軍。
三、倭將沙也可向化朝鮮，擊倭有功。‧‧‧▶ 被賜名金忠善

四、明支援朝鮮滅倭軍。‧‧‧▶ 壬辰倭亂

五、韓中日三方協商破裂，日再犯朝鮮，李舜臣與豐臣皆逝而終戰。‧‧‧▶ 丁酉倭亂

影響

一、日本請求與朝鮮復交，並謝罪。
二、明亡鮮衰。
三、日本吸收朝鮮文化資源，強化國力。

▲抗倭大將李舜臣。　▲日本請求與朝鮮復交。

胡亂

胡亂：胡＝女真族

一、宣祖：女真族酋長努爾哈齊建立大金，
　　對明威脅，對朝鮮友好。

二、光海君李琿：注重對外和平，使內政混亂。

三、仁祖李倧反正後即位：採親明策，皇太極
　　（清太宗）不悅而攻朝鮮。

> ‧‧‧▶ 丁卯胡亂　雙方議和兄弟之盟。

> ‧‧‧▶ 清為兄，朝鮮為弟。

▲仁祖採親明策，皇太極（清
　太宗）不悅而攻朝鮮。

兄弟➡君臣

四、朝鮮仍與明友好，不滿清常勒索，使皇太極再攻朝鮮。

> ‧‧‧▶ 丙子胡亂　雙方議和君臣之盟。

> ‧‧‧▶ 清為君，朝鮮為臣，並與明斷交。

UNIT 4-17
朝鮮王朝後期的對清王朝關係

東亞地區嶄新的國際秩序是以清王朝為中心，一心向明的朝鮮王朝則無法接受，但受限於國際情勢，朝鮮只有認同，與清交鄰。其中，韓中國界的劃定一直沿用至今。

圖解韓國史

北伐論與和平交流

朝鮮王朝【조선왕조】第 16 代國王仁祖李倧【인조이종】時期（西紀 1623 年 -1649 年），在經過兩次胡亂【호란】後，所受到的影響很大，如：一，北伐論【북벌론】：朝鮮遭受極為嚴重的損失，清軍所到之處，如：平安、黃海、京畿三道死傷慘重，遍地荒蕪。同時，清王朝比以前更索求無度，對朝鮮的朝貢要求數量增多，並且捉拿嚴懲親明的朝鮮國民。因此，使得朝鮮對明始終堅守信義，而對清則仍然十分憎惡。於是，朝鮮表面上向清朝貢，但內心裡則對清十分不滿，反清復明的意識有升高之勢。其中，第 17 代國王孝宗李淏【효종이호】時期（1674-1659），積極推動攻擊清的北伐計畫。顯宗 3 年（1662），明滅亡後，朝鮮士大夫對清更加厭惡痛恨，於是有主張北伐清王朝的計畫，但是由於曾經遭到兩次胡亂的打擊之後，只能式微的整備與抗爭，因此，第 18 代國王顯宗李棩【현종이연】（1659-1674）與第 19 代國王肅宗李焞【숙종이순】時期（1674-1720）的再次主張北伐論，最後仍然難以實踐。二、與清王朝和平交流：由於清已經統一了整個中國大陸，成為大國，朝鮮逐漸接受與認同，於是雙方交流頻繁。即肅宗李焞開始，對清的敵意逐漸減少，使臣往來，特產品交易，民間交流等活動更為盛行，特別是使臣規模更大於以往。朝鮮給予清有苧麻、紙張、毛筆、毛皮、草墊等；而清給予朝鮮則有緋緞、銀、書籍等。於是雙方商人的民間貿易活動十分盛行。

韓中國界劃定問題

再者，肅宗 38 年（1712），朝鮮王朝與清王朝的兩國國界的劃定問題產生，即朝鮮認為女真族【여진족】之地原屬高句麗【고구려】與渤海國【발해국】之領土，應為朝鮮固有版圖；而清認為清是女真族所建立的國家，女真族雖然改稱為滿洲族【만주족】，但是女真族之地仍屬於清的領土。其中的白頭山【백두산】（長白山）為朝鮮民族與女真民族共同認定的民族聖山【민족성산】，因此具有爭議。於是雙方登上白頭山設置定界碑，東側以豆滿江【두만강】（두만：即투먼，女真語：「萬」之意；即今圖們江），西側以鴨綠江【압록강】為韓中兩國邊界。對此，朝鮮政府失去了朝鮮初期曾經宣示的遼東【요동】領土，頗感遺憾。

對清王朝關係

兩次胡亂，影響朝鮮（仁祖李倧）很大。

一、北伐論

朝鮮損失嚴重，清更強要朝鮮朝貢。孝宗李淏主張攻清。顯宗李棩與肅宗李焞曾再次主張北伐論，但無果。

二、與清交流

認同清為大國，雙方交流頻繁。

三、定界碑爭議

肅宗時，鮮清國界劃定問題。

•••▶ 原屬高句麗與渤海國故土。其中，雙方登上朝鮮與女真共同的民族聖山──白頭山（長白山）設置界碑。

•••▶ 東＝豆滿江（圖們江），西＝鴨綠江為兩國邊界，朝鮮失去遼東領土。

▲鴨綠江、豆滿江、白頭山位置圖

✛ 韓國史小提醒

　　關於「北伐論」，朝鮮仁祖14年（1636），皇太極建立大清帝國，為清太宗。隔年，親征違背盟約的朝鮮，為「丙子胡亂」，朝鮮被迫向清臣服，成為清藩屬，並斷絕與明宗主關係。此後，朝鮮親明派失勢，皇太極便可安心征伐明。朝鮮仁祖21年（1643），皇太極病逝。隔年，明亡，滿洲族的清王朝入主中原後，朝鮮王朝的國策從實施已久的親明政策，突然轉為要對陌生的新政權示好，如此，難免會引起親明派的不滿。其中在孝宗李淏實施北伐清王朝計畫，而大臣暨儒學大家宋時烈則提出北伐論，同時加強國防建設，但因孝宗李淏的去世而無法實現。朝鮮顯宗15年（1674），清發生反清復明的吳三桂之亂，文臣尹鑴、許積再提出北伐論呼應之，雖然當時獲得才剛即位的肅宗李焞同意，但深恐受到清戰火波及，也只是積極從事防禦措施，爾後也未能實現。

UNIT **4-18**
朝鮮王朝後期的制度改革：政治與經濟

朝鮮後期受到倭亂與胡亂的影響，國家制度產生重大變革。政治上，首重軍事，有效強化國防；經濟上，首重賦稅，促使商業鼎盛。

圖解韓國史

政治制度改革

朝鮮後期【조선후기】政治制度的改革以強化軍政為主，即軍事制度的變革，尤以備邊司【비변사】的機能強化最重要。備邊司曾經是第11代國王中宗李懌【중종이역】（1506-1544）到第13代國王明宗李峘【명종이환】時期（1545-1567）負責外賊入侵邊境事務的軍事機構。壬辰倭亂【임진왜란】（1592-1598）時，議政府【의정부】、六曹【육조】、司憲府【사헌부】等高位官員全都兼職備邊司，如此，軍事與行政一起處理，機能擴大，使得議政府、六曹等的機能便有名無實。到了十九世紀第26代國王高宗李熙【고종이희】時期（1863-1897；1897-1907），被興宣大院君李昰應【흥선대원군이하응】廢除。軍事組織方面，朝鮮前期【조선전기】是五衛體制，壬辰倭亂時，則改編為五軍營，即訓練都監、御營廳、摠戎廳、守禦廳、禁衛營。

經濟制度改革

經濟制度改革以稅制改革為主，即有：一、田稅改革：地主必須負擔田稅，農民無須負擔，以提升農業產量。二、實施大同法【대동법】：將納稅法全部改為田稅化，以徵收米糧的方法代替徵收工商產品，使得政府必須花錢購買工商產品，促進了工商產業發達，商業都市成長。三、施行均役法【균역법】：減輕農民繳納軍布的負擔，並各別向兩班【양반】、地主課徵軍布、米，以求平準化。但是實施成效不甚理想。產業方面，農業振興，耕地面積擴大，水利設施擴張，水田農業與農業技術發達，收穫豐盛。並且刊行農書，推展農業。民間手工業發達，官匠衰退。礦產開發，以金、銀、銅、鐵為主。商業發達，官商人與私商人自由競爭而活躍，漢城【한성】（今韓國首都首爾市【서울시】）或地方皆繁榮成長，使得商人數量也大為增加，以及市場擴大，交易活躍，帶動了其他相關行業，如：販賣、運送、住宿、銀行等。如此，地方商業都市成長，水陸交通也發達。對外貿易而言，與中國清王朝及日本兩國關係最為密切。對清而言，與對明皆為相同模式，分為有官貿易與私貿易兩種，官貿易是每年兩國互派使臣進行物品交換的方式，稱為朝貢（朝鮮向清）與回賜（清向朝鮮）。而私貿易最盛行於鴨綠江【압록강】的義州【의주】（今朝鮮民主主義人民共和國義州郡）與中國東北地區的柵門【책문】（今中國東北遼寧省九連城與鳳凰城之間）。輸出商品主要有牛、鹽、農具、麻布、綿、磁碗等生活必需品；而輸入商品主要有緋緞、寶石、藥材等奢侈品。另外，對日而言，往來比前期更頻繁，多為官貿易，但私貿易則盛行於東萊【동래】（今韓國釜山市【부산시】東萊區）一帶，設有倭館【왜관】的特定區域，以便朝鮮政府的監督。輸出商品主要有人蔘、書籍；而輸入商品主要有銀。貨幣經濟，以鑄造常平通寶【상평통보】來廣泛流通，促使商品也大為暢通，但是商人、地主將大量財產換成貨幣儲藏，使貨幣增值，造成錢荒，實行效果也不佳。總體而言，朝鮮後期的經濟是持續進步與繁榮。

朝鮮後期

| 政治制度改革 | 強化軍政為主 ⋯⋙ | 備邊司為主 |

一、備邊司

中宗李懌~明宗李峘時期
⋯⋙ 負責外賊入侵邊境事務。

二、軍事組織

朝鮮前期 ⋯⋙ 五衛體制。
壬辰倭亂時 ⋯⋙ 五軍營。

| 經濟制度改革 | 稅制改革為主，經濟進步繁榮。即： |

一、田稅改革　提升農業產量。

二、實施大同法　促進工商發達，都市成長。

三、施行均役法　平準化，但不甚理想。

四、產業　振興農業，刊行農書。

五、民間手工業發達　金銀銅鐵為主。

六、商業發達　地方商業都市成長，水陸交通發達。

七、對外貿易　與清日最密切。

八、對外貿易　促商品暢通，但曾發生錢荒。

✚ 韓國史小提醒

朝鮮後期的農業、礦業（金、銀、銅）與手工業（紙、器具、紡織）都十分發達。

UNIT 4-19
朝鮮王朝後期與西洋接觸及實學

朝鮮後期思想學界呈現出新興的風氣，有性理學，以及西洋的天主教學說與中西的實學。其中，西洋的天主教極受民間歡迎而威脅到固有傳統；而中國與西洋的實學則以考察求證與實事求是為主，對產業科技與國家強盛有很大幫助。

圖解韓國史

與西洋接觸

朝鮮後期【조선후기】正式與西洋接觸是在第 22 代國王正祖李祘【정조이산】時期（西紀 1776 年 -1800 年），西方的天主教開始傳入韓半島【한반도】。李瀷【이익】等學者對天主教的學問有廣泛的理解。爾後，丁若鏞【정약용】、李承薰【이승훈】等學者便開始信仰天主教。同時，以儒教理論為基礎，來理解天主教基督思想，致力建立新的倫理體系，對民眾進行宣教，受到極大歡迎，可說是一種新宗教文化運動的理念。由於信仰人士大增，威脅到國內固有的典制禮儀與身分制度，因此，開始限制天主教的發展，並且採取打壓政策，迫害天主教，共有五次，如：正祖李祘時期的辛亥迫害【신해박해】、第 23 代國王純祖李玜【순조이공】時期（1800-1834）的辛酉迫害【신유박해】、乙亥迫害【을해박해】、丁亥迫害【정해박해】、第 24 代國王憲宗李奐【헌종이환】時期（1834-1849）的己亥迫害【기해박해】等。雖然如此，天主教的教義與勢力仍然日益擴張。反之，擁護儒家思想，反對天主教壯大的斥邪論【척사론】於是興起，即本土宗教「東學」【동학】產生。其中，朝鮮第一位神父是金大建【김대건】，在憲宗 12 年（1846）時，被朝鮮政府依接觸西方邪學的叛逆罪，遭到斬首而殉道，年僅二十五歲。

實學

實學【실학】方面，一般學者只注重性理學【성리학】的哲學空談，在政治與社會層面都以儒教為準則，因此，朝鮮後期產生了重視理論與現實的中國明王朝考證學【고증학】與王陽明學【왕양명학】，以及關心性理學以外的學問，甚至學習西方科學的思考模式等因素，開始出現了新學風，即實事求是，追求現實、實際、改革、創新、進步等精神的學問，稱為實學。實學先驅者有韓百謙【한백겸】、李睟光【이수광】等奠立基礎。加以發揚光大則有柳馨遠【유형원】、洪萬善【홍만선】等。隆盛時期則有李瀷、丁若鏞、安鼎福【안정복】、韓致奫【한치연】、李肯翊【이긍익】、柳得恭【유득공】、李重煥【이중환】、金正浩【김정호】。再者，實學之中，又分為西學派【서학파】與北學派【북학파】。西學派是受到西方宗教與科技等新學問影響的學者，如：李睟光、李瀷、丁若鏞等；北學派是受到中國清王朝產業技術等新學問影響的學者，又稱為利用厚生派【이용후생파】，主張農工商業改革與富國強兵，如：朴趾源【박지원】、朴齊家【박제가】、洪大容【홍대용】等，都是曾經被官方派到中國的使臣。

西學傳入

朝鮮後期正祖李祘時期正式與西洋接觸。•••▶ 西方天主教傳入

李瀷、丁若鏞、李承薰等學者信仰天主教 ➕ 儒教理論為基礎。

➡️ 理解天主教基督思想 •••▶ 建立新的倫理體系

🟰 新宗教文化運動的理念

迫害天主教 威脅固有典制禮儀與身分制度，限制其發展。

一、正祖李祘 辛亥迫害。

二、純祖李玜 辛酉迫害、乙亥迫害、丁亥迫害。

三、憲宗李奐 己亥迫害。

影響 天主教教義與勢力日益擴張。

金大建 朝鮮第一位神父，憲宗時，被斬首殉道。

▲殉道神父金大建。

東學

本土宗教，擁護儒家思想，反對天主教，興起斥邪論。

實學

實事求是。分為西學派與北學派：

一、西學派 屬西方宗教與科技。•••▶ 李睟光、李瀷、丁若鏞

二、北學派（利用厚生派） 屬清產業技術。•••▶ 朴趾源、朴齊家、洪大容

✚ 韓國史小提醒

　　金大建（1821-1846），聖名安德魯，籍貫在忠清南道，為韓國史上第一位天主教神父，也是第一位殉道的神父。由於當時朝鮮政府以性理學為國教，而非常反對天主教的信仰與傳播，使其家族多名親人因為信奉天主教而受到迫害，以致殉教犧牲，因此家門破碎，於是轉往首爾與京畿道龍仁等地避難。此後，接受天主教洗禮，前往澳門神學院學習天主教神學六年。回國後，天主教仍遭受官方嚴厲打壓。後來被視為政治犯而遭到逮捕，被處死前，金大建還是無悔地忠於天主教，而其神父生涯也只有一年而已。

UNIT 4-20
朝鮮王朝後期的學術（一）：編纂、文學與史地學

朝鮮後期編纂事業因為政爭與戰爭一度停滯，到了英祖時代才逐漸興起，書籍種類豐碩，為後期的黃金時代。而個人著作也非常優秀多樣，有益於學風鼎盛。

圖解韓國史

編纂事業

朝鮮初期【조선초기】編纂事業隆盛，可是從第10代國王燕山君李＜↑隆＞【연산군이융】（西紀1494年-1506年）以後到第18代國王顯宗李棩【현종이연】（1659-1674）為止，經過士禍【사화】、黨爭【당쟁】、倭亂【왜란】、胡亂【호란】等事件，幾乎停擺。到了第19代國王肅宗李焞【숙종이순】（1674-1720）、第20代國王景宗李昀【경종이윤】（1720-1724）與第21代國王英祖李昑【영조이금】時期（1724-1776）則一直很重用人才。其中，英祖李昑施行蕩平策【탕평책】，國家才轉為安定，編纂事業也恢復而興盛。如此，實學派【실학파】學者多進入朝廷而活躍政界，其中以北學派【북학파】為代表。著名的編纂項目有：一、法典：《法典通編》【법전통편】〔正祖〕；《法典會通》【법전회통】〔高宗〕。二、史地學：《新國朝寶鑑》【신국조보감】、《承政院日記》【승정원일기】〔哲宗〕；《東國文獻備考》【동국문헌비고】〔英祖〕；《日省錄》【일성록】〔正祖〕；《增補文獻備考》【증보문헌비고】〔高宗〕。三、語學：《訓民正音諺解》【훈민정음언해】〔英祖〕。四、醫學：許浚【허준】的《東醫寶鑑》【동의보감】〔光海君〕。五、天文學：《國朝歷象考》【국조력상고】〔英祖、正祖、高宗〕。總之，朝鮮後期【조선후기】主要是英祖李昑、第22代國王正祖李祘【정조이산】時期（1776-1800）學術發達，媲美第4代國王世宗大王【세종대왕】李祹【이도】時期（1418-1450）的前期的黃金時代，而稱為後期的黃金時代。其中，正祖李祘的性理學【성리학】與漢文學【한문학】涵養深厚，並且為了振興儒學，其所著述的詩文，爾後集結為《洪齋全書》【홍재전서】，為韓國【한국】歷代唯一的帝王文集。

文學與史地學

文學與史地學多為個人著作，著名的有：一、漢文學：朴趾源【박지원】的《熱河日記》【열하일기】（以散文詳記中國北京風貌）〔正祖〕。二、國文學：許筠【허균】的《洪吉童傳》【홍길동전】〔光海君〕；金萬重【김만중】的《九雲夢》【구운몽】〔肅宗〕、金長壽【김장수】的《海東歌謠》【해동가요】〔英祖〕；朴趾源的《許生傳》【허생전】〔正祖〕；《春香傳》【춘향전】、《沈清傳》【심청전】、《興夫傳》【흥부전】〔時代未詳〕。三、史地學：韓百謙【한백겸】的《東國地理志》【동국지리지】（運用考證學）〔光海君〕；安鼎福【안정복】的《東史綱目》【동사강목】（古朝鮮至麗末）〔英祖〕；韓致奫【한치연】的《海東繹史》【해동역사】（古朝鮮至麗末）〔英祖〕；李肯翊【이긍익】的《燃藜室記述》【연려실기술】（朝鮮王朝史）〔英祖〕；柳得恭【유득공】的《渤海考》【발해고】（渤海史研究）〔英祖〕；李重煥【이중환】的《擇里志》【택리지】（地圖詳載）〔肅宗〕；金正浩【김정호】的《大東輿地圖》【대동여지도】（地圖精準）〔哲宗〕。

朝鮮後期肅宗與英祖時，編纂事業興盛。

實學派中以北學派為代表，名著有：

一、法典　《法典通編》〔正祖〕、《法典會通》〔高宗〕。

二、史地學　《新國朝寶鑑》、《承政院日記》〔哲宗〕；《東國文獻備考》〔英祖〕；
　　　　　　《日省錄》〔正祖〕；《增補文獻備考》〔高宗〕。

三、語學　《訓民正音諺解》〔英祖〕。

四、醫學　許浚《東醫寶鑑》〔光海君〕。

五、天文學　《國朝歷象考》〔英祖、正祖、高宗〕。

朝鮮後期學術發達（後期黃金時代）　英祖、正祖時期 ＝ 媲美世宗大王時期的前期黃金時代。

《洪齋全書》　正祖的性理學與漢文學詩文著述，為韓國唯一帝王文集。

個人名著有：

一、漢文學　朴趾源《熱河日記》（以散文詳記北京風貌）〔正祖〕。

二、國文學　許筠《洪吉童傳》〔光海君〕；金萬重《九雲夢》〔肅宗〕；
　　　　　　金長壽《海東歌謠》〔英祖〕；朴趾源《許生傳》〔正祖〕；
　　　　　　《春香傳》、《沈清傳》、《興夫傳》〔未詳〕。

三、史地學　韓百謙《東國地理志》（運用考證學）〔光海君〕；
　　　　　　安鼎福《東史綱目》（古朝鮮至麗末）〔英祖〕；
　　　　　　韓致奫《海東繹史》（古朝鮮至麗末）〔英祖〕；
　　　　　　李肯翊《燃藜室記述》（朝鮮王朝史）〔英祖〕；
　　　　　　柳得恭《渤海考》（渤海史研究）〔英祖〕；
　　　　　　李重煥《擇里志》（地圖詳載）〔肅宗〕；
　　　　　　金正浩《大東輿地圖》（地圖精準）〔哲宗〕。

＋ 韓國史小提醒

　　朝鮮前期學風一向重視中國學術，但歷經倭胡兩亂後，便悟出務實的實學的重要，於是開始鑽研朝鮮本國的學術，實際考察，以重視與發揚朝鮮本國的民族文化。

UNIT *4-21*
朝鮮王朝後期的學術（二）：
改革論與藝術、科技

朝鮮後期學術由停滯到隆盛，在這新學風之下興起了制度改革論。再者，藝術、科技都很進步發達，其中接受西洋文明，創造出朝鮮自己的學術特色。

改革論與藝術

朝鮮後期【조선후기】學術界興起各種制度的改革論，如：柳馨遠【유형원】的《磻溪隨錄》【반계수록】（各種制度批判、改革）〔英祖〕；洪萬善【홍만선】的《山林經濟》【산림경제】（重農知識）〔肅宗〕；李瀷【이익】的《星湖僿說》【성호새설】（重農的制度改革）〔肅宗〕；丁若鏞【정약용】的《經世遺表》【경세유표】（中央制度改革）；《牧民心書》【목민심서】（地方行政改革）；《欽欽新書》【흠흠신서】（刑政改革）〔純祖〕；《（增補）東國文獻備考》【（증보）동국문헌비고】（韓國學百科全書）〔（正祖、純宗）英祖〕；李睟光【이수광】的《芝峰類說》【지봉류설】（百科全書、西學知識）〔光海君〕；李圭景【이규경】的《五洲衍文長箋散稿》【오주연문장전산고】（百科全書）〔純祖〕。此外，藝術方面：一、音樂：雅樂【아악】（宮廷）、時調【시조】（兩班）、俗歌【속가】（庶民）、人形劇【인형극】（賤民）。二、書畫：山水畫與風俗畫為主，十八世紀，西洋的實學畫風形成而又衰退。十九世紀以後，復古的文人畫風流行，以金正喜【김정희】的「歲寒圖」【세한도】為著。書法以金正喜獨創的秋史體【추사체】（金石學字體）為著。三、建築：城廓以平壤【평양】（今朝鮮民主主義人民共和國首都）、漢城【한성】（今韓國首都首爾市【서울시】）、京畿道水原【수원】（居今韓國）為著；宮闕以昌德宮【창덕궁】與景福宮【경복궁】（皆居今韓國首都首爾市）為著。佛寺以韓國仁川市江華島【인천시강화도】的傳燈寺【전등사】、忠清北道俗離山【속리산】的法住寺【법주사】為著。四、工藝：白磁業衰微；漆器，如：桌、櫃、盒等，裝飾精緻，十分興盛。

科學技術

科學技術方面，主要是以富國強兵與民生向上為目標，因此十分發達，有：一、天文：受西洋影響而發達，以《國朝曆象考》【국조력상고】為著。二、地理：地形測量技術進步，地圖製作精準，以李重煥【이중환】的《擇里志》【택리지】、金正浩【김정호】的《大東輿地圖》【대동여지도】為著。三、醫藥：以漢醫學為主，以許浚【허준】的《東醫寶鑑》【동의보감】、李濟馬【이세마】的「四象醫說」【사상의설】、許任【허임】的「針灸」【침구】、丁若鏞與朴齊家【박제가】的「種痘法」【종두법】為著。四、農業：以西洋技術與種子開發改良農產，以及栽培新農作物，如：人蔘、蕃薯、馬鈴薯。五、礦業：以開採金、銀、銅為主。六、武器：比較不發達，但是利用西洋的槍砲與火藥的改良，加以製造，使得技術逐漸精良。七、印刷術：比較不發達，因此引進西洋技術。一般材質是以銅、鐵、木為主的活字印刷事業。

朝鮮後期改革論

一、柳馨遠《磻溪隨錄》（制度批判、改革）〔英祖〕。
二、洪萬善《山林經濟》（重農知識）〔肅宗〕。
三、李瀷《星湖僿說》（重農制度改革）〔肅宗〕。
四、丁若鏞《經世遺表》（中央制度改革）、《牧民心書》（地方行政改革）、《欽欽新書》（刑政改革）〔純祖〕。
五、《（增補）東國文獻備考》（韓國學百科全書）〔（正祖、純宗）英祖〕、李睟光《芝峰類說》（百科全書、西學知識）〔光海君〕、李圭景《五洲衍文長箋散稿》（百科全書）〔純祖〕。

藝術發達

一、音樂	雅樂（宮廷）、時調（兩班）、俗歌（庶民）、人形劇（賤民）。
二、書畫	復古山水畫與風俗畫為主。
三、建築	城廓、宮闕、佛寺為著。
四、工藝	漆器興盛。

▲人形劇。

科學受西洋影響而發達，主以富國強兵與民生向上。

一、天文	代表：《國朝曆象考》。
二、地理	測量進步，代表：李重煥《擇里志》、金正浩《大東輿地圖》。
三、醫藥	漢醫學為主，代表：許浚《東醫寶鑑》、李濟馬「四象醫說」、許任「針灸」、丁若鏞與朴齊家「種痘法」。
四、農業	開發改良，栽培新作，代表：人蔘、蕃薯、馬鈴薯。
五、礦業	代表：金銀銅。
六、武器	代表：改良槍砲與火藥，技術精良。
七、印刷術	代表：銅、鐵、木的活字印刷。

✚ 韓國史小提醒

金正浩（1804-1866）為地理學家。睿宗1年（西紀1834年），費時十多年，以實測方式完成《青邱圖》的朝鮮半島地圖集，對本國地理知識與國防，很有助益。後來又費時三十年親自步行全國各處，實地調查與測量，在哲宗12年（1861），完成更完善而精確的《大東輿地圖》，對國防、政經、文化、自然等方面，具有重要價值的史料。

UNIT 4-22
朝鮮王朝後期的道教與東學

朝鮮後期道教信仰開始流行，因而產生東學，且為了因應西洋天主教（西學）在韓半島的快速發展，東學便成為新興的民族宗教，以便抗衡西學，但曾遭政府打壓。

圖解韓國史

道教

朝鮮前期【조선전기】被士林視為異端而遭排斥的道教【도교】與圖讖信仰，在第14代國王宣祖李昖【선조이연】時期（西紀1567年-1608年）與第15代國王光海君李琿【광해군이혼】時期（1608-1623），引起一部分在野知識分子的關心。道教系譜的成因是道教信徒奉以古朝鮮【고조선】的天帝桓因【환인】、天王桓雄【환웅】與始祖檀君王儉【단군왕검】為道教始祖，再奉金時習【김시습】為中祖。因此，韓無畏【한무위】將道脈傳承著有《海東傳道錄》【해동전도록】，趙汝籍【조여적】將道教信徒行蹟收錄而著有《清鶴集》【청학집】。道教信徒們信奉圖讖信仰或民間傳說，預言明清兩王朝交替，朝鮮王朝的式微，同時對性理學【성리학】的強力批判。道教的影響有：一、秘記、讖書的流行，預言思想廣泛流行民間。二、文學藝術的發達，與道教相關的野談、稗說、小說、民畫等出現。三、東學【동학】的成立，道教主氣思想在當時哲學思潮中，促進經驗論的發展契機，東學便在這種平民思潮的立場中再構築。

東學

東學發生在朝鮮後期【조선후기】勢道政治期間，即第22代國王正祖李祘【정조이산】（1776-1800）時的豐山洪氏、第23代國王純祖李玜【순조이공】（1800-1834）時的安東金氏、第24代國王憲宗李奐【헌종이환】（1834-1849）時的豐壤趙氏、第25代國王哲宗李昪【철종이변】（1849-1863）時的安東金氏與豐壤趙氏、第26代國王高宗李熙【고종이희】（1863-1897）時的大院君李昰應【대원군이하응】與驪興閔氏（1894-1895）等五代，民亂四起，往往失敗而終。由於儒教【유교】與佛教【불교】逐漸在社會中沒落，失去領導地位與民心，加上西方天主教【천주교】勢力向東方滲透，令民眾一時難以接受西方洋教，因此，本土新興宗教「東學」便適時產生。創始人暨第1代教主為崔濟愚【최제우】，在哲宗11年（1860）時成立，因為不滿當時國家腐敗、社會混亂，同時更反對「西學」【서학】，即西方的天主教思想，而對稱自創之「東學」，以傳統的民俗信仰為基礎，再融合東方儒·佛·道三教的優點，為一種適合民眾信仰的民族宗教，主張人乃天的天人合一思想為基礎，倡導平等主義與人道主義，否定朝鮮社會的階級身分，要求改革腐敗的政權與紊亂的社會，建立輔國安民，排斥西方侵入等訴求，因此，深獲一般民眾的熱烈迴響，而十分迅速發展成全國性的宗教團體，勢力日益擴大，但是朝鮮政府時常打壓東學。哲宗14年（1863）時，崔濟愚則被以惑世誣民的罪名，遭到政府逮捕而被判處死刑。爾後，第2代教主崔時亨【최시형】則繼續擴大領導東學農民運動。

道教

一、遭排斥：朝鮮前期。

二、受關心：朝鮮後期（宣祖李昖與光海君李琿）。

三、道教系譜成因：以古朝鮮天神桓因、桓雄與始祖檀君王儉為道教始祖，再奉金時習為中祖。

四、著作：韓無畏《海東傳道錄》【道脈傳承】、趙汝籍《清鶴集》【圖讖信仰或民間傳說】。

五、影響：1. 流行預言。2. 文學藝術發達。3. 東學成立，排斥西教。

東學：本土新興宗教 ✚ 民族宗教。

一、創始人暨第1代教主：崔濟愚。

二、成立：不滿哲宗李昪時期國家社會敗壞，並反「西學」（天主教）。

三、基礎：傳統民俗信仰 ✚ 東方儒佛道三教。

四、主張：人乃天「天人合一」，平等、人道主義。

▲東學創始人崔濟愚。

傳統民俗信仰 ＋ ＋ ＋ ＝ 東學

遭打壓　哲宗時，崔濟愚被以惑世誣民之罪，遭判死刑。後由2代教主崔時亨領導。

✚ **韓國史小提醒**

崔濟愚（1824-1864，決心救濟愚民之意），本名崔福述。哲宗6年(1855)，曾在金剛山（居今朝鮮民主主義人民共和國江原道）的榆岾寺得到關於桓因、桓雄、桓檀三位一體的神格信仰的《乙卯天書》，而歷經六年的致力修道後，在哲宗12年（1861），領悟天地道理，整理後予以體系化，開始向民眾傳教，稱為東學。信眾雖多，但經常遭政府鎮壓而避難，其間，建立思想與理論，批判西學，但最後被定罪為邪道亂正，遭到斬首示眾。

UNIT **4-23**
朝鮮王朝後期的鎖國、改革與首次開港

朝鮮後期高宗年幼，其父興宣大院君攝政，有鑑於外勢力侵略，須採鎖國政策；國內局勢紊亂，必須革新。爾後高宗與閔妃執政，則採行對外開放政策。

圖解韓國史

大院君的鎖國、改革

由於西方國家發達，進出東方國家的目的為尋找海外殖民地、商品販賣與原料開採地、傳教。朝鮮【조선】政府在第 23 代國王純祖李玜【순조이공】期間（西紀 1800 年 -1834 年）曾經打壓天主教，對西方國家採取鎖國政策【쇄국정책】，拒絕西方國家獻來的物資，以及國交與通商的要求。第 26 代國王高宗李熙【고종이희】年幼，由其父興宣大院君【흥선대원군】李昰應【이하응】掌權後，認為國內情勢混亂，應予端正，於是決心大力革新。其內容有：一、逐出安東金氏勢道，錄用人才不分派系、貴賤；二、撤廢黨爭溫床，即書院；三、改革官制，政（議政府【의정부】）軍（三軍府【삼군부】）分離，備邊司【비변사】縮編降級。四、編纂法典，如：《大典會通》【대전회통】、《六典條例》【육전조례】。五、兩班【양반】與民眾都須繳稅。六、重修景福宮【경복궁】，以恢復國王威權，提升國家威信。七、由於列強（英·法·俄·德）持續要求開放通商，大院君認為如同外勢力侵略，必須採取強硬的鎖國政策，如：嚴禁洋貨交易；高宗 3 年（1866），打壓法國天主教（丙寅迫害【병인박해】），使法軍究責侵入江華島（丙寅洋擾【병인양요】）；高宗 8 年（1871），美船失火，美軍究責侵入江華島（辛未洋擾【신미양요】）；由於大院君為了彰顯曾經擊潰兩次洋擾的榮耀而在各地建立斥和碑【척화비】，更強化鎖國（閉關自守）的決心。

高宗李熙與閔妃的首次開港

由於大院君李昰應拒絕與西方及日本等國家往來，但是失勢後，高宗李熙與閔妃【민비】（明成皇后【명성화후】閔茲暎【민자영】）一派取得政權（1866-1895），於是應日本要求，準備進行門戶開放。高宗 12 年（1875），日本雲揚號軍艦卻要強行進入江華島【강화도】（隸屬韓國仁川市【인천시】）攻擊侵略，稱為雲揚號事件【운양호사건】。此後，雙方締結《江華島條約》【강화도조약】而建立邦交，展開交流。朝鮮國王的特使，即修信使，曾經到達富強進步又西化的日本之後，有感於必須加速開放，於是組織了開化派【개화파】。同時，日本公使也曾來到朝鮮，要求開放仁川、元山【원산】（居今朝鮮民主主義人民共和國江原道）兩港，以擴大兩國之間的貿易往來，此為朝鮮近代時期第一次的對外開放，一般史稱對外開放的此期為開港時期【개항시기】。

> ➕ **韓國史小提醒**
>
> 閔茲暎（1851-1895）為朝鮮高宗李熙的王妃，史稱為閔妃，也是第27國王純宗李坧的母親，逝後諡號明成皇后。高宗年幼即位，由其生父興宣大院君李昰應攝政，採取鎖國政策，而閔妃與高宗則採開化政策，雙方不合，曾發生黨爭。

興宣大院君：代年幼高宗李熙掌權。

革新項目

一、逐出金氏勢道，用人平等。

二、撤廢黨爭溫床。═ 書院

三、改革官制。

四、編纂法典。

五、繳稅。•••▶ 兩班、民眾。

六、重修景福宮。•••▶ 恢復王權，提升國威。

七、強化鎖國政策，建立斥和碑。

•••▶ 打壓法國天主教（丙寅迫害）；法軍侵入江華島（丙寅洋擾）；
美軍侵入江華島（辛未洋擾）。

開港

一、大院君失勢後，高宗李熙與閔妃（明成皇后閔茲
暎）掌權，對日開放。

二、雲揚號事件：日本雲揚號軍艦入侵仁川江華島後，
雙方締結《江華島條約》而建立邦交。

三、開化派：主張加速開放給西化的日本特使。

•••▶ 朝鮮近代初次對外開放。

•••▶ 此期又稱為開港時期

▲雲揚號事件。

UNIT 4-24
朝鮮王朝後期的開化運動與衛正斥邪

朝鮮後期有鑑於西方富強進步，因而急於與之並駕其驅，遂施行對外全面開放，稱為開化運動，是為開化派。反之，反對開化運動的保守派則因而展開衛正斥邪運動，即捍衛正統性理學，排斥西洋文物制度。雙方因此對立。

圖解韓國史

開化運動的實施

　　由於西方國家的富強進步，可以促進朝鮮王朝【조선왕조】的發展，理應是朝鮮政府急欲接觸的對象，因此，拋棄鎖國政策【쇄국정책】，改行門戶開放政策【개방정책】，乃是當務之急。而第26代國王高宗李熙【고종이희】與閔妃【민비】一派自從在高宗13年（西紀1876年），與日本締結《江華島條約》之後，雙方正式建交，對外門戶開放與外國文化的輸入，可說是朝鮮近代化的開端。同時，國王的特使，即修信使，曾經到日本考察，如：金綺秀【김기수】、金弘集【김홍집】等開化派【개화파】成員對於實施日本式的近代化表示贊同，並且考量國際情勢，認為有其必要性，因而不顧國內反對派的意見，鮮日兩國時常互派使節，以達成富國強兵的目的。對此，一向與朝鮮親近的中國清王朝則加以勸阻，深恐日本因而會入侵中國東北，甚至中國內地，因此認為朝鮮不能僅與日本建交，而是應該要對所有外國門戶開放，才能接受到西方新的文物與制度。因此，在清的仲介下，朝鮮抱持「師夷長，以制夷」的立場，在高宗19年（1882），與美國、英國、德國、義大利、法國、奧地利、俄國、比利時‧丹麥等西方國家締約，建立國交。

衛正斥邪的形成

　　與西方國家建交後，撤廢了興宣大院君【흥선대원군】李昰應【이하응】曾經建立的斥和碑【척화비】。於是西方各國的教育者、宣教士都前來朝鮮設校與傳教。同時，修信使暨開化派成員朴泳孝【박영효】有感國旗的必要性，因此設計製作，稱為太極旗【태극기】。高宗20年（1883），朝鮮政府便開始正式使用國旗。爾後，朝鮮國內外開始要求開放，於是展開了開化運動【개화운동】。開化派首先主張制度改革，以仿照清政府體制為主。同時，外國文物輸入皆以日本為主，以致朝鮮成為日本的消費市場，損失頗大，造成反日情緒，鮮日兩國關係反而開始惡化，結果反對開化運動的聲浪急增，可謂保守派【보수파】的形成，其主要成員多為儒生，也有武人，他們嚴厲批判指責政府當局的不正與腐敗，以及貿然施行門戶開放。因此，保守派可稱為衛正斥邪派【위정척사파】。於是，保守派與開化派便展開對立。

朝鮮後期開化運動

一、門戶開放政策：學習西方富國強兵。

二、高宗李熙偕閔妃一派與日本締結江華島條約並建交。 **•••>** 近代化開端。

三、國王特使（修信使）到日本考察。

四、清建議應對所有外國開放與建交。 **•••>** 與美英德義法奧俄比丹。

五、撤廢斥和碑，西方可設校與傳教。

六、朝鮮正式使用朴泳孝所製國旗。 **═** 太極旗，開化運動展開。

七、制度改革以清為主；外國文物輸入以日本為主。

•••> 造成反日情緒。

▲撤廢斥和碑，西方可設校與傳教。

▲國王特使（修信使）到日本考察。

衛正斥邪
反開化運動（保守派、衛正斥邪派），批判政府不當施行開放，與開化派對立。

▲太極旗的誕生。

✚ 韓國史小提醒

　　衛正斥邪運動始於反對開化政策與外國勢力的侵略。主要是信奉性理學的保守派儒生所主導，也可稱為守舊派，主張守護正學的儒教理念而排斥異端邪學的西洋文物制度，也包括天主教、西學。其理念與運動是依據外勢的入侵狀況而展開階段性的一種反對外勢力為基礎。高宗3年（1866）的丙寅洋擾、高宗8年（1871）的辛未洋擾與高宗12年（1875）的日本雲揚號事件等造成朝鮮國家存亡的危機。再者，高宗13年（1876）時，朝鮮與日本締結《江華島條約》後，崔益鉉便提出「倭洋一體論」，上疏反對開放。斥邪也擴及日本，也稱為反對開放運動。高宗18年（1881），金弘集由日本返國，施行開放政策，致力朝鮮的改革與近代化，但是過於親日，引起全民不滿，於是開化派與保守派對立。

UNIT **4-25**
朝鮮王朝後期的軍亂、政變與東學運動再起

朝鮮後期的門戶開放，引起同為開化派的親清派（親俄派）與親日派的衝突，軍亂、政變不斷。再者，也影響韓民族農業經濟的自主性，而促使東學運動再度出現。

軍亂與政變

朝鮮後期【조선후기】閔妃【민비】一派的閔氏勢道，實施新式軍制，即日本式的軍制，使舊式軍隊受到差別待遇，憤而襲擊宮中，閔妃則逃走。第 26 代國王高宗李熙【고종이희】為了收拾善後，罷免閔妃一派，再次委任興宣大院君【흥선대원군】李昰應【이하응】重掌政權。採取鎖國政策的保守派一度取得優勢。後來失勢的閔妃一派求助清王朝軟禁大院君李昰應於中國境內，並且驅逐所有保守派勢力，使閔妃一派再次掌權，開化運動【개화운동】再次展開，稱為壬午軍亂【임오군란】。爾後，清日兩國則藉故分別與朝鮮訂立約《天津條約》【천진조약】與《漢城條約》【한성조약】，以便干涉朝鮮內政。爾後，朝鮮出現皆屬開化派【개화파】的兩大勢力的對立局面，即「事大、保守」的親清派（守舊黨【수구당】）與「獨立、開化」的親日派（開化黨【개화당】）。在清的強力干涉下，高宗李熙與閔妃一派便實行親清策，結果引發開化黨的不滿而結附日本，直搗王宮，重掌政權，稱為甲申政變【갑신정변】。之後，朝鮮唯恐清日兩國對立而遭受波及，因此改採親俄策，以求保護。但是清日兩國皆表示反對，尤其清將大院君李昰應釋放回國，對親俄派造成威脅，並且論及高宗李熙的廢位問題。清日兩國與朝鮮貿易往來之際，變相對朝鮮進行內政干涉與經濟侵略，使朝鮮政治、經濟、社會日益紊亂，民生塗炭。

東學運動再起

由於清日兩國對朝鮮國內進行嚴重的侵害與掠奪，其中以農民的權益受害最深，農村的社會與經濟幾乎崩潰。因此，農民為了維護韓民族【한민족】的經濟自主權益，反對外來勢力入侵農村社會。於是民眾抗爭的東學運動【동학운동】再次興起，即東學第 2 代教主崔時亨【최시형】擴大規模，準備革命運動。闡明消滅貪腐、革新政治、驅逐外勢為其三大訴求，並且也為第 1 代教主崔濟愚【최제우】教祖伸冤。但是由於朝鮮政府違約在先，於是革命擴大，以全琫準【전봉준】為先鋒，於高宗 31 年（西紀 1894 年），東學教徒與農民大規模結合，在全羅北道（居今韓國）起義，朝鮮政府則向清請求軍援，如此，引起日本出兵侵入韓半島【한반도】，造成同年的清日甲午戰爭，清戰敗。朝鮮政府則不得已與日軍聯合鎮壓東學運動。結果，東學義兵抗日救國失敗。總之，東學運動的意義是主張革新政治、制度、社會，同時排斥日本與西方勢力。因此，東學運動可說是一種農民運動，也是全民族運動，是為了拯救國族危機的一種義行，也稱為東學農民運動【동학농민운동】。關於東學運動的影響，即日後在朝鮮政府施政與抗日活動方面，皆達到了一定的正面效果。

＋ 韓國史小提醒

全琫準（1853-1895）為東學的宗教指導者，也是東學農民運動的革命領導者。

大院君李昰應重掌政權

閔氏勢道（閔妃）實施新（日式）式軍制，遭擊逃走，高宗再請其父重掌政權，結果發生：

| 一、壬午軍亂 | 失勢的閔妃一派求清軟禁大院君，而再掌權，開化運動再開。 |

| 二、甲申政變 | 高宗與閔妃一派實行親清策（事大、保守），引發開化黨（附日）不滿而奪權。 |

 改採親俄策

東學運動

農民、民族、救國運動。 東學農民運動

一、清釋放大院君，造成國亂民苦，東學二代教主崔時亨再起革命，全琫準響應。

二、朝鮮求清軍支援。➡ 日軍入侵 ＝ 清日甲午戰爭 ⋯➤ 清敗

三、日軍與助鮮鎮壓東學。⋯➤ 東學失敗

意義 主張革新，排日、西勢力。

▲全琫準響應東學運動。

▲日軍與助鮮鎮壓東學，東學失敗。

▲中日甲午戰爭，清失敗。

UNIT *4-26*
朝鮮王朝後期的清日戰爭
與近代化的改革

圖解韓國史

朝鮮後期東學運動，造成清日甲午戰爭，使韓中關係被迫斷絕，改採全面仿日的親日路線。為此，引發反日聲浪，義兵運動於是產生，展現民族的自主意識，為朝鮮近代化的動力基礎。

清日戰爭與甲午更張

朝鮮王朝【조선왕조】政府在全羅北道（居今韓國）發生東學運動【동학운동】時，曾經求助於清王朝的援軍，日本得知後，主張依《天津條約》，出兵干涉，清與日本的衝突一觸即發。高宗31年（西紀1894年），兩國交戰，清屢屢戰敗，遼東【요동】（中國東北地區）多被日本侵占，稱為清日戰爭（中日甲午戰爭）。戰爭結束後，雙方簽訂《下關（馬關）條約》，主要內容為：終止清與朝鮮的關係；朝鮮、遼東、臺灣、澎湖等地區割讓給日本統治。而朝鮮也受到日本威脅，實施政治改革，即驅逐閔妃【민비】一派，恢復興宣大院君【흥선대원군】李昰應【이하응】的掌權，並且以金弘集【김홍집】為總理，成立親日的內閣政治體制，稱為甲午更張【갑오경장】或甲午改革【갑오개혁】，即在中央官制、財政、經濟、社會制度等方面，都必須依照日本模式，如：《洪範十四條》與《自主獨立宣言》，目的在使朝鮮向日本發誓，永久斷絕與清的密切關係，也使日本更能順理成章地滲透朝鮮的政治、經濟、文化等各層面。因此，使得朝鮮民眾更加憎惡日式的改革，而反日人士也不少。

義兵運動：東學農民運動

由於日本利用清日戰爭干涉朝鮮內政，謀取許多利益，以及占領遼東、臺灣、澎湖等地區，等於順利地侵略了大陸。同時也造成對遼東極感興趣的俄國不滿，因而聯合德法兩國，欲以武力抑制日本行徑，於是有三國干涉還遼事件（俄·德·法），迫使日本將遼東歸還清王朝，日俄兩國關係從此開始惡化。因此，朝鮮第26代國王高宗李熙【고종이희】與閔妃趁機採取排日親俄政策，親日派於是沒落。高宗32年（1895），日本得知便侵入景福宮【경복궁】，殺害閔妃，逐出親俄派，親日派再次掌權，稱為乙未事變【을미사변】。為此，次年，親日派激進地施行乙未改革【을미개혁】，年號建陽，使民眾排日情緒高漲。結果，義兵運動【의병운동】，即東學農民運動【동학농민운동】的興起，這可說是最早的抗日義兵，也是衛正斥邪運動【위정척사운동】的延伸。其間，接納近代先進的文物，以通信（郵政、電信）、交通（鐵路、電車）、醫療（醫院）、建築（獨立門【독립문】、德壽宮【덕수궁】、明洞聖堂【명동성당】）等設施為主。

清日戰爭（甲午戰爭）

朝鮮在全北發生東學運動，求助清軍，日出兵干涉，使清日交戰，清敗，簽訂《下關（馬關）條約》。

甲午更張

朝鮮受日威脅，實施政治改革，驅逐閔派，大院君復權親日，行日制度，與清斷交。

義兵運動

一、乙未事變：三國干涉日還遼事件，日俄關係惡化，高宗李熙與閔妃趁機採排日親俄，日便殺害閔妃，親日派再掌權，施行乙未改革。

　　┅┅▶ 民眾排日情緒高漲

二、衛正斥邪的延伸：
　　抗日義兵。
三、接納近代先進文物。

✚ 韓國史小提醒

　　獨立門位於韓國首爾市，建立於大韓帝國高宗33年（1890），高14.28公尺，寬11.48公尺，曾經是迎接中國使臣的慕華館的正門，即迎恩門，後來認為是恥辱象徵而將此門拆除。經由高宗李熙同意，在原址建立此獨立門。這是由組織獨立協會的徐載弼等開化派等人士發起，建立的目的是為了紀念自主民權與民族自強運動。經費來源是向民眾募款來興建的。徐載弼依照西洋建築方式設計，即以法國巴黎凱旋門為範例，其材質是使用花崗岩，同時是利用韓國古代傳統建築技術來構築的。整體使用了1850塊（45×30公分）磚塊，中間的拱形門，稱為虹霓門，門上刻有韓文與漢字「獨立門」三字，左右兩邊各懸掛一幅太極旗的雕刻懸板石。

韓國朝鮮王朝歷代國王表列

西紀 1392 年至 1910 年，27 代王，國祚 518 年

01. 太祖（1392-1398）：李成桂
02. 定宗（1398-1400）：李芳果
03. 太宗（1400-1418）：李芳遠
04. 世宗（1418-1450）：李祹
05. 文宗（1450-1452）：李珦
06. 端宗（1452-1455）：李弘暐（魯山君）
07. 世祖（1455-1468）：李瑈
08. 睿宗（1468-1469）：李晄
09. 成宗（1469-1494）：李娎
10. 燕山君（1494-1506）：李＜忄隆＞
11. 中宗（1506-1544）：李懌
12. 仁宗（1544-1545）：李峼
13. 明宗（1545-1567）：李峘
14. 宣祖（1567-1608）：李昖
15. 光海君（1608-1623）：李琿
16. 仁祖（1623-1649）：李倧
17. 孝宗（1649-1659）：李淏
18. 顯宗（1659-1674）：李棩
19. 肅宗（1674-1720）：李焞
20. 景宗（1720-1724）：李昀
21. 英祖（1724-1776）：李昑
22. 正祖（1766-1800）：李祘
23. 純祖（1800-1834）：李玜
24. 憲宗（1834-1849）：李奐
25. 哲宗（1849-1863）：李昇
26. 高宗（1863-1897）：李熙【建陽】
　　◎高宗：大韓帝國皇帝（1897-1907）：李熙【光武】
　　◎興宣大院君（1863-1895）攝政：李昰應
27. 純宗：大韓帝國皇帝（1907-1910）：李坧【隆熙】

第 5 章
大韓帝國與大韓民國近現代史
【西紀1897年-現今】

大韓帝國【西紀 1897 年 - 西紀 1910 年】‧大韓民國近代史【西紀 1911 年 - 西紀 1948 年】‧大韓民國現代史【西紀 1948 年 - 現今】

1945 年 8 月 15 日，韓國光復節。

UNIT 5-1
大韓帝國的成立與獨立協會的由來

韓國在朝鮮王朝以前的歷史上似乎沒有「皇帝」一詞，僅稱「國王」。但在大韓帝國的出現，則有「皇帝」一詞，象徵國家自主獨立；而獨立協會為韓國近代民族運動的大本營。

圖解韓國史

大韓帝國的成立

　　大韓帝國【대한제국】成立的原因是朝鮮王朝【조선왕조】高宗 32 年（西紀 1895 年），發生乙未事變【을미사변】後，國家政權落入日本操縱，由親日派的金弘集【김홍집】擔任總理，繼續負責內閣，以激進式來推動改革的開化政策【개화정책】，其措施有採用陽曆、改編軍制、設置郵政、使用年號建陽、實施預防疾病的種痘法、斷髮令等日式項目。如此，引發民眾極度憤慨，反日聲浪不斷，抗日義兵活動在全國各地響應，於是國內情勢混亂。親俄派則與俄國協商後，在高宗建陽 1 年（1896），讓第 26 代國王（第 1 代大韓帝國皇帝）高宗李熙【고종이희】秘密地走出王宮，前往俄國公使館避難，接受俄國水兵保護，稱為俄館播遷【아관파천】。此後，高宗李熙發出對金弘集等親日派的捕殺令，親俄政權形成。爾後，俄・美・日・英・法・德等列強，各自侵奪韓半島【한반도】的權利。高宗建陽 2 年（1897），高宗李熙一行離開俄國使館，返回慶雲宮【경운궁】（居今韓國首都首爾市【서울시】德壽宮【덕수궁】），並宣布改國號為大韓帝國，年號改為光武【광무】，國王改為皇帝，王世子改為皇太子，追封閔妃【민비】為明成皇后【명성황후】，又在宮門前設置圜丘壇【환구단】來祭拜天地，同時實行政治、軍事、教育、外交、經濟、社會等改革，稱為光武改革【광무개혁】。

獨立協會的由來

　　獨立協會【독립협회】的由來是在俄館播遷以後就成立，由徐載弼【서재필】等曾經學習西洋文化的人士所組成。發行《獨立新聞》【독립신문】，建立獨立門【독립문】、獨立館【독립관】，鼓吹愛國思想、獨立思想、開化思想。並且主張效法歐美近代改革思想為主的自主獨立、自強革新、自由民權等的理念而進行活動，形成了自主性的國民意識，貢獻頗大。高宗建陽 3 年（1898），由於獨立協會有鑑於大韓帝國政府將國家利益割讓給外國，便在漢城【한성】（今韓國首都首爾市）鐘路【종로】舉行萬民共同會，加以譴責，並要求改革，但是大韓帝國政府的執政者則動員皇國協會【황국협회】來抵制和打壓獨立協會，並下令獨立協會解散，同時採取保守策略，以強化皇帝專制權。可是此舉仍無法排除列強的入侵干涉，也難以克服政權內部的派系之爭。

> **✚ 韓國史小提醒**
> 　　韓國史的時代區分法：可提前或延後，彈性活用。如：朝鮮前期可提前從高麗末期恭愍王開始（1351），到朝鮮明宗21年（1567）為止或延到宣祖41年（1608）。朝鮮後期可提前從明宗21年（1566），到大韓帝國皇帝純宗隆熙4年（1910）。韓國近代史從獨立運動開始（1911），到韓國臨時政府結束與大韓民國成立（1948）。韓國現代史從大韓民國成立開始（1948），到現今。

大韓帝國成立原因

朝鮮高宗李熙時，發生乙未事變後，國政由日操縱，激進推動開化政策的改革。

俄館播遷

民眾不滿由日本操縱國政，全國響應反日抗日義兵活動，親俄派與俄協商讓高宗避難俄國公使館，接受保護。

光武改革

高宗捕殺親日派，形成親俄政權，國號改為大韓帝國，年號改為光武，追封閔妃為明成皇后，也實行各項改革。

獨立協會

徐載弼為首，發行《獨立新聞》，建立獨立門、獨立館，鼓吹愛國、獨立、開化等思想，形成自主性的國民意識。

獨立協會 ◀▶ 皇國協會

獨立協會譴責政府賣國，在漢城鐘路舉行萬民共同會，但政府則動員皇國協會來抵制與打壓獨協，並下令獨立協會解散。

UNIT 5-2
大韓帝國的崩潰與義兵救國抗爭

俄日戰爭後，俄敗日勝，使大韓帝國面臨崩潰，日本得以入侵韓半島進行不法統治，於是，韓國民眾則組織義兵，展開挽救民族危機與反抗日本侵略的愛國救國運動。

圖解韓國史

大韓帝國的崩潰

　　大韓帝國【대한제국】皇帝高宗李熙【고종이희】下令解散獨立協會【독립협회】後，即著手制定《憲法》，想要建立嶄新的近代化國家，但是外國勢力的干涉內政與經濟侵奪非常嚴重，還來不及恢復國力之際，其中，俄國的侵略野心最甚，即中國清王朝發生八國聯軍時，趁機占領韓半島【한반도】與中國滿洲（東北地區），造成國際恐慌。尤其，俄日兩國在韓滿兩地的競爭非常激烈，於是爆發了俄日戰爭（日俄戰爭），結果俄國戰敗，日本則取得韓滿兩地。1905年，韓日兩國簽訂《乙巳條約》【을사조약】後，1907年，高宗李熙被迫退位，大韓帝國便面臨崩潰，轉為日本帝國主義的傀儡政府，由日本統監部管轄，扶植朝鮮第27代國王（第2代大韓帝國皇帝）皇帝純宗李坧【순종이척】即位，年號隆熙【융희】。

義兵救國抗爭

　　日本統治韓半島的事實曝光後，便積極進行鎮壓與暴虐的統治行徑，韓國民眾認為此舉是亡國現象，於是對日本嚴厲批判與譴責，同時組織義兵，展開民族抗日的救國運動，如：要求廢約、自決殉國、言論譴責、起義暗殺、全國募款、外交支援等。而韓國軍隊也參與抗日義兵，使得統監部假藉純宗李坧的軍制改革以減少浪費的命令來防止政變，並且要求解散韓國軍隊，此舉令韓國軍隊不滿而加以抵抗，犧牲不少，之後正式與抗日義兵團結，共同抗日。總之，全國的義兵救國抗爭活動起因於高宗李熙被迫退位與韓國軍隊解散令，以及與先前的明成皇后【명성황후】閔妃【민비】被殺、斷髮令、《乙巳條約》等事件皆有關，逐漸發展成為全面性的戰爭，日本則大肆鎮壓虐殺，實施焦土化作戰，結果義兵都戰敗，因而轉往中國滿洲一帶繼續抗日。其中以1909年，愛國志士安重根【안중근】在滿洲哈爾濱射殺侵韓元凶的日本大臣伊藤博文的義舉最著。因此，義兵與義士的救國抗日，展現韓民族自主獨立的意志，但是，1910年，韓日兩國簽訂《合邦條約》【합방조약】，大韓帝國被併吞。總計27代國王，長達519年國祚的朝鮮王朝【조선왕조】於是正式滅亡了。

大韓帝國崩潰

俄日戰爭,俄敗,日取韓滿兩地,韓日簽訂《乙巳條約》,高宗李熙被迫退位,親俄政權轉為日帝傀儡,由日方扶植純宗皇帝李坧即位,年號隆熙。

抗日義兵團

日治韓曝光後,嚴厲批日,組織義兵,展開民族抗日的救國運動,並與政府軍聯合。

安重根	愛國志士,在中國東北哈爾濱射殺侵韓元凶
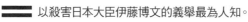
以殺害日本大臣伊藤博文的義舉最為人知。

朝鮮王朝滅亡

韓日簽訂《合邦條約》(1910),大韓帝國被併吞,朝鮮王朝結束。

╋ 韓國史小提醒

韓國民族英雄安重根義士(1879-1910)舉事前,曾經在1909年曾撰寫一首漢詩,即「一日不讀書,口中生荊棘。」可見安重根義士非常重視閱讀書籍,因此漢字寫作十分優秀。再者,1910年,也曾經撰寫一首《丈夫歌》的漢詩,說明日本侵奪大韓帝國,將使大韓帝國國家滅亡,而強烈指摘日本大臣伊藤博文的罪行。內容如下:「丈夫處世兮,其志大矣。時造英雄兮,英雄造時。雄視天下兮,何日成業。東風漸寒兮,壯士義烈。憤慨一去兮,必成目的。鼠竊伊藤兮,豈肯比命。豈度至此兮,事勢固然。同胞同胞兮,速成大業。萬歲萬歲兮,大韓獨立。萬歲萬歲兮,大韓同胞。」以上可知,安重根義士中文造詣很高。為了紀念安重根義士的義舉,韓國跆拳道招式中有一個稱為「重根」型,共有32式,以紀念其在世32年;韓國首都首爾市南山公園內有設置安重根義士紀念館;而中國東北哈爾濱市也有設置安重根義士紀念館。

191

UNIT 5-3
韓國固有疆域：間島問題與獨島問題

自古以來，間島與獨島就是屬於大韓民國的固有國土。間島是指古代高句麗、渤海國的活動範圍，但在大韓帝國時期從擁有主權而因故喪失；而獨島則從古代新羅起，一直是為光復後的大韓民國所領有管轄的主權。

圖解韓國史

間島問題

　　間島【간도】是位於中國滿洲地區（東北地區）之中，鄰接豆滿江【두만강】（即今圖們江）北岸，位於今之中國東北吉林省延邊朝鮮族【연변조선족】聚居地區，包括延吉、汪清、和龍、琿春四縣市。應該是屬於韓國【한국】古代高句麗【고구려】、渤海國【발해국】的固有領土。高麗王朝【고려왕조】建國始祖王建【왕건】的北進政策與高麗國王禑王王禑【우왕왕우】的攻遼政策都曾經主張為其固有疆域。朝鮮肅宗38年（西紀1712年），朝鮮王朝【조선왕조】曾經與中國清王朝定界，認定是朝鮮王朝的領土，編入朝鮮王朝咸鏡道管轄。19世紀中葉，朝鮮王朝國內情勢混亂，許多朝鮮民眾紛紛移民到間島開墾生活，定居下來。大韓帝國【대한제국】高宗光武7年（1903），大韓帝國曾經主張擁有間島的領有權，同時派遣李範允【이범윤】擔任間島管理使。當時，清王朝因為受到八國聯軍事件的影響，滿洲地區便被俄國占領，間島便成為俄日戰爭的導火線。高宗光武9年（1905），俄日戰爭結束後，戰敗的俄國放棄了對大韓帝國的干涉，韓日兩國簽訂了《乙巳條約》【을사조약】，日本統監部依此約的內容，也認同間島是大韓帝國的領土，而曾經派遣警察維持治安。但是日本與清王朝私相收授，以條件交換作為代價，即間島歸為清王朝的領土，滿洲鐵路權歸為日本所管。從此，韓民族【한민족】喪失了自古在中國滿洲地區活動的舞臺了。

獨島問題

　　再者，獨島【독도】地區是位於韓國東部東海之中，屬於慶尚北道管轄。韓國古代三國時期就是新羅【신라】的固有領土，時稱于山國【우산국】，爾後歷朝以來，一直是為韓民族的固有領土。日本漁民曾經時常入侵，朝鮮第19代國王肅宗李焞【숙종이순】時期（1674-1720），曾經驅逐非法入侵的日本漁民，也與日本交涉，確認了獨島一向就是朝鮮王朝的領土。但是高宗光武9年（1905），日本統監部殖民統治韓半島時，卻強奪獨島，並編制為日本領土，稱為竹島。1945年，日本在第二次世界大戰戰敗投降後，韓國得以光復，獨島再次回歸母國韓國。但是爾後時常有發生韓日兩國之間的獨島主權紛爭，但獨島確實屬於韓國無誤。

間島

一、位於中國滿洲（東北地區），鄰豆滿江
　　（圖們江）北岸。

二、今：中國吉林延邊朝鮮族居地。

三、古：韓國高句麗、渤海國、高麗王朝、朝
　　鮮王朝的故土。

四、大韓帝國曾謂擁有間島領有權，後被俄
　　占領，為俄日戰爭導火線。

五、韓日簽訂《乙巳條約》，日將間島歸為
　　清領土。

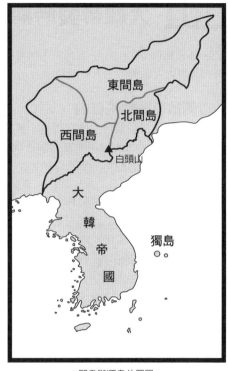

▲間島與獨島位置圖

獨島

一、位於韓國東部東海，轄屬慶尚北道。

二、自韓國古代新羅故土，名為于山國。

三、日治韓時，強奪獨島，納為領土，稱為竹島。

四、二戰日敗降，韓國光復，獨島回歸韓國。

✛ 韓國史小提醒

　　閔泳煥（1861-1905）為朝鮮王朝末期與大韓帝國的大臣暨戚臣（明成皇后閔妃的姪子），為反日派。韓日兩國締結《乙巳條約》後，曾經上疏表示十分反對，但被日帝憲兵強力鎮壓而失敗，於是發表一篇《訣告我大韓帝國二千萬同胞》的遺書後，自裁身亡。遺書內容如下：「嗚呼，國恥民辱乃至於此，我人民將且殄滅於生存競爭之中矣。夫要生者必死，期死者得生，諸公豈不諒只。泳煥徒以一死仰報皇恩，以謝我二千萬同胞兄弟。泳煥死而不死，期助諸君於九泉之下，幸我同胞兄弟，億千萬倍加奮勵，堅乃志氣，勉其學問，決心戮力，復我自由獨立，即死子當喜笑於冥冥之中矣。嗚呼，勿少失望。」爾後，曾被追封為議政大臣；1962年，追敘大韓民國建國勳章。

UNIT 5-4
大韓帝國時期的愛國啟蒙運動

愛國啟蒙運動是開化自強派為了恢復國權，對抗日帝的一種韓民族實力養成運動的總稱。參加者有義兵，也有知識份子。

圖解韓國史

愛國啟蒙運動的目的

　　大韓帝國【대한제국】成立以後，產生了愛國啟蒙運動【애국계몽운동】，也稱為救國啟蒙運動，此運動期間為大韓帝國第1代皇帝高宗光武42年至第2代皇帝純宗隆熙4年（西紀1905年-西紀1910年）目的是要喚起韓民族【한민족】的思想、知識、文化、政治、經濟等多方面的意識。讓民眾由積弱不振轉為具有強大實力的優秀人才，也是讓國家將面臨國權被掠奪而成為殖民地的危機，轉為自主獨立，以增強民族能量，所以，愛國啟蒙運動的時代可稱為「巨大覺醒的時代」或「大奮發圖強的時代」。達成恢復自主獨立的國權，以及振興民族意識與民族精神。

愛國啟蒙運動的近代文化成長

　　愛國啟蒙運動時期的近代文化成長有：一、社會團體：有愛國性質的，如：獨立協會【독립협회】、保安會【보안회】、新民會【신민회】、大韓協會【대한협회】；也有賣國性質的，如：親日的日新會【일신회】。二、新聞言論機關的活躍：如：《漢城旬報》【한성순보】；《獨立新聞》【독립신문】。三、教育的近代化：如：小學、中學、高校的公私立學校的設置；留學生也大增。四、各地學術團體林立，如：畿湖【기호】、嶺南【영남】等學會。五、新文藝：此時受到西洋文化影響，產生新興風格的作品，其中，最大變化是廣泛地活用韓文【한글】。如：宗教經典、小說、新詩、翻譯文學（兒童寓言）、音樂（愛國歌）、歌劇、美術等。六、國學：包括國語學與國史學兩類。國語學研究方面，有國語研究所，由周時經【주시경】等整理國語系統，並著《國語文法》【국어문법】；俞吉濬【유길준】的《大韓文典》【대한문전】；池錫永【지석영】的《新訂國文》【신정국문】；國史學則有申采浩【신채호】的《朝鮮上古史》【조선상고사】、張志淵【장지연】的《大韓疆域考》【대한강역고】與《大韓新地誌》【대한신지지】、朴殷植【박은식】的《韓國痛史》【한국통사】、崔南善【최남선】的《檀君論》【단군론】等。七、宗教的變動：如：國內宗教，佛教與儒教的衰微；東學【동학】改稱天道教【천도교】（教主孫秉熙【손병희】）；大倧教【대종교】（檀君【단군】信仰，教主羅喆【나철】）；國外宗教的傳入，則有天主教，以漢城【한성】（今韓國首都首爾市【서울시】）明洞聖堂【명동성당】為著；耶穌教（另稱新教），則以宣教、教育、醫療為主。八、科技的輸入：如：通訊機關的設立：郵政、電信、電話；交通設施的擴展：鐵路、電車皆以漢城為中心，聯結各地；九、西洋醫術的傳入：美國傳教士兼醫師在漢城首次設立西式醫院，名為廣惠院（今延世大學醫學院），爾後在中央與地方設置醫院，同時負責醫學教育；引進預防技術的種痘法；十、文化設施：設置劇場、植物園、動物園等，以及宮闕開放；還有西式建築的建立，如：漢城明洞聖堂、獨立門【독립문】等。

愛國啟蒙運動

愛國啟蒙運動目的 | 大韓帝國成立後，產生愛國（救國）啟蒙運動。 ➡ 達成

‧‧‧➤ 恢復國權自主獨立，提倡民族意識、民族精神。

愛國啟蒙運動時期 ═ 「巨大覺醒的時代」、「大奮發圖強的時代」。

愛國啟蒙運動時，近代文化成長。

一、社會團體： 愛國 ⬅➡ 賣國

二、新聞言論機關活躍。‧‧‧➤ 報紙

三、教育近代化。‧‧‧➤ 設立小、中、高學校

四、學術團體林立。‧‧‧➤ 各地

五、新文藝興起。‧‧‧➤ 活用韓文

六、國學的發達。‧‧‧➤ 國語學、國史學

七、宗教的變動。‧‧‧➤ 多樣化

八、科技的輸入。‧‧‧➤ 通訊、交通

九、西洋醫術傳入。‧‧‧➤ 醫院、醫技

十、文化設施的建立。‧‧‧➤ 開放

▲設立小、中、高學校。

▲宗教多樣化。

▼醫學與科技的輸入。

✛ 韓國史小提醒

　　愛國啟蒙運動時期著名的學校，如：公立為漢城的師範學校及私立為培材、梨花等學堂、普成小學‧中學‧專校、淑明女校；平壤的大成學校、開城的漢英學院。

UNIT 5-5
韓國三一獨立運動的背景：
日帝的武斷統治

圖解韓國史

韓日簽訂《日韓合邦條約》，使韓國成為日本殖民地後，在政治、經濟、社會與文化等方面，實行實施憲警制度的暴政的「武斷統治」。於是，屠殺反日愛國人士，鎮壓自由與人權，壓制民族產業的發展，進行經濟掠奪，民生極度惡化。其中，在教育政策措施上，打壓韓國民族教育，完全日本化。

武斷統治的施行（西紀 1910 年 -1919 年）

日本帝國主義最初對韓國殖民統治，施以武斷統治。即 1910 年八月，日本強制合併大韓帝國【대한제국】，以「朝鮮」【조선】舊名為其殖民稱呼，解散大韓帝國政府，將原統監府改設為朝鮮總督府【조선총독부】，引用日本式官制，政權完全由日本人統管，並且將大韓帝國第 1 代皇帝（朝鮮第 26 代國王）高宗李熙【고종이희】改稱為「德壽宮李太王」【덕수궁이태왕】，也將大韓帝國第 2 代皇帝（朝鮮第 27 代國王）純宗李坧【순종이척】改稱為「德壽宮李王」【덕수궁이왕】。因此，韓半島【한반도】正式成為日本殖民地。同時，為了鎮壓韓國民眾反抗的民族運動，以憲兵警察制度管理，完全禁止韓國民眾的任何活動。並且，以武力威脅，剝奪自由，任意逮捕拘禁、誣陷迫害、拷問殺害，執行獨裁政治。再者，日帝大肆掠奪土地，造成韓國農民極大損失；以及侵占產業轉為專賣制，如：林、漁、礦、蔘、煙、鹽、交通、航空、通信、港灣等；同時實施賤買貴賣的經濟貿易；還有以「社會令」來掌控產業經濟權、金融機構等項目，企圖壓抑韓國民族企業的發展，造成韓國經濟萎縮，民生極度困難，以上種種的侵略與殘暴行徑稱為「武斷統治」。

武統的教育政策

日帝對韓國【한국】殖民統治的教育政策，也如同日帝的政治、經濟措施一樣殘暴，主要是以愚民化教育方式，來迫使韓國民眾成為日帝統治下的皇國臣民，抹煞韓國民眾的民族性與自主獨立精神的傳統性，並且企圖將優越的韓民族【한민족】製造成為日帝下的次等國民。其教育本質就是主張要使全體韓國民眾都以身為光榮的日本皇國臣民為榮譽，強迫學習日語，禁用韓國語，將韓國姓氏改姓為日本姓氏。再者，處心積慮地破壞韓國悠久的歷史與文化，宣告以日本文化取代之。其教育內容與目標，就是要強制植入殖民史觀，使得日帝侵略合理化。甚至，實施象徵軍國主義的學生制服制帽，以及教科書內容的奴役性，打壓韓民族教育。同時為了產業殖民化，側重產業技術教育。因此，韓民族的優越性蕩然無存。

日帝的武斷統治

一、最初手段。

二、強制合併大韓帝國（1980），殖民稱呼改為 ●●●▶ 朝鮮

三、設朝鮮總督府。●●●▶ 殖民政府，政權全由日統管。

四、鎮壓民眾反日，以憲警管理，完全禁止任何活動。 ●●●▶ 以武力獨裁政治

五、掠奪土地、產業、金融。●●●▶ 壓抑韓國企業發展，造成韓國經濟萎縮。

六、施行殖民教育政策。●●●▶ 愚民化教育，強調殖民史觀，實施軍國主義教育。

▲鎮壓民眾反日，以憲警管理，
完全禁止任何活動。

▼愚民化教育，強調殖民史觀，
實施軍國主義教育。

✛ 韓國史小提醒

　　朝鮮總督府是1910年日韓合併後，日本帝國主義為了殖民統治朝鮮王朝（大韓帝國）的行政機關。位於京城（即漢城，今首爾）的景福宮內。前身為大韓帝國高宗光武8年（1905）的韓國統監府。朝鮮總督府大樓是採用中央大圓頂的塔樓，由德國籍建築師所設計，後因病故，則由日本建築師承接，於1926年完成。建築物設計是以新巴洛克風格，即文藝復興式風格為主。建材是使用花崗石為主，外觀也注重官廳威權的強化，呈現莊嚴樸素的風貌。樓高五層，面積總計3萬1千8百平方公尺。高度為22.7公尺，中央圓頂塔高54.5公尺。而建築物的平面圖為「日」字型的結構，曾經號稱為「東洋第一大廳舍」，可見其工程頗為浩大。

UNIT **5-6**
韓國三一獨立運動的始末：
日帝的武斷統治失敗

圖解韓國史

日帝在韓國施行武斷統治的暴政時，國內外愛國志士陸續展開許多抗日救國的獨立運動，稱為韓國三一獨立運動。因此，日帝武斷統治徹底失敗，而改採懷柔方式的「文化統治」。

韓國三一獨立運動的展開

韓國【한국】民眾對於日本帝國主義在韓國境內倒行逆施的武斷統治暴政，深感厭惡，於是國內外愛國志士不約而同地陸續展開抗日救國的獨立運動，共同犧牲奮鬥，如：國內有新民會【신민회】（安昌浩【안창호】、李昇薰【이승훈】、朴殷植【박은식】、申采浩【신채호】）；國外則有新民會的海外基地，如：西北間島【서북간도】（李始榮【이시영】）、俄羅斯沿海州大韓光復軍政府【대한광복군】（李相卨【이상설】、李東輝【이동휘】）、中國上海（李會榮【이회영】）、美洲（朴容萬【박용만】、李承晚【이승만】）等組織。其間，日帝在韓國教育中，施以日本同化課程，造成韓國學生十分不滿，也決心抗日。而留日韓國學生與抗日組織在中國東北地區（滿洲）的間島等地都設立許多韓國人學校。於是，韓國抗日愛國志士日益遽增，適值第一次世界大戰結束後，1919年，美國曾經在巴黎和會提出《民族自決》時，韓國代表金奎植【김규식】便向國際間呼籲支持韓國獨立。留日韓國學生也展開發表《韓國獨立宣言》【한국독립선언】，宗教界也為之響應，於是大規模的民族抗日示威活動的三一獨立運動【삼일독립운동】正式展開。

韓國三一獨立運動的結果

三一獨立運動正式展開後，大韓帝國第1代皇帝（朝鮮第26代國王）高宗李熙【고종이희】遭日本人毒殺的消息傳開，使得韓國民眾對日帝十分憎惡，加上先前美方所提出《民族自決》，以及韓國留日學生發表的《韓國獨立宣言》等事件，促使韓國民眾的抗日獨立運動更為強烈。因此，三月一日，孫秉熙【손병희】（天道教）、李昇薰（基督教）、韓應龍【한응룡】（佛教）等各宗教代表在漢城市【한성시】（今韓國首都首爾市【서울시】）塔骨公園【탑골공원】（即塔洞公園【탑동공원】、三一獨立公園【삼일독립공원】）朗讀《大韓獨立宣言》，宣布獨立，高喊獨立萬歲口號，大規模展開和平示威活動，使得獨立運動都擴展到全國與海內外，如：日本東京、中國上海與滿洲、美國夏威夷、俄國西伯利亞與海參崴等，稱為三一獨立運動，因此，這項運動可說是全體韓民族【한민족】的抗日運動。雖然後來遭到日帝武力鎮壓，到處燒殺擄掠，犧牲無數，但是由於韓國抗日愛國志士的強力抗爭，使得日帝的「武斷統治」徹底失敗，轉而改採新的懷柔措施，即「文化統治」來殖民統治韓半島【한반도】。

日帝的武斷統治敗因

一、韓國民眾厭惡日帝倒行逆施的暴政。

二、展開抗日救國獨立運動。

三、美在巴黎和會提出《民族自決》(1919)，
　　使韓國三一獨立運動展開。

> 大規模的民族抗日示威活動

四、大韓帝國皇帝高宗遭日毒殺，使韓國民
　　眾抗日更加強烈。

五、3月1日在漢城塔骨公園（三一獨立公園）
　　發表《大韓獨立宣言》，宣布獨立，海內外
　　舉行大規模和平示威活動，稱為三一獨立
　　運動。

> 全體韓民族的抗日運動

雖遭日武力鎮壓虐殺，但使「武斷統治」失敗。
　　⋯⋯➤ 改採「文化統治」。

✚ 韓國史小提醒

　　高麗時代的興福寺曾在朝鮮世祖10年（1464）時重建，並改名為圓覺寺。規模雄壯，為漢城城內最大寺廟，其中內有銅製大鐘、釋迦牟尼佛的舍利子，以及新譯的圓覺經，因此當時是施行崇佛政策。但在成宗時，便施行抑佛政策。燕山君時，更加嚴厲排佛，即拆除圓覺寺，改建為掌樂院（掌管妓生與樂師機構），後改為聯芳院（妓生宿舍）。中宗9年（1514），再次拆除，只留十層石塔與石碑。高宗34年（1897）時，則改為西洋式公園，對外開放。三一運動時期，再改名為塔骨公園。內有的石塔、石碑、三一運動紀念塔、八角亭與壁畫，以及獨立運動家孫秉熙先生銅像與韓龍雲先生紀念碑等國寶。

UNIT 5-7
韓國三一獨立運動的影響：日帝的文化統治

圖解韓國史

日帝有鑑於韓國民族掀起的三一獨立運動與國際輿論的巨大壓力下，被迫廢除「武斷統治」，改行懷柔的「文化統治」，即以文官總督來治理韓國。而這種方式也只是一種慢性地鎮壓韓民族，消滅韓民族的陰謀，其暴政武統本質仍然不變。其中在經濟上，韓國已成為日帝予取予求的來源。

文化統治的施行（西紀 1919 年 -1937 年）

1919 年，日本帝國主義有鑑於韓國【한국】發生韓民族【한민족】大團結的三一獨立運動【삼일독립운동】，以及國際輿論的壓力，被迫廢除「武斷統治」，改採一種懷柔性質的「文化統治」方式。即以文官總督治理韓國，以普通警察制度來治理的文化教育，取代武裝憲警的刀槍威脅，目的欲使全體韓國民眾都能同化於日本，服從日本，學習日本的語言、歷史、風俗等各種日本課程。而韓國民眾並不接受這種具有滅族企圖的懷柔政策的文化教育，認為這不過是一種為了要柔性鎮壓韓民族的抗日情緒，以及強化對韓國民眾的徹底監視而已，更是如同先壓迫後消滅韓民族的陰謀，所以日本帝國主義的橫暴更加嚴厲，並未有效改善。

文治的殖民經濟政策

日帝在文化統治時期，特別側重強化韓國殖民經濟政策。表面上是以虛偽的仁治來粉飾其實質上的加強鎮壓。因此，在經濟方面，也採取嚴厲的榨取措施，如：產米增產計畫，所種之米全給日本食用，以解決其糧荒現象，造成韓國農民的極大損失與痛苦。同時，日本假藉種子改良、土地改良、水利設施擴大等為由，也造成韓國農民的極大負擔與窮困。以致離鄉到都市轉業成為勞工，或到海外尋找開拓地。並且日本將眾多的自國商品輸入韓國販賣，謀取暴利，韓國成為日本的消費市場。此外，韓國也成為日本的原料供應地，如：糧食、金屬礦業、林業、纖維工業等天然資源，幾乎都被日本賤價買去，然後製成商品，昂貴賣給韓國，謀取許多暴利。日本也可以任意在韓國設置公司，並以隨手可得的韓國當地廉價資源，作為進出中國大陸市場的跳板，於是韓國成為日本產業資本的基地，使得日本人越來越富有，而韓國人就越來越貧窮了。1931 年起，日本更積極擴張重工業，增產軍事戰爭相關物資，強徵韓國人從事勞動與充軍，以便侵略中國大陸。

日帝的文化統治

一、日帝有鑑韓民族大團結的三一獨立運動與國際壓力，廢除「武治」(1919)，改採懷柔式「文治」。
　　目的在於；但民眾拒絕。

二、日帝加重強化韓國殖民經濟政策。•••▶ 更加橫暴

三、韓國成為日帝的消費市場與產業資本基地。•••▶ 韓貧日富

四、韓國成為日帝侵中基地。

✛ 韓國史小提醒

　　日帝的文化統治期間，韓國有《東亞日報》與《朝鮮日報》兩大報社成立。《東亞日報》在1920年四月一日創刊，由金性洙、宋鎮禹等人士發起，倡導透過言論與教育的民族意識為宗旨。再結合相協（《每日申報》）、張德俊（《平壤日日新聞》）、秦學文（《日本大阪朝日新聞》）等記者推動的民間新聞報紙創刊運動。同時，邀集全國412名股東集資成立股份公司於漢城市（首爾市），並取得朝鮮總督府的許可證。此為三一獨立運動時期最具代表性的民族報紙，也是現今全韓第二大報之一。而金性洙曾在1921年接辦韓國高麗大學校（普成學校），並擔任校長，以及1945年創立韓國民主黨。也曾在1951年十月至1952年八月期間擔任第2任大韓民國的副總統。另外，《朝鮮日報》在1921年一月十六日創刊，當時是由親日派商工人士芮宗錫擔任發起人，趙鎮泰擔任社長。公司也設在漢城，並取得許可證。1921年，由《東亞日報》（朝鮮）平北定州支局長方應謨接辦，倡導正義擁護，文化建設，不偏不黨為宗旨。現今為全韓第一大報。

UNIT 5-8
韓國民族運動與韓國臨時政府的興起

大韓民國臨時政府的興起是由於韓國三一獨立運動之後，由韓民族在國內外共同團結合作而展現自主獨立的民族意識，來建構民主共和主義政府的新國家體制。同時組織抗日獨立軍，制訂《憲法》，選出國家領導人，一直到成功光復韓國為目的。從此，結束了專制的王權帝制。

韓國民族運動：大韓民國臨時政府的設立

1919年《大韓三一獨立宣言》失敗後，韓國國內外的愛國志士都更加團結地展開獨立運動，在各地設立大韓民國臨時政府【대한민국임시정부】，如：首先是西伯利亞的大韓民國議會，由李東輝【이동휘】組織，擁戴孫秉熙為大統領；其次陸續有中國上海的大韓民國臨時政府，由李始榮【이시영】組織，擁戴李承晚【이승만】為國務總理，國內的漢城政府，由李奎甲【이규갑】召集全國十三道的代表組織而成，以及西北間島的軍政府等。由於派別很多，為求效率而開始統合各派系，統一稱為「大韓民國上海臨時政府」，簡稱臨時政府、臨政。如此，恢復了韓國民族史的正統性、同時也是民主共和制度的正統政府，更加具備了有組織、有效率的中央機關，韓國民主政治即由此開始。而其憲政是以民主主義為基礎，依據具有近代化的《臨時憲法》建立民主共和體制政府。爾後，臨時政府是以國務總理安昌浩【안창호】為中心來進行活動，如：持續與國內外的愛國志士接觸、對國際提出韓國獨立訴求、籌募韓國獨立所需資金、發行《獨立新聞》【독립신문】宣揚理念。

大韓民國臨時政府的運作：光復運動再進行

1926年，大韓民國臨時政府是由臨時議政院（議長李東寧【이동녕】）與國務院（總理李承晚）所構成最早的民主共和體制的組織。同年九月制定並公布《臨時憲法》。同年，第一次憲改，選出第1任大統領為李承晚。同年，第二次憲改，以國務領（國務總理）為中心，選出金九【김구】為領導人，發揮強化指導力，持續光復運動。在建立聯絡網、籌募軍備資金、外交活動、文化活動等各方面，都以達成韓國自主獨立的民族意識為目標。再者，武裝抗日的獨立軍也開始集結，同時與中國東北地區（滿洲）的韓國獨立軍一起聯結，展開武裝抗日戰爭，與日本軍警交戰，破壞與摧毀日本殖民統治機關，掃蕩並肅清韓人親日派成員。此外，繼續籌募獨立軍資金，以發展獨立軍組織。

大韓民國上海臨時政府（臨政）

一、《大韓三一獨立宣言》（1919）失敗後，韓國愛
　　國志士更積極於獨立運動，在海內外各地設
　　立臨時政府。

二、依具近代化的《臨時憲法》建立民主共和體
　　制政府。

 恢復民族史的正統性與民主共和
制政府，健全中央機關，開始韓國
民主政治。

三、兩次憲改，選出大統領，持續光復運動。

四、建立獨立軍，武裝抗日。

 目標為韓國自主獨立

✚ 韓國史小提醒

　　朝鮮王朝高宗32年（1895），高宗李熙將全國行政區劃的原來八道改編為二十三府，即1.咸鏡
道：①咸興府、②鏡城府、③甲山府。2.平安道：④平壤府、⑤義州府、⑥江界府。3.黃海道：⑦海
州府。4.江原道：⑧春川府、⑨江陵府。5.京畿道：⑩漢城府、⑪仁川府、⑫開城府。6.忠清道：⑬
公州府、⑭忠州府、⑮洪州府。7.慶尚道：⑯大邱府、⑰安東府、⑱晉州府、⑲東萊府。8.全羅道：
⑳全州府、㉑羅州府、㉒南原府、㉓濟州府。大韓帝國皇帝高宗光武1年（朝鮮高宗34年，1897），
再將全國行政區劃改編為十三道，即1.咸鏡北道。2.咸鏡南道。3.平安北道。4.平安南道。5.黃海
道。6.江原道。7.京畿道。8.慶尚北道。9.慶尚南道。10.忠清北道。11.忠清南道。12.全羅北道。
13.全羅南道。而濟州島是隸屬於全羅南道。此時，高宗正式即位成為皇帝，年號稱為光武，國號則
稱為大韓，國名名稱為大韓帝國。

UNIT 5-9
韓國武裝抗日獨立運動的展開

韓民族為了對抗日本帝國主義的暴政，在國內與海外建立軍事基地，組織軍事組織，同時展開以武裝方式將日帝勢力完全驅逐出韓半島。在多次的抗日行動中，有愛國志士個人的義舉，也有學子們的示威，更有獨立軍的奮戰。

圖解韓國史

愛國志士的義舉

韓國武裝抗日獨立運動在韓國國內與海外展開，愛國志士義舉的失敗而處死或犧牲，以及獨立軍的艱苦對日抗戰。在愛國志士的義舉方面，如：有姜宇奎【강우규】（1919，於漢城南大門暗殺日本總督齊藤實）；金益相【김익상】（1921，投彈漢城朝鮮總督府，暗殺日本將軍田中義）；金相玉【김상옥】（1921，投彈漢城鐘路警察署）；金祉燮【김지섭】（1924，投彈日本皇宮）；羅錫疇【나석주】（1926，投彈東洋拓殖會社後自殺）；趙明河【조명하】（1928，於臺灣臺中市刺死日本天皇裕仁的丈人；李奉昌【이봉창】（1932，於日本東京暗殺日本天皇裕仁；尹奉吉【윤봉길】（1932，於中國上海虹口公園投彈炸死日本將軍白川義則）等獨立運動家最著。同時，在示威抗日事件方面，如：1926年，學生利用朝鮮第27代國王（第2代大韓帝國皇帝）純宗李坧【순종이척】葬禮時，發動六·十萬歲運動【육·십만세운동】，示威抗日。1929年，日本學生調戲韓國女學生事件，引起全羅南道光州市的學生發動示威抗日，遭到日本警察鎮壓，而爆發全國海內外民眾團結一致大規模示威抗日，此事件稱為光州學生獨立運動【광주학생독립운동】或光州學生抗日運動【광주학생항일운동】。

獨立軍的奮戰

在獨立軍方面，1919年的韓國三一獨立運動後，韓國在國外的獨立運動集中於中國東北（滿洲）的間島【간도】、西伯利亞一帶，建立軍事基地，編制武裝獨立軍，與許多抗日團體共同合作。1920年，金佐鎮【김좌진】、李始榮【이시영】等獨立軍持續抗日，其中在中國東北（滿洲）的長白山（即白頭山【백두산】）麓鳳梧洞與青山里之役戰捷。但是在滿洲地區與俄國自由市（位於沿海州，臨近韓、中、俄三國交界處）的獨立軍或韓國僑民都慘遭日軍虐殺與攻擊。1928年，獨立軍的參議府、正義府、新民府等三派統合為國民府，成為獨立抗日中心。1940年，金九【김구】、金奎植【김규식】等志士召集美洲地區、西伯利亞的獨立軍、朝鮮義勇軍則在中國重慶創設光復軍。1943年，光復軍在中國的協助下，加入聯合國軍隊，對日作戰，也參與緬印戰爭。此外，光復軍也展開國內掃蕩日帝勢力。1945年，日本遭美軍原子彈攻擊而投降，韓國於是光復了，太平洋戰爭（第二次世界大戰）結束。

✚ 韓國史小提醒

柳寬順女士（1902-1920）就讀梨花學堂（今韓國梨花女子大學校）時，曾參與塔洞公園（位於今首爾市鐘路區）三一獨立運動，主導抗日示威活動，成為獨立運動家。後來日帝強力鎮壓而被捕，被判處十年徒刑。在獄中，仍然鼓吹獨立萬歲而遭受日帝多次嚴刑拷打，在1920年時，以年僅17歲病逝。1962年，追敘大韓民國建國勳章。其忠清南道天安市故居建立柳寬順烈士紀念祠堂。

愛國志士義舉

一、姜宇奎	暗殺日督齊藤實。
二、金益相	暗殺日將田中義一。
三、金相玉	投彈日警察署。
四、金祉燮	投彈日皇宮。
五、羅錫疇	投彈日會社。
六、趙明河	刺死日皇裕仁丈人（臺中）。
七、李奉昌	暗殺日皇裕仁（東京）。
八、尹奉吉	炸死日將白川義則（中國上海虹口）。

示威抗日事件

| 六、十萬歲運動 | 學生以純宗李坧葬禮時，發動抗日。 |
| 光州學運 | 日生調戲韓國女學生事件，引發光州學生示威抗日，遭日警鎮壓而爆發全國內外大規模抗日。 |

獨立軍方面

一、韓國在三一獨立運動後，建立獨立軍抗日軍事基地。

> 中國東北（滿洲）間島、西伯利亞（1919）

二、獨立軍金佐鎮、李始榮在中國東北抗日戰捷；在東北與俄國則遭日虐擊（1920）。

三、獨立軍三派統合為國民府（1928）。

> 成為獨立抗日中心

四、金九、金奎植創光復軍於中國重慶（1940）。

> 掃蕩國內日帝勢力（1943）

五、美軍以原子彈攻擊，日降。

> 韓國光復 ＝ 太平洋戰爭結束（1945）

UNIT 5-10
韓國三一獨立運動時期的國學運動

韓民族在三一獨立運動時期，也以國學運動來對抗日帝的文化侵略，並成立各種學術團體，以及振興韓國語文學與藝術，以闡揚民族意識。

歷史文化

日本帝國主義殖民統治韓國時期，曾經對韓國國學【국학】中的歷史文化加以扭曲破壞，十分嚴重，如：自編朝鮮史【조선사】、亂掘古蹟。為此，民族史學研究方面，崔南善【최남선】在 1910 年成立朝鮮光文會【조선문광회】，以保存與刊行韓國古典文獻為主，以及專心研究韓國史。申采浩【신채호】曾經鼓吹獨立精神，亡命中國後，研究國史，強調民族主義史觀，以《朝鮮上古史》【조선상고사】、《朝鮮史研究草》【조선사연구초】為著。朴殷植【박은식】曾經亡命中國上海，代理大韓民國臨時政府大統領一職，強調民族主義史觀，以《韓國痛史》【한국통사】、《韓國獨立運動之血史》【한국독립운동의혈사】為著。另有鄭寅普【정인보】、文一平【문일평】、安在鴻【안재홍】、孫晉泰【손진태】等著名史學家。再者，1934 年，有李丙燾【이병도】、孫晉泰、申奭鎬【신석호】等史學家成立震檀學會【진단학회】，以匡正國史、實證史學、批判日帝歪曲歷史為職志，並且發行《震檀學報》【진단학보】。此外，文化財的守護運動，以全鎣弼【전형필】、高裕燮【고유섭】為著。

韓國語文學與藝術

國語學方面，1920 年，周時經【주시경】等學者成立朝鮮語學會【조선어학회】，以保存與發展韓國語文為主，1949 年，則改名為韓文學會【한글학회】，並制定《併字法統一案》【병자법통일안】與韓文日【한글날】，發行《韓文》刊物，編纂《國語大辭典》【국어대사전】，貢獻卓越。此外，日帝對韓國近代文學發展抑制，反而使韓國文藝人士強力抵抗，高舉韓民族自主獨立思想，使韓國文藝更加蓬勃發達，以李光洙【이광수】與崔南善最著，為韓國新文學的先驅。韓龍雲【한용운】、申采浩、金素月【김소월】、廉想涉【염상섭】、金東仁【김동인】、朴鍾和【박종화】、玄鎮健【현진건】等都是曾經發表抗日民族意識的文學。此時，文藝思潮也十分活躍，其中，《創造》【창조】、《白潮》【백조】、《朝鮮文壇》【조선문단】等刊物大量發表，1920 年代的新文學因此抬頭。1930 年，呈現小說、戲曲、評論、隨筆等多樣的文學題材。藝術方面，音樂以洪蘭坡【홍난파】（鳳仙花與愛國歌作曲）、安益泰【안익태】（愛國歌作詞）最著。美術以安仲植【안중식】（東洋畫）、李仲燮【이중섭】（西洋畫）為著。演劇以土月會（新劇）為著。

＋ 韓國史小提醒

韓文日是為紀念朝鮮王朝世宗大王創制民族文字《訓民正音》韓文字母的紀念節日。韓文學會依照國語學者周時經將《訓民正音》正名為「한글」【韓文】一詞，韓國訂10月9日為韓文日「한글날」；而朝鮮（北韓）則訂1月15日為「조선글날」【朝鮮文日】。

日治時期，嚴重扭曲破壞韓國國學（歷史文化）。韓國學者則反制之。

一、匡正國史，批判日帝扭曲歷史。••••▶ 刊行史書、成立學會

民族史學

1. 崔南善　1910 年，朝鮮光文會成立，主為保存、刊行韓國古典文獻。
　　　　••••▶ 研究韓國史

2. 申采浩　鼓吹獨立精神，研究國史，強調民族主義史觀。
　　　　••••▶ 《朝鮮上古史》、《朝鮮史研究草》為著

3. 朴殷植　代理大韓民國上海臨時政府大統領，強調民族主義史觀。
　　　　••••▶ 《韓國痛史》、《韓國獨立運動之血史》為著

4. 鄭寅普、文一平、安在鴻、孫晉泰 ••••▶ 著名史學家

5. 李丙燾、孫晉泰、申奭鎬等史學家 ━━▶ 1934年，震檀學會成立，發行《震檀學報》。
　　　　••••▶ 匡正國史、實證史學、批判日帝歪曲歷史為志。

6. 全鎣弼、高裕燮 ••••▶ 著名史學家

二、保存與發展韓國語文 ••••▶ 韓文統一，刊行字典

（一）1920 年，周時經等學者：成立朝鮮語學會。••••▶ 主為保存與發展韓國語文

（二）1949 年，朝鮮語學會改名為韓文學會，制定《拼字法統一案》，制定韓文日，《韓文》刊物
　　　發行，《國語大辭典》編纂。

三、韓國文藝、藝術蓬勃 ••••▶ 主以自主獨立、抗日民族意識

（一）李光洙、崔南善最著。••••▶ 韓國新文學先驅

（二）韓龍雲、申采浩、金素月、廉想涉、金東仁、朴鍾和、玄鎮健。
　　　••••▶ 發表抗日民族意識的文學

（三）《創造》、《白潮》、《朝鮮文壇》刊物大量發表。
（四）1920 年代，新文學抬頭。
（五）1930 年，小說、戲曲、評論、隨筆等多樣文學題材出現。
（六）音樂：洪蘭坡（鳳仙花與愛國歌作曲）、安益泰（愛國歌作詞）最著。
（七）美術：安仲植（東洋畫）、李仲燮（西洋畫）為著。
（八）演劇：土月會（新劇）為著。

UNIT 5-11
韓國三一獨立運動時期的
少年運動與社會運動

韓民族在三一獨立運動時期，有鑑於日帝對韓國兒童的不良教育，因而組織社會社團，來重視兒童身心與培養少年的愛國的民族意識，稱為少年運動；而社會運動則以經濟為主，以愛用國貨為宗旨。因而，提高了國民的生活品質。

圖解韓國史

少年運動

由於日本帝國主義殖民統治韓國時期，對韓國【한국】兒童的不當教育，強迫韓國兒童從事勞動。因此，方定煥【방정환】在 1921 年，在漢城市【한성시】（今韓國首都首爾市【서울시】）組織天道教少年會，提倡尊重兒童人格運動，以韓文【한글】固有語「幼小、年幼」的形容詞單詞，創造新名詞單詞「어린이」（兒童）一詞。同時，創辦《어린이》的少年雜誌，是為兒童文學家。孫晉泰【손진태】、尹克榮【윤극영】則以方定煥為中心，在日本東京成立色同會，專門研究兒童問題。其後，國內另有少年運動協會來統合這些少年團體，並制訂五月一日為兒童節。1926 年，更大規模的少年團體成立，名為朝鮮少年聯合會。另一方面，1922 年，中央高普學校教師趙喆鎬【조철호】創立少年斥候團，制訂制服來訓練學員，實施童子軍團運動。1924 年，中央基督教青年會也成立少年偵察團，再與少年斥候團結合，稱為少年斥候團朝鮮總聯盟。之後，趙喆鎬將自己的少年斥候團擴大為朝鮮少年軍總本部與近兩百個支部。可是後來遭到日帝的嚴厲鎮壓而終止其組織活動。

社會運動

韓國三一獨立運動之後，由於日帝在韓半島【한반도】的經濟掠奪十分嚴重，因此，韓國學生倡導獎勵國產品的社會運動，即延禧專門學校【연희전문학교】（今延世大學校【연세대학교】）學生組織自作會，發起獎勵國產品運動，拒買日貨，抵制日本，主張韓國產業經濟自立與國民團結為目的。為此，在漢城市西大門的一個商店，陳列國產品，由自作會成員長期以新聞廣告、街頭宣傳、遊行呼籲、傳單發放等方式來進行宣導愛買國貨的風氣。同時，李鍾麟【이종린】與柳光烈【유광렬】等愛國志士也組織朝鮮以後物產獎勵會，提倡國民的自給自足與團結一致，女性們也組織土產（國貨）愛用婦人會，更有許多類似的團體成立，其共同目的就是為了要提升國民生活水準。並且也有主張戒煙、戒酒的社會活動。

➕ 韓國史小提醒

方定煥（1899-1931），號小波。為韓國兒童文學作家。1920年，就讀日本東洋大學哲學系時，開始展開少年運動。1922年，宣布5月1日為兒童節，並致力兒童讀物的出版，以及成立少年運動團體。目的是以寫作方式，來提升兒童的社會地位，其作品內容具有寓教於樂的功能。1940年，出版《小波全集》。1957年，成立小波獎。1978年，追敘大韓民國金冠文化勳章。1980年，授予建國獎章。

少年運動

一、方定煥：兒童文學家，造新詞：「어린이」（兒童）。

二、成立少年團體。•••▶ 天道教少年會、朝鮮少年聯合會。

三、制訂兒童節：5月1日。

四、1922 年，趙喆鎬創立童子軍。•••▶ 童子軍團運動

五、孫晉泰、尹克榮：以方定煥為中心。

•••▶ 在日本東京成立色同會，研究兒童問題。

六、1924 年，中央基督教青年會：

成立少年偵察團 ✚ 少年斥候團 ═ 少年斥候團朝鮮總聯盟

七、遭日帝鎮壓而終止活動。

▲兒童文學家方定煥。

▲制訂兒童節：5月1日。

▲1922年，趙喆鎬創立童子軍。

社會運動

一、獎勵國產品。•••▶ 愛買國貨，拒日貨，抵制日本。

＊響應：延禧專門學校學生、婦人會、愛國志士李鍾麟、柳光烈。

二、提升國民生活水準。

UNIT 5-12
大韓民國的光復與國土的分斷

韓民族從近代的韓國開始,雖經歷外勢力強大與殖民統治,但始終積極展開維護韓民族的對外抗爭,終於達成韓國光復。未料,爾後發生國家民族的分裂與對立。

圖解韓國史

大韓民國的光復

1876 年起,近代的韓國【한국】,經歷了門戶開放的外勢壓力,內政受到干涉與侵奪,以及 1907 年,日本帝國主義將明成皇后【명성황후】閔妃【민비】弒害後,強迫大韓帝國第 1 代皇帝(朝鮮第 26 代國王)高宗李熙【고종이희】退位。1910 年八月起,日帝又強制合併大韓帝國,殖民統治韓半島【한반도】,其間,韓民族【한민족】不畏強權暴政,堅忍不拔,展開國內外獨立運動,經過了長期的努力與奮鬥,也獲得國際間的認同。在美日戰爭時,日本兩次遭到美國原子彈空襲而戰敗,向聯合國無條件投降,第二次世界大戰結束。因此,1945 年八月十五日(簡稱「815」)為韓國的光復節【광복절】,或稱為韓民族的解放之日【해방의 날】。總之,日本帝國主義統治韓半島共有 36 年(1910-1945)。

大韓民國國土的分斷

由於 1943 年的中‧美‧英‧蘇四國聯合國代表在開羅會議與 1945 年的《波茨坦宣言》,原本決定要讓大韓民國完全獨立,可是之後,同年的雅爾達會議,美蘇兩國意外地提出共同管理大韓民國的計畫,美蘇兩國各自在韓半島的南北部實施軍政,即以北緯 38 度線為南北軍事分界線(韓半島非武裝地帶【한반도 비무장 지대】),38 度線以北的地區由蘇聯軍進駐治理,建立共產主義的政權。而 38 度線以南的地區為美國軍進駐治理,建立民主主義的政權。同時,在莫斯科會議,美‧英‧蘇三國決定對韓國的政治、經濟、社會、文化等項目全部施行為期五年的信託統治。結果,韓國全體國民皆完全表示反對信託,而共產主義者受到蘇聯壓力,而違心贊成信託,如此,1946 年,美蘇共同委員會在信託與否的爭議產生決裂。於是,蘇聯首先扶植北韓的金日成【김일성】政權。1947 年,原本聯合國組成韓國臨時委員會欲在韓半島實施總選舉,由於蘇聯反對與北韓阻撓,因此,1948 年,聯合國則決議,單獨在南韓【남한】首次實施總選舉(國會議員),選出第一次的所謂「制憲國會」議員 198 位,並且制定與公布大韓民國第一部《憲法》,奠定了成為自主獨立國家的基礎。同時,也舉行韓國史上第一次大統領選舉,結果李承晚當選第一任大統領。北韓【북한】則成立朝鮮民主主義人民共和國【조선민주주의인민공화국】。從此,南北兩韓開始分裂與對立。

> **＋ 韓國史小提醒**
>
> 李承晚(1875-1965)在高宗32年(1895),培材學堂畢業後,活躍於獨立協會。三年後,曾因顛覆政府為由,服刑七年後,赴美留學。純宗4年(1910),取得普林斯頓大學博士學位。回國後,致力獨立運動,再次被捕獲釋後,便赴美宣教。1919年,韓國臨時政府成立時,被任命為第1任國務總理。爾後,在1948年,當選第1任大統領。

光復節（韓民族解放之日）

1945 年 8 月 15 日，美日戰爭，日本遭美原子彈攻擊而戰敗投降。●●●▶ | 結束36年日治 |

南北軍事分界線

雅爾達會議（1945），美蘇共掌韓國，以北緯 38 度線為界，以北由蘇治，為共產政權；以南為美治，為民主政權。

南北韓分裂

一、| 北韓 | ＝ 蘇聯首先扶植金日成政權（1946）

二、| 南韓 | ＝ 首次實施總選舉（國會議員）

▶ 「制憲國會」

▶ 韓國第一部《憲法》

●●●●▶ 奠定自主獨立國家基礎（1948）

三、首次實施大統領選舉。

●●●●▶ | 第一任大統領李承晚（1948） |

◀南北韓軍事分界線（38度線）位置圖

211

UNIT 5-13
大韓民國的建立
與北韓（朝鮮）的共產化

圖解韓國史

近代的韓國在面對內憂外患的情勢下，終於解放與光復，國家統一在即。可是韓國北方受到蘇聯控制，阻撓統一，成立朝鮮共產政權，造成國家民族分裂與對立的命運。

大韓民國的建立

大韓民國【대한민국】自古歷代國號為「古朝鮮」【고조선】、「高句麗」【고구려】、「新羅」【신라】、「高麗」【고려】、「朝鮮」【조선】、「大韓」帝國【대한제국】等名稱，「韓」應是古代韓半島南方「三韓」【삼한】的「韓」在韓國語的固有語之中，有「大」【큼】、「一」【하나】之意。而現代韓國的正式國號為大韓民國。「大韓」為「偉大的大國」【위대한 큰 나라】、「唯一的大國」【유일한 대국】之意，民國則是「民主共和國」之意。1947 年，聯合國的韓國臨時委員會欲在韓半島【한반도】實施總選舉，但在蘇聯與北韓（朝鮮）【북한（조선）】的反對阻撓之下，1948 年，於是聯合國則單獨在南韓【남한】首次實施總選舉（國會議員），選出制憲國會並產生大韓民國第一部《憲法》，成為自主獨立的國家，並以間接選舉選出第 1 任大統領李承晚【이승만】，是為第一共和政府。李承晚曾經是中國上海大韓民國臨時政府與在美愛國獨立團體的活躍人士。於是美國軍政廳便將一切國家政權交還給大韓民國政府。同年，聯合國通過承認大韓民國政府的合法性。因此，可說大韓民國在當時的韓半島是唯一的合法政府，也成為自由民主的國家。於是，韓民族【한민족】終於解放了，韓半島也終於光復了，而韓國獲得真正的自主獨立。首都為漢城市【한성시】（首爾市【서울시】）。

北韓（朝鮮）的共產化

反之，1948 年，蘇聯處心積慮地想要完全掌控韓半島，成為自己的勢力範圍，因此，強迫佔領韓半島北部，企圖阻礙韓國國家統一。因此，在蘇聯的支持下，建立了以北韓（朝鮮）共產黨執政的一黨專政的國家政權，國號為朝鮮民主主義人民共和國【조선민주주의인민공화국】，簡稱朝鮮或北朝鮮。其中，「朝鮮」一詞有繼承古代韓半島北方古朝鮮（檀君王儉【단군왕검】）精神之意。再者，所謂「民主主義」則是屬於馬克斯主義的一個派別，也是一種社會主義，正式名稱為「社會民主主義」，簡稱民主主義，因此，實施的是共產主義制度。北韓共產黨正式名稱為朝鮮勞動黨【조선노동당】。金日成【김일성】成為朝鮮民主主義人民共和國第一位領導人，即國家主席。在金日成的領導下，朝鮮建立了一個史達林式的社會主義政治經濟體系，首創主體思想【주체사상】的主張。其中，結合了他自己的政治思想理論與馬克思主義的觀點，並且提出人民經濟計畫，即促進經濟發展與社會大躍進，稱為千里馬運動【천리마운동】，意圖在經濟方面要領先超越南韓。首都為平壤市【평양시】。

＋ 韓國史小提醒

金九（1876-1949），號白凡。為抗日英雄，曾任韓國臨時政府主席等多職。1949年，遭政敵暗殺身亡。1962年，追敘大韓民國建國勳章，並追尊為韓國國父。

大韓民國

一、國號取自古代韓半島南方「三韓」的「韓」。

二、首次實施總選舉（國會議員，1947）➡ 「制憲國會」 ➡ 韓國第一部《憲法》

＝ 自主獨立國家 ┅➤ 第一任大統領李承晚（1948） **＝** 第一共和政府

三、韓半島唯一合法政府；首都漢城。

四、簡稱南韓。

朝鮮民主主義人民共和國

一、國號取自古代韓半島北方「古朝鮮（檀君王儉）」的「朝鮮」；首都平壤。

二、蘇聯欲完全主導韓半島，納入自己勢力範圍，實施共產主義。

三、金日成為第一位領導人。 ➡ 首創主體思想；實行千里馬運動。

┅➤ 經濟曾領先超越南韓

四、簡稱北韓、北朝鮮。

大韓民國行政區劃（韓國制訂北韓行政區劃）

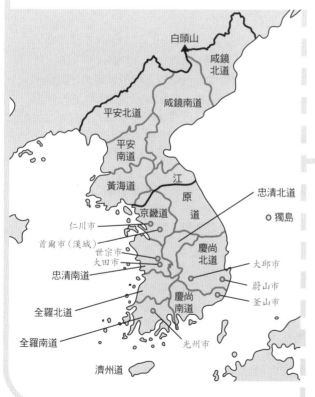

白頭山
咸鏡北道
咸鏡南道
平安北道
平安南道
黃海道
江原道
京畿道
仁川市
首爾市（漢城）
世宗市
大田市
忠清南道
全羅北道
全羅南道
濟州道
忠清北道
○獨島
慶尚北道
大邱市
蔚山市
慶尚南道
釜山市
光州市

朝鮮民主主義人民共和國（北韓）
國旗：共和國國旗
道＝京畿道、江原道、黃海道、平安
　　南道、平安北道、咸鏡南道、咸
　　鏡北道。

大韓民國（南韓）
國旗：太極旗
道＝京畿道、江原道、忠清北道、忠
　　清南道、全羅北道、全羅南道、
　　慶尚北道、慶尚南道。
特別自治市＝世宗
特別自治道＝濟州

UNIT 5-14
南北韓戰爭與南北韓分立

1950 年 6 月 25 日韓戰爆發，為韓半島歷史上最大的悲劇，戰爭持續長達三年之後，南北韓雙方以北緯 38 度線劃分國土。雖然停戰，但是雙方仍然維持對峙的緊張狀態。

圖解韓國史

南北韓戰爭

蘇聯一向覬覦韓半島【한반도】，利用其成功扶植的朝鮮（北韓）【조선（북한）】勞動黨【노동당】政權來達到以共產主義的武力統一韓半島為目標。韓國（南韓）【한국（남한）】方面，則為了收拾混亂的社會，力求民生安定，安撫民心，改善經濟，同時致力阻絕蘇聯與北韓的南侵企圖，積極發展國力。而朝鮮時常受到蘇聯的各種軍事支援，積極發展強大的軍事武力，準備南侵，並且與蘇聯共同主張美軍應該撤出韓半島。同時，為了鬆懈韓國民眾的警戒心，先以和平攻勢為手段，來撫平民眾的情緒，再以韓國內部的共產黨成員，在各地煽動民眾進行暴動事件，以阻礙韓國的建國與發展。如此戰術，都被韓國軍警的掃蕩與民眾的協助，才能恢復和諧與秩序。於是，蘇聯體會到無法成功地在韓國推行共產主義，於是開始計畫南侵，在 1950 年六月二十五日聯合朝鮮發動攻擊，越過北緯 38 度南北軍事分界線（非武裝地帶【비무장지대】、停戰線【휴전선（휴전선）】），稱為南北韓戰爭【남북한전쟁】、韓國戰爭【한국전쟁】、韓戰或朝鮮戰爭【조선전쟁】，也稱為六·二五事件【육·이오사건】。

南北韓分立

韓半島歷經南北韓戰爭，長達三年期間同族自相殘殺的局面。其間，美·英·法等聯合國成員國通過決議參戰，支援韓國國軍，對朝鮮侵略行為則予以譴責。因此，聯合國軍隊從仁川【인천】登陸成功後，將幾乎盤據在韓半島南部的朝鮮軍一一擊潰，並且計畫北進反擊，直逼鴨綠江【압록강】，幾乎就要達成韓半島統一的局面。可是，中共的介入，以大量兵力投入戰場，使韓國國軍與聯合國軍隊不得不撤退。後來，蘇聯與朝鮮也自知長期的戰爭越來越不利，於是建議停戰，但是韓國認為韓半島統一在即，停戰必造成國家分裂，因此表明反對停戰。最後，在 1953 年七月，聯合國與蘇聯在北緯 38 度南北軍事分界線內的板門店【판문점】達成《韓國停戰協定》【한국휴전협정（휴전협정）】，南北韓正式分立。同年，為了防止共產集團的再犯，韓美兩國締結《韓美互助防衛條約》【한미상호방위조약（相互防衛條約）】，並且開始致力國家的復興事業，也促進與友邦的國際關係。

＋ 韓國史小提醒

按照《停戰協定》，板門店為韓國（南韓）與朝鮮（北韓）各退2公里的北緯38度南北軍事分界線中心點的一個村落。因此，分界線寬為4公里；長為248公里。韓國方面是屬京畿道坡州市津西面魚龍里，朝鮮方面則屬黃海北道開城市板門郡板門店里。1953年，韓戰結束後，曾多次舉行南北對話與停戰會談而世界聞名，也成為國際觀光景點。板門店會談所周邊800公尺的空間為共同警備區，由聯合國與南北韓共同管制，區內因為長久以來，從未開發而儼然成為自然生態的保護區。

南北韓分立

蘇聯扶植朝鮮（北韓）勞動黨政權

目標共產主義武力
統一韓半島，準備南侵。

南北韓戰爭 1950 年 6 月 25 日，蘇聯聯合朝鮮發動南侵，越過 38 度南北軍事分界線，也稱為 6 · 25 事件，為期三年。

38度線

南北韓分立 1953 年 7 月，聯合國與蘇聯在北緯 38 度南北軍事分界線的板門店達成《停戰協定》，南北韓正式分裂。

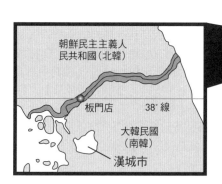

朝鮮民主主義人民共和國（北韓）

板門店　38°線

大韓民國
（南韓）

漢城市

白頭山

朝鮮民主
主義人民
共和國
（北韓）

板門店

大韓民國
（南韓）

▲板門店位置圖

UNIT 5-15
朝鮮（北韓）情勢（1948-1994）：金日成執政時期

圖解韓國史

朝鮮是一黨領政的國家，其領導人金日成首創「主體思想」為最高國策。軍事第一，經濟一度強勁。冷戰後，由於南北韓長期敵對，則提出聯邦制統一案，國號「高麗」。

朝鮮（北韓）在冷戰前的國家發展

朝鮮正式國號為「朝鮮民主主義人民共和國」【조선민주주의인민공화국】，簡稱朝鮮、北朝鮮【북조선】；或被簡稱北韓【북한】。在政治上是由朝鮮勞動黨【조선노동당】一黨專政的國家，九月九日為國慶日，十月十日為朝鮮勞動黨黨慶日。自 1948 年以來，作為朝鮮第一位國家主席，以及擔任朝鮮最高領導人的金日成【김일성】，統治長達 46 年之久，其間首創「主體思想」【주체사상】，也稱為「金日成主義」，為國家政策的思想體系，其理念即人民就是主人，是開創世界與開拓自己命運的主人。其最高指導原則為政治的自主、經濟的自立、國防的自衛。同時提出「先軍政治」【선군정치】，為國家政策的政經體系，即一切工作以軍事為優先與重心。在 1957 至 1961 年期間，曾經推行「千里馬運動」【천리마운동】，經濟一時起飛蓬勃發展，創造如同「千里馬速度」，民眾生活普遍優於韓國（南韓）【한국（남한）】。國內政治也穩定，外交則與蘇聯、中華人民共和國等社會主義結盟，因此，在美蘇冷戰前，經濟一向以蘇聯為中心。

朝鮮（北韓）在冷戰中的國家發展

在美蘇冷戰中，共產國家普遍失利而經濟日益艱困，卻使得朝鮮逐漸落後於韓國。於是，朝鮮積極進行經濟改革，以計畫經濟原則為主，但是一般認為朝鮮是「自給自足」式的社會主義封閉經濟體制而被孤立於國際社會。由於朝鮮一向大力發展重工業與國防工業，可說是全球五大軍事國家之一，始終造成韓半島【한반도】情勢緊張。然而在南北韓統一方面，金日成曾經在 1980 年十月十日提出「高麗民主聯邦共和國」【고려민주연방공화국】為統一後的國名，簡稱高麗國或高麗，實施聯邦制的民族統一案，主張自主和平統一的概念。朝鮮全國劃分為三個直轄市、九個道與三個特別管理地區，如：平壤市【평양시】（首都，位於平南）、羅先市【나선시】（位於平南）、南浦市【남포시】（位於咸北），以及平安南、北道平安道【평안남·북도】、慈江道【자강도】、兩江道【양강도】、咸鏡南、北道【함경남·북도】、江原道【강원도】、黃海南、北道【황해남·북도】、新義州特別行政區【신의주특별행정구】（位於平北，為經濟特區）、金剛山觀光地區【금강산관광지구】（位於江原道）、開城工業地區【개성공업지구】（位於黃北開城市）。

> **✛ 韓國史小提醒**
>
> 金日成（1912-1994），原名金成柱。幼時居住中國東北，後來回到平壤就讀中學。其間曾組織反日的共產主義活動團體，並且贏得多次戰役。1945年，主導朝鮮共產黨活動，主張改革，廢除封建，日後當選朝鮮勞動黨黨魁，以及朝鮮國家領導人。

朝鮮（北韓）

一、國號：「朝鮮民主主義人民共和國」，簡稱朝鮮、北朝鮮或北韓。
二、一黨專政：勞動黨
三、國慶日：9月9日
四、勞動黨黨慶日：10月10日

▶金日成的千里馬運動。

金日成

一、第一位國家主席（最高領導人），在位46年。

二、首創「主體思想」。 ＝ 金日成主義

三、最高指導原則：政治自主、經濟自立、國防自衛。
四、國家政策的政經體系：「先軍政治」。
五、「千里馬運動」：經濟蓬勃，生活曾優於南韓（1957-1961）。
六、「高麗民主聯邦共和國」：提出南北韓統一後的國名，簡稱高麗國，
　　實施聯邦制的統一案。

•••••▶ 主張自主和平統一

七、全國行政區劃

3直轄市	＝ 平壤（首都）、羅先、南浦。
9道	＝ 平安南、北道、慈江道、兩江道、咸鏡南、北道、江原道、黃海南、北道。
3特區	＝ 新義州、金剛山、開城。

內政外交

一、「自給自足」：社會主義封閉之計畫經濟體制。
二、致力發展重工業、國防工業
三、與蘇聯、中共等社會主義結盟。
四、美蘇冷戰時，經濟落後南韓。

◀朝鮮民主主義人民共和國行政區劃

UNIT 5-16
韓國大統領李承晚執政時期

李承晚曾經對韓國獨立運動有所貢獻與功勳，可是由於擔任三屆大統領期間施政弊端不斷，造成民怨，以及不當的第四次連任與鎮壓民眾義舉，使其黯然下臺。

李承晚的登場與施政

大韓民國【대한민국】經歷六‧二五事件【육‧일오사건】，即韓國戰爭後，都市與產業設施都遭到嚴重破壞，因此，政府與全民團結一致，共同積極參與建設，同時透過聯合國，許多友邦都大力協助大韓民國政府所推動的國家再建設復興事業。1948年，李承晚【이승만】博士曾任大韓民國制憲國會議長，同年當選大統領，為大韓民國第 1 任大統領【대통령】，為第一共和政府。李承晚也是第一位在美國取得博士學位的韓國人，在 1951 年，創立自由黨【자유당】，並且擔任總裁，勢力逐漸強大，將外國援助金支助特定的大財閥，忽視中小企業，使國家經濟不振，同時由外國輸入的農產品價格過低，造成國內農村日益貧窮。在國際關係方面，對美國一向採取不信任的態度，起因是美國與日本曾經暗中確認韓半島為日本殖民地，以及美國撤除駐韓美軍而引起韓戰；對日本則一向採取反日路線；而對中華民國與越南都建立友好關係。

李承晚的誤政與下臺

在政治上，李承晚為首的自由黨許多施政錯誤，如：1952 年起，為求大統領選舉的連任，強行施壓國會改憲，以直接選舉方式，企圖成為終身職大統領，永遠執政，並且打壓在野人士，施行惡法，箝制言論等一連串的獨裁政治，使得國內的政治、經濟、社會、文化都造成紊亂，難以發展，最後使得全民對以李承晚為首的自由黨的獨裁政治，感到十分不滿，蘊釀使之下臺。就在 1960 年，李承晚大統領為尋求第四次連任時，自由黨政權透過選舉舞弊行徑而當選後，四月時，學生們得知，便舉行大規模示威，譴責大選無效，再與市民們集結擴大至全國各地，而自由黨政權則下令戒嚴，並動用軍警武力鎮壓，造成共有一千多名學生傷亡。於是，引起全國民眾不滿意的風潮，結果李承晚在學生、教授與市民們等群眾的嚴厲抗議下，只有黯然下臺。從此，獨裁、舞弊、腐敗的自由黨政權崩潰。這群學生們所主導的義舉事件，稱為四月革命【사월혁명】或四‧一九革命【사‧일구혁명】。同時，可以說是大韓民國建立以來，第一次成功地推翻獨裁政權的民主革命，因此，大韓民國的民主政治是以民眾力量所造成的。李承晚為第 1-3 任暨第一位大統領，任期為 1948.7.24-1960.4.26.。

李承晚（1-3任，在位12年，第1位大統領）執政

一、首位在美取得博士的韓國人。
二、韓戰後，韓國第1任大統領。
三、創自由黨，並任總裁。

四、國際關係

對美	不信任
對日	反日
對中華民國	友好
對越南	友好

五、4月革命或4‧19革命

欲第4次連任時，舞弊當選，
使全民大規模示威而下臺。

┅┅➤ 首次成功推翻獨裁政
權的民主革命（1960）

✛ 韓國史小提醒

　　四‧一八高麗大學校學生被襲擊事件起因為在1960年四月十八日由於同年三‧一五李承晚參選韓國大統領選舉舞弊當選，使全國各地舉行抗議的和平遊行。其中在首爾市的高麗大學校約三千多名學生，在其校長俞鎮午勸導下，中止示威活動而從國會回到學校途中，遭到辛道煥的大韓反共青年團所襲擊，約有四十名學生受傷，六名記者受傷，引起隔日有更多學生前往青瓦臺抗議，其中有一百八十六名遭到警衛部隊射殺身亡的事件。此後，成為四‧一九革命的導火線，即全國約三萬名大學生與中學生群起示威，要求李承晚下臺，而遭到警方鎮壓，約有一百三十名學生死亡，一千多名民眾受傷。於是首爾市實施戒嚴。爾後，一般民眾也加入示威，成為全國大規模革命的態勢。因此，四‧一九革命被認定為四‧一九義舉。最後促使始終不願下臺的李承晚終於辭去大統領一職。

UNIT 5-17
韓國大統領朴正熙執政時期

朴正熙基於國政危機與反共產滲透,而建立威權體制,以軍執政,並實施改革,全力發展經濟與國防,同時重視外交,以提高國際地位。但因強勢作風而被刺殺,舉世震驚。

圖解韓國史

朴正熙的登場與軍政實施

韓國【한국】依據新《憲法》,第二共和政府誕生,兩院制議會成立,而民主黨【민주당】獲得壓倒性勝利,大統領為尹潽善【윤보선】(第4任暨第二位大統領,任期為1960.8.13.-1962.3.23.),但是民主黨內部新舊派系對立激化,爭權奪利,使政局非常不安。如此,1961年,朴正熙【박정희】將軍為了挽救國家政局危機,防止朝鮮(北韓)【조선(북한)】共產勢力滲透,於是舉事革命,民主黨政權崩潰後,因而成為國家再建最高議會議長,並宣布解散國會與行政・立法・司法三權集中,儼然成為大統領責任制,執行強力的統治權與政治改革,如:修改《憲法》,強化反共意識,整頓經濟與產業,掃蕩非法組織與遏止選舉舞弊等。並且以發展國家經濟繁榮為基礎,而稱此事件為五月革命【오월혁명】或五・一六革命【오・일육혁명】(軍事政變)。如此經過二年期間的軍政實施,端正了國家社會秩序。

朴正熙的致力國家近代化

1963年,實施大統領選舉,以首度連任的朴正熙大統領為首的民主共和黨【민주공화당】新政府開始執政,第三共和政府成立。內政方面,繼續發展經濟,促進繁榮。此外,1967年,第二度連任大統領。1968年,公布《國民教育憲章》。1970年,實施新鄉村運動【새마을운동】。1971年,險勝新民黨【신민당】總裁金大中【김대중】,第三度連任大統領,因此,確立了自主國防與自立經濟的體系。1972年,發布《戒嚴令》,解散國會,施行維新《憲法》,大統領一職取消了連任限制而成為終身職,而進入第四共和政府,實施獨裁統治。於是在1973年,便拘捕金大中等異議人士。1978年,才能第四度蟬連大統領。次年,於板門店舉行南北韓紅十字會談。再者,外交方面,1965年,與日本正式建立國交。同年,派兵支援越南戰爭。次年,《韓美行政協定》【한미행정협정】締結,因此,韓國在國際間的地位大幅提升。此時,朴正熙一直致力國家與民族近代化的發展。1972年,南北韓雙方共同發表《七・四聯合聲明》,主張致力和平統一,積極持續南北會談,因而使得一向處於緊張敵對的韓半島【한반도】出現了緩和趨勢。但是在朴正熙的權威體制下,國內反政府持續升高,對美日兩國外交關係惡化,韓國政府因而頒布緊急措施與鎮壓反體制運動。結果,維新體制崩潰,1979年,發生朴正熙大統領被刺死事件,舉世震驚,稱為十・二六事件【십・이육사건】。朴正熙為第5-9任暨第三位大統領,任期為1963.12.17-1979.10.26.。

> **+ 韓國史小提醒**
>
> 朴正熙被其心腹中央情報部部長金載圭所槍殺,享年62歲。結束18年的大統領任期。

朴正熙（5-9任，在位18年，第3位大統領）執政

一、挽救危機，舉事革命，為國家再建最高議會議長，執行強力統治權。

●●●●➤ 大統領責任制

二、尹潽善（第4任，在位2年，第2位大統領）下臺。

●●●●➤ 5月革命或5‧16革命（軍變）

政經改革，強化反共，培養基礎產業，掃蕩不法，遏止選舉舞弊等。

●●●●➤ 發展國家經濟繁榮（1961，第5任）

三、民主共和黨新政府開始執政。

●●●●➤ 持續發展國家經濟繁榮（1963，第6任）

▲尹潽善

國民教育憲章

五、公布《國民教育憲章》（1967，第7任，1968實施）。
四、與日本建交（1965）。
六、實施新鄉村運動（1970）。

●●●●➤ 確立自主國防與自立經濟的體系

七、南北韓紅十字會談（1971，第8任）。
八、威權體制形成：為終身職大統領（1972）。

●●●●➤ 鎮壓反政府事件，維新體制崩潰

▲與日本建交。

▲實施新鄉村運動。

九、板門店南北韓紅十字會談
　　（1978，第9任，1979舉行）。
十、10‧26事件（1979）：朴正熙被刺死。

UNIT **5-18**
韓國大統領朴正熙的政績

韓國大統領朴正熙為韓國經濟的奠基者,而有漢江奇蹟、新鄉村運動、京釜高速公路的興建等三項重要政績。因而有韓國經濟與現代化之父之美稱。

圖解韓國史

朴正熙的三項重要政績

韓國【한국】大統領朴正熙【박정희】,曾經擔任第 5 至第 9 任大統領,長達十八年(1961-1979),其任內最重要的政績,大致有三項,即「漢江(的)奇蹟」【한강의기적】、「新鄉村運動」【새마을운동】、「京釜高速公路的興建」。分析如下:一、漢江奇蹟:為了振興韓國經濟,以經濟第一為目標,致力執行《五年計畫》的經濟發展。其間面臨當時油價波動、景氣低迷、物價高漲等劣勢,於是以民族團結精神,克服萬難,使經濟高度成長,國民生活提升,社會福祉趨於完備。如此,世人對韓國經濟發展迅速,皆表現驚訝。同時,由於首都漢城市【한성시】(首爾市【서울시】)的象徵 —— 漢江也整治成功,因此兩者一同慶賀,便讚譽為韓國「漢江奇蹟」,韓國開始躍升為富強的經濟大國。而朴正熙也被譽為韓國經濟奇蹟與漢江奇蹟的締造者。二、新鄉村運動:新鄉村運動是以勤勉、自助、合作為基本精神,以地區均衡發展為目標。1971 年,為使韓國農業能快速發展,即農業現代化,推行新鄉村運動於全國農村,這也是一種社區開發運動,使農業大興。爾後,宣導新鄉村運動理念,擴大範圍到都市與工廠,成為國民運動,可說是一種國家建設。三、京釜高速公路的興建:在新鄉村運動中,也大力推行交通建設,促進韓國物流的發達,經貿發展成效卓著。如此,1969 年,韓國的國內生產總值(GDP)首度超越經濟發展一向領先的朝鮮(北韓)【조선(북한)】,因為當時朝鮮正在進行一項類似新鄉村運動的「千里馬運動」【천리마운동】。韓國民眾認為朴正熙雖然曾經威權執政,主以先經濟,才有民主的作風,但是其經濟改革成功,反而始終深獲韓國民眾肯定。朴正熙所奠定的卓越基礎,使韓國成為新興的工業化、現代化的國家。

韓國經濟與現代化之父:朴正熙

朴正熙執政時期積極振興經濟窘迫的韓國。因為面對朝鮮,韓國一直處於落後的趨勢,於是大力主導《五年計畫》的經濟發展政策,以及進行政治、經濟、社會的改革,以恢復國民道德與民族正氣,在政府與民眾共同齊心協力,成功地使得實現韓國經濟高度發展,創造出韓國經濟的奇蹟,也創造出韓國經濟的現代化,因此此有被譽為「漢江奇蹟」的美稱。同時,朴正熙被稱譽為韓國經濟之父,同時也被稱讚為韓國現代化之父。

> **✚ 韓國史小提醒**
>
> 朴正熙(1917-1979),號中樹。故鄉在慶尚北道善山郡。1940年起,曾就讀多所軍校,也參與韓戰。1961年主導軍事政變,開始邁入大統領生涯。

朴正熙政績

「漢江奇蹟」

一、致力五年計畫經濟發展。
二、整治首都漢城（首爾）市的象徵漢江成功。
三、躍升富強經濟大國。
四、漢江奇蹟的締造者。

▶漢城（首爾）市漢江位置圖

白頭山

朝鮮民主
主義人民
共和國
（北韓）

北漢江

南漢江

漢城（首爾）

大韓民國
（南韓）

漢江

「新鄉村運動」

一、基本精神 ═══ 勤勉、自助、合作

二、地區均衡發展。

三、農業現代化 ▪▪▪▶ 地區社會開發運動

═══ 國民運動 ═══ 國家建設

「京釜高速公路興建」 交通建設 ═══ 促進物流發達

▪▪▪▶ 為新興工業化、現代化國家。

韓國經濟與現代化之父：朴正熙

一、政府主導經濟發展政。
二、實施政經改革。 ▪▪▪▶ 恢復國民道德與民族正氣

三、創造韓國經濟奇蹟，韓國經濟現代化。

223

UNIT 5-19
韓國大統領全斗煥與盧泰愚執政時期

全斗煥趁朴正熙被刺後，發動政變而掌權，曾獲88漢城奧運主辦權；盧泰愚則為首位民選大統領，展現民主化時代，成功進行88漢城奧運，並採取北方政策。

圖解韓國史

全斗煥執政時期

　　1979年，韓國【한국】發生朴正熙【박정희】大統領被刺死事件（十・二六事件【십・이육사건】）後，保安司令官全斗煥【전두환】發動政變，掌控軍政實權。次年，迫使第10任大統領崔圭夏【최규하】下臺，成為大統領，也是民主正義黨【민주정의당】總裁，同時修改《憲法》，廢除大統領連任制，改為五年一任的單任制，第五共和政府成立。在位期間經貿快速成長，並且成功取得88年漢城【한성】（首爾【서울】）奧運主辦權。但是由於曾經與盧泰愚【노태우】將軍以武力鎮壓光州民主化運動【광주민주화운동】（五・一八事件【오・일팔사건】），將異議人士金大中【김대중】與金泳三【김영삼】拘捕後驅逐出境，所以全斗煥也被批判為獨裁者。雖然全斗煥繼續堅持反共，但是想要主張與朝鮮【조선】（北韓【북한】）達成民主統一方案而遭到拒絕。另外，也促進韓・美・日三角同盟。崔圭夏為第10任暨第四位大統領，任期為1979.12.21.-1980.8.15.；全斗煥為第11-12任暨第五位大統領，任期為1980.9.1-1988.2.24.。

盧泰愚執政時期

　　1987年，在六月民主抗爭的壓力下，全斗煥不再連任，由同袍盧泰愚參選，並且同意人民直接選舉大統領制的《憲法》改革，以克服危機。同年，盧泰愚與「三金」即金泳三、金大中、金鍾泌【김종필】三位大老激烈競選中，辛苦勝出，順利當選首位由國民直選制的第13任大統領，第六共和政府成立，展現全面的民主化時代。盧泰愚對外關係的政績，首先是成功主辦88年漢城奧運，同時大幅提高韓國國際地位與形象。其次是實施北方外交政策，藉由蘇聯等共產國家參加漢城奧運的契機，便在1990年，與蘇聯建交。1992年，與蒙古國、中華人民共和國建交，並且與中華民國臺灣斷絕長達44年的國交。再者，對朝鮮（北韓）政策方面，1991年，簽訂《南北基本合意書》【남북기본합의서】，主張韓民族【한민족】共同體統一方案，南北韓【남북한】相互承認體制，南北韓互不侵犯與交流合作擴大。同年，南北韓共同加入聯合國。同時，南北韓簽訂《韓半島非核化共同宣言》【한반도비핵화공동선언】，如此，南北韓的長期敵對關係稍微好轉。但是美國一再對朝鮮（北韓）進行嚴厲的核武檢查的壓力下，引發1993年，朝鮮（北韓）不滿而退出《核武器擴散禁止條約》【핵무기확산금지조약】，造成雙方仍然對立，東北亞情勢更加緊張，國際局勢也大受影響。盧泰愚為第13任暨第六位大統領，任期為1988.2.25-1993.2.24.。

＋ 韓國史小提醒

　　全斗煥（1931-），號日海，故鄉為慶尚南道陝川郡。曾任陸軍上將。1979年，朴正熙被刺後，曾發動政變，掌握軍政大權後，成為大統領。盧泰愚（1932-），號庸堂，故鄉為大邱市，曾任陸軍上將。是韓國首位民選大統領，結束長期軍政獨裁統治。

全斗煥（11-12 任，在位 8 年，第 5 位大統領）執政

一、朴正熙被刺死（10・26 事件）而迫使第 10 任大統領崔圭夏下臺而掌權；民主正義黨總裁；大統領改為單任制。

二、經貿快速成長；成功取得 88 年漢城奧運主辦權。

三、曾與盧泰愚鎮壓光州民主化運動（5・18 事件），拘捕異議人士金大中與金泳三。

四、促進韓美日三角同盟。

五、同意人民直選大統領制。

▲崔圭夏

▲ 1988 漢城奧運標誌

白頭山

光州

▲鎮壓光州民主化運動（5・18 事件）

盧泰愚（13 任，在位 5 年，第 6 位大統領）執政

一、與「三金」大老 ━━ 金泳三、金大中、金鍾泌激戰而當選大統領。

二、成功主辦 88 年漢城奧運。•••▶ 提高國際地位與形象

三、實施北方外交政策：與蘇、蒙、中共建交；與臺灣斷交。

四、對北韓政策：1991 年，簽訂《南北基本合意書》（1991）。

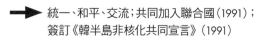

▶ 統一、和平、交流；共同加入聯合國（1991）；簽訂《韓半島非核化共同宣言》（1991）

•••▶ 南北韓敵對關係好轉

五、美國對北韓政策：核武檢查。

◀1991 年，簽訂《南北基本合意書》（1991）。

•••▶ 引發北韓退出《核武器擴散禁止條約》（1993）

225

UNIT *5-20*
韓國大統領金泳三執政時期

金泳三從在野民主運動領袖的身分轉為代表執政黨當選國家領導人，主張反腐敗、舞弊、反威權的「韓國病」，而大刀闊斧改革，實施清廉政治。可是在經濟方面，成長逐漸下滑，造成韓國最大危機，而處於「IMF 時代」。

在野民主運動領袖的金泳三

　　1954 年，韓國【한국】大統領金泳三【심영삼】曾經以 26 歲最年輕的年紀當選國會議員，屬於在野的自由黨【자유당】。曾經陸續反對李承晚【이승만】、朴正熙【박정희】大統領獨裁連任的作風，成為在野黨領導人而活躍政壇，來牽制執政黨民主正義黨【민주정의당】。同時，在全斗煥【전두환】大統領軍事獨裁期間，與反對勢力金大中【김대중】結盟，成立新民黨【신민당】，成為韓國民主運動的兩大領袖，對執政黨當局展開漫長抗爭，要求政治民主。爾後，與盧泰愚【노태우】、金大中、金鍾泌【김종필】角逐大統領選舉中失利，盧泰愚則獲得當選，但是由於執政黨在國會議員總選舉之中敗選，形成朝小野大【조소야대】。1990 年，金泳三的新民黨便與盧泰愚的民主正義黨、金鍾泌的民主共和黨【민주공화당】合組民主自由黨【민주자유당】來執政，並且成為該黨黨魁。此舉的三黨合併，曾經引起民主黨【민주당】黨魁金大中的強烈不滿。

轉向執政黨的金泳三

　　1992 年，金泳三從在野黨身分轉為執政黨民主自由黨身分，代表執政黨當局與在野黨平和民主黨【평화민주당】代表金大中競選角逐大統領，兩強相爭終於以執政黨的優勢而勝出，成為第一位文人平民的第 14 任大統領，仍為第六共和政府，自稱「文民政府」【문민정부】，同時宣示致力民主化改革，掃除以往獨裁軍政陋習、貪瀆，於是將積弊已久的全、盧兩前大統領逮捕入獄，判處極刑。1995 年，拆除漢城市【한성시】（首爾市【서울】）市內景福宮【경복궁】的日本帝國主義的象徵 —— 朝鮮總督府，深得好評。而其最大憾事為即將卸任之際，發生亞洲金融危機，韓國經濟遭到重創，形成金融風暴，無法挽救，因此，至今仍然受到全民嚴厲譴責。其結果為引起經濟不景氣，失業率攀升，韓圓大幅貶值，也造成許多大學生休學潮，民生陷入困境，而政府未能有效處理解決，引發眾多民怨，苦不堪言，只好請求國際貨幣基金組織（IMF）提供資金援助紓困，因此，此時又稱為 IMF 時代。金泳三對外關係的政績，在對朝鮮【조선】（北韓【북한】）關係上，採取保守強硬政策，認為應該拒絕與暗中發展核武的朝鮮（北韓）對話，而美國對朝鮮（北韓）則採取寬容政策，引起金泳三對美國的妥協決議與從未知會韓國，而深表不滿，以致韓美雙方關係一度惡化。所以，金泳三的金融危機，並未立即得到美國的援助。在對日本關係上，由於獨島【독도】主權問題，金泳三曾經嚴斥日方的主張而使得韓日雙方關係也陷入低潮，也是無法得到日本的援助。在對蘇聯關係上，更進一步加強雙方友好關係。金泳三為第 14 任暨第七位大統領，任期為 1993.2.25.-1998.2.24.。

金泳三（14任，在位5年，第7位大統領）執政

一、原屬自由黨，曾反李承晚、朴正熙獨裁；
曾與金大中結盟，同為在野領袖。••• ▶ 新民黨

二、對執政黨民主正義黨抗爭，要求政治民主。

三、與盧泰愚民主正義黨、金鍾泌民主共和黨
合組民主自由黨執政，為黨魁（1990）。

四、轉為執政黨民主自由黨與在野黨平
和民主黨金大中競選而當選首位文
人平民的大統領，自稱「文民政府」，
宣示民主化改革（1992）。

五、曾拆除漢城景福宮內之日帝朝鮮總督府（1995），獲好評。

六、最憾之事：遭亞洲金融危機，使韓國經濟重創（IMF時代）。

七、對外關係：

對北韓	不與擁核的北韓對話 ••• ▶ 採保守強硬政策。
對美國	不滿美國對北韓採寬容政策 ••• ▶ 韓美關係惡化。
對日本	嚴斥日方的獨島主張 ••• ▶ 韓日關係低潮。
對蘇聯	加強雙方關係 ••• ▶ 友好親善。

✛ 韓國史小提醒

　　金泳三（1927-），號巨山，故鄉為慶尚南道（巨濟島）巨濟市。國立首爾大學校哲學系畢業，曾
任多屆國會議員與在野黨多項要職，致力於在野民主化運動，也是民主化運動的指導者之一。曾經
所屬政黨有：自由黨→民主黨→民主正義黨→新民黨→新韓民主黨→統一民主黨→民主自由黨→新
韓國黨。爾後脫離政黨為無黨籍。

UNIT **5-21**
韓國大統領金大中執政時期

金大中一生從事民主運動，也是著名的在野領袖。反獨裁與爭民主，常遭政治迫害，而危及性命安全。終於在晚年如願當選國家領導人，其中，最令世人讚佩的人格是以德報怨；可謂韓國民主政治的真正開端。而最令世人讚譽的成就是成功地振興韓國經濟發展。

韓國民主之父：金大中

　　1954 年，韓國【한국】大統領金大中【김대중】開始參與政治運動，多次當選國會議員，而成為反對黨領袖，可說是韓國民主鬥士的象徵。1971 年，曾經在大統領選舉勇敢挑戰執政黨朴正熙【박정희】大統領而當選，但是被朴大統領以危害國安為由遭到逮捕，遭受長期政治迫害，並且禁止金大中參政。1980 年，全斗煥【전두환】大統領奪權後，金大中被以叛國罪而遭處死刑，所幸美國營救而被驅逐到美國。1987 年，與政治盟友金泳三【김영삼】在大統領選舉中對決，讓盧泰愚【노태우】成功當選。爾後，金大中曾經連續三度參選大統領選舉失利。直至 1997 年，第四度參選，終於勝出，如願當選第 15 任大統領，仍為第六共和政府，稱為「國民的政府」【국민의 정부】，可說是不屈不撓、苦盡甘來的最佳典範。

救國改革與寬大為懷的金大中

　　金大中上任後，韓國正值亞洲金融風暴，正處於金融危機的嚴重襲擊，在經濟上，就面臨困難重重的經濟環境，國家面臨經濟崩潰。於是立即開始大規模進行經濟改革，改革核心目標為調整財閥集團，對經濟結構進行改革。雖然經濟在處於依賴國際貨幣基金會（IMF）援助的局面，上臺後一年內，積極挽救經濟，首務為推動金融體制改革，逐漸擺脫經濟衰退的窘境，順利地克服了金融危機，果然經濟一直快速成長，並且成功使韓國經濟快速復甦。此外，金大中以德報怨的寬恕胸襟，面對昔日曾對他殘酷迫害的政敵全斗煥（無期徒刑）、盧泰愚（有期徒刑 17 年）兩前大統領任內因為貪污瀆職而坐牢。在 1998 年，金大中就職大統領後，立即給予特赦，令世人對金大中的寬宏大量感到極為佩服。對此恩典，全、盧兩位的重生，非常感激與內疚，十分感到愧對金大中。此舉，破除了外界所謂金大中將對政敵進行政治報復的謠言。金大中曾公開表示，兩前大統領畢竟曾對韓國經濟起飛有重大貢獻，同時在產業界也有廣泛而深厚的影響力，特赦兩位重獲自由，有助整合國家，集中力量挽救經濟。金大中對外關係方面，對朝鮮【조선】（北韓【북한】）關係而言，也是採行同樣的寬大為懷的包容政策，致力推動陽光政策【햇볕정책】、和解政策【화해정책】，同時，支援糧食物資，加強推動南北韓關係的改善與韓半島局勢的緩和。尤其在 2000 年，首度前往朝鮮（北韓），在平壤【평양】與領導人金正日【김정일】會晤，舉行史上首次的「南北頂上會談」【남북정상회담】的南北韓領袖的雙邊高峰會談，致力於改善南北韓關係。而在對中國大陸政策上，建立韓中合作夥伴關係。對美國採親美路線。對日本則採合作協定，如：韓日兩國共同主辦 2002 年世界杯足球賽。金大中為第 15 任暨第八位大統領，任期為 1998.2.25.-2003.2.24.。

金大中（15 任，在位 5 年，第 8 位大統領）執政

一、韓國民主鬥士的象徵。

二、曾當選大統領，但被朴正熙逮捕，遭迫害（1971）。

三、曾遭全斗煥判死刑，被美救出（1980）。

四、第 4 度參選，如願當選大統領，稱為「國民的政府」。

五、經改成功：擺脫金融風暴，挽救經濟，快速成長。

六、以德報怨特赦昔日殘酷政敵：因貪污瀆職入獄。 ●●●▶ 全、盧。兩人

七、對外關係：

對北韓 　採包容政策 ●●●▶ 陽光政策和解政策。

　　　　　　　　　　1. 首度前往北韓平壤與金正日會面。

　　　　　　　　　●●●▶ 史上首次南北韓領袖的「南北頂上會談」

　　　　　　　　　　2. 致力改善南北韓關係。

對中國大陸 　建立韓中合作夥伴關係。

對美國 　親美路線。

對日本 　合作協定。

●●●▶ 共同主辦 2002 年世界杯足球賽。

＋ 韓國史小提醒

　　金大中（1924-2009）的學歷：1943 年，全羅南道木浦商業高校畢業。1964 年，高麗大學校經營大學院肄業。1967 年，慶熙大學校經營大學院結業。1970 年，慶熙大學校大學院經濟學系碩士班結業。取得國內外名譽博士學位（1983-2008），總計多達十八個。

UNIT 5-22
韓國大統領金大中的政績

金大中最令世界讚譽的政績,可歸納為五項:一、脫離金融風暴,經濟改革成功。二、韓流風潮盛行,文化立國鼻祖。三、振興漢字政策,提升競爭力。四、採行陽光政策,促進南北和平統一。五、榮獲諾貝爾和平獎,為從政者的典範。

金大中的最重要政績

韓國【한국】大統領金大中【김대중】任內最重要的政績,大致有五項,如:一、經濟改革成功:帶領韓國脫離亞洲金融風暴的困境,亮麗表現成為經濟快速復甦的模範生,同時國家經濟持續突飛猛進,國內生產總值(GDP)呈現出高度成長,失業率也持續減少,吸引外商投資,韓國經濟改革也成為世界各國的典範,其中主要經濟產業以科技與資訊產業為最先進,舉世矚目。二、「韓流」【한류】風潮盛行:由於亞洲金融風暴,反而使韓國文藝界開始活躍,尤以韓曲、韓戲、電影最受歡迎,帶動熱潮,加上成功舉辦2002年韓日世足賽與釜山亞運會,造成轟動,於是韓國政府藉此契機,大力推動文化立國【문화입국】政策,造成「韓流」盛況。因此,韓國的文化產業【문화산업】興起,成為文化產業、文化創意產業的鼻祖。同時,呈現韓民族【한민족】堅忍剛毅性格。總之,在科技與文化等產業取得優勢地位,民生得以保障,闡明了危機就是轉機的佳例。三、實施漢字政策【한자정책】施行:1998年,金大中曾發表《漢字復活宣言》【한자부활선언】,積極規劃一套初、中、高等級的程度,使民眾研習,並且實施漢字檢定考,而成功地推動復興漢字文化使用政策,邁向國際化,提升在東亞地區的競爭力。四、採行陽光政策【햇볕정책】:為金大中對朝鮮【조선】(北韓【북한】)的友善關係,主以和平、包容方式化解南北韓【남북한】長期敵對局面,其名稱是依據《伊索寓言》中的〈北風與太陽〉故事。因此,金大中始終以德服人而非以力服人,才是勝利者。同時促使朝鮮(北韓)領導人金正日【김정일】施行開放,期許其經濟改革,恢復信賴,最後達成統一。五、榮獲諾貝爾和平獎:金大中對朝鮮(北韓)與國內對手一向友善和解。同時,2000年,所屬新千年民主黨【새천년민주당】改組成立,以及曾經首度飛越北緯38度南北軍事分界線,在朝鮮(北韓)首都平壤市【평양시】與朝鮮(北韓)領導人金正日舉行雙邊高峰會談,為韓半島【한반도】帶來平和統一的曙光,以及促進國內大團結。如此,金大中終於榮獲諾貝爾和平獎的絕對肯定,實為居功厥偉。

《6·15南北共同宣言》內容

韓國大統領金大中與朝鮮(北韓)國防委員會委員長金正日透過會談,達成《6·15南北共同宣言》【남북동동선언】五個基本項目,簡言如下:一、全民族合力自主國家統一。二、相互認定聯邦制共同性,邁向統一。三、及早解決親屬相逢的人道主義問題。四、相互信任,經由經濟合作,均衡民族經濟發展,活絡各種合作交流。五、早日實踐以上事項。金大中大統領鄭重邀請金正日國防委員長訪問首爾,希望金正日國防委員長未來適機訪問首爾。以上的聯合宣言,可做為南北韓未來的「民族共同的統一綱領」的依據。

金大中的政績

| 經濟改革成功的模範生 | 脫離亞洲金融風暴,經濟快速成長,為世界各國典範。 |

‧‧‧‧▶ 主以科技與資訊

| 「韓流」風潮盛行 | 亞洲金融風暴反使韓國文藝界活躍,使政府大力推動文化立國。 |

‧‧‧‧▶ 文化創意產業鼻祖

| 實施漢字政策 | 成功推動漢字使用,提升國際化與在東亞競爭力。 |

| 採行陽光政策 | 化解南北韓長期敵對,並促朝鮮領導人金正日開放與經濟改革,以利統一。 |

| 榮獲諾貝爾和平獎 | 對北韓與國內對手友善和解;並曾首度與北韓領導人金正日會面,使韓半島穩定,而獲獎(2000)。 |

《6‧15 南北共同宣言》

促進相互理解、發展南北關係、實現和平統一。

‧‧‧‧▶ 「民族共同的統一綱領」

第5章 大韓帝國與大韓民國近現代史【西紀1897年~現今】

✚ 韓國史小提醒

　　金大中,號後廣,故鄉為全羅南道務安郡。由於從政一向堅忍不拔,因此別名有忍冬草之稱。曾經所屬政黨有:朝鮮新民黨→韓國民主黨→民主韓國黨→民主黨→新民黨→統一民主黨→平和民主黨→新民主聯合黨→民主黨→新政治國民會議黨→新千年民主黨。

UNIT 5-23
韓國大統領盧武鉉與李明博執政時期

盧武鉉曾是韓國年青族群的崇拜對像，形成「盧風」熱潮；而李明博則以成功的企業CEO經驗，打造首都首爾的新氣象，也使韓流持續發威。

盧武鉉執政時期

韓國【한국】大統領盧武鉉【노무현】曾經以高商學歷，自修考取司法官，歷任法官、律師、國會議員、內閣部長等職。屬於金大中【김대중】前大統領陣營。2002年，代表新千年民主黨【새천년민주당】參與大統領選舉，其間成功利用電子網路擴大傳播其政治理念，成為年青族群所崇拜的偶像，掀起「盧風」【노풍】而崛起，同時擊敗執政黨大國家黨【한나라당】候選人李會昌【이회창】而順利當選第16任大統領，仍為第六共和政府。盧武鉉執政時期稱為「參與政府」【참여정부】，但是其施政每下愈況，引發經濟蕭條與政治危機，於是曾遭到國會彈劾而暫時停職。其對外政策方面，秉持金大中前大統領的陽光政策【햇볕정책】。同時致力建設韓國成為東北亞的樞紐。再者，鼓勵學習中國語文，以加強韓中貿易關係。2007年，曾經徒步跨越北緯38度南北軍事分界線，抵達朝鮮【조선】（北韓【북한】）首都平壤【평양】，與領導人金正日【김정일】展開兩韓第二次高峰會。盧武鉉為第16任暨第九位大統領，任期為2003.2.25.-2008.2.24.。

李明博執政時期

盧武鉉大統領任期結束後，由李明博【이명박】當選大統領。李明博幼時家貧，爾後白手起家，勤奮從商，升遷快速至董事長，也曾擔任國會議員。2002年，擔任首都漢城【한성】（首爾市）【서울시】市長時，實踐打造綠色首爾，成功整治清溪川【청계천】等環境工程，可稱為「環保英雄」。2005年，將首都漢城中文名稱改為「首爾」。2007年，獲得大國家黨提名，當選第17任大統領，使大國家黨又成功地重新執政。而其政治作風保守，致力科技、經貿、文創、觀光等產業發展，達到民生富足，社會和諧，國家強盛的目標，如此成果，使「韓流」【한류】風潮持續向國際間發威，國家競爭力不斷提升。2012年，曾經以首位國家領袖身分登上獨島【독도】，宣示韓國主權。對朝鮮（北韓）方面，改採強硬政策，要求朝鮮（北韓）放棄核武，使雙方關係又轉為緊張局面，但是希望實現雙方經濟共同體，促進雙方經濟革新與繁榮，實現最終南北韓統一的道路。對外方面，強化韓美同盟關係，重視與中共的經貿與外交關係，並且改善韓日兩國關係。李明博為第17任暨第十位大統領，任期為2008.2.25.-2013.2.24.。

＋ 韓國史小提醒

盧武鉉（1946-2009），故鄉為慶尚南道金海郡。釜山商高畢業，自學考取律師，爾後從政，並擅用電子媒體宣傳其知名度，成為政治明星。李明博（1941-），號清溪，高麗大學校經營學系畢業。大學時期（朴正熙執政），曾活躍於學生運動。爾後從商，一路升遷。曾接受金泳三的邀請，進入政壇，以企業經營的成就運用於國政。

盧武鉉（16任，在位5年，第9位大統領）執政

一、屬金大中陣營；曾代表新千年民主黨參選，成功以年青族群網路掀
　　起「盧風」而崛起，當選大統領，稱為「參與政府」（2002）。
二、施政每下愈況。

> 引發經濟蕭條與政治危機

三、其對外政策秉持金大中陽光政策。
四、致力建設韓國成為東北亞樞紐。
五、鼓勵學習中國語文。
六、曾跨越南北韓軍事分界線，與北韓領
　　導人金正日會面（2007）。

李明博
（17任，在位5年，第10位大統領）執政

一、曾任首都漢城市長，實踐綠色首爾，成功整
　　治清溪川，被稱為「環保英雄」（2002）。
二、將首都漢城中文名稱改
　　為「首爾」（2005）。
三、當選大統領，使大國家
　　黨又重新執政。

四、政治保守，致力各項產業發展。

> 目標：民生富足、社會和諧、國家強盛，使「韓流」發威，提升國家競爭力。

五、首位領袖登獨島，宣示主權。
六、對北韓採強硬策。

> 雙方關係緊張；希望實現經濟共同體。

> 革新與繁榮　＝　實現最終南北韓統一

七、強化與美、中共、日關係。

UNIT *5-24*
朝鮮（北韓）領導人金正日與金正恩執政時期

圖解韓國史

朝鮮（北韓）國家領導人金日成、金正日、金正恩三代世襲，一黨領政，以主體思想發展先軍政治，達成強盛大國為目標；近來南北韓關係稍為好轉，合作交流持續進行。

金正日執政時期

朝鮮【조선】（北韓【북한】）領導人金正日【김정일】為朝鮮建國領導人金日成【김일성】之子，1994 年 7 月至 2011 年 12 月執政期間，目睹 1990 年德國柏林圍牆崩塌與蘇聯解體後，也計畫改革開放，如：擴大羅先【나선】貿易區、整備元山【원산】團貿易港與開城【개성】工業區等三處，允許外商進出。1998 年，引進中共的經濟特區制度，設置四個經濟特區，即羅先貿易區、新義州【신의주】特別行政區、金剛山【금강산】觀光地區、開城工業區。對外關係方面，一向與共產圈的中共、蘇俄、越南、古巴，以及也擴及歐亞非等國際往來；2000 年 6 月 15 日，與來訪的韓國【한국】大統領金大中【김대중】舉行史上首次「南北頂上會談」【남북정상회담】的南北韓領袖的雙邊高峰會談，共同發表《南北共同宣言》【남북공동선언】，緩和南北韓【남북한】分裂 52 年的對立，同時擴大雙方經濟交流與維持韓半島【한반도】和平友好。同年雪梨奧運與 2004 年雅典奧運，南北韓共組一隊，共持韓半島旗入場，象徵統一。2007 年，與來訪的韓國大統領盧武鉉【노무현】舉行第二次「南北頂上會談」。此外，朝鮮（北韓）經濟困難與糧食荒，韓·日·美三國與聯合國皆大力伸援。2008 年，朝鮮（北韓）官方代表曾通過北緯 38 度南北軍事分界線，來韓參加六方會議，但韓國大統領李明博【이명박】則主張對朝鮮（北韓）關係改採保守政策一事未受影響。2009 年起，由於李大統領一向對朝鮮（北韓）核武、試射火箭與衛星等問題採取強硬路線，導致雙方交流受到影響，韓半島情勢緊張。

金正恩執政時期

2010 年來，金正日指定金正恩【김정은】為接班人，如此，朝鮮（北韓）成為世界近現代史上，第一個由金日成、金正日、金正恩三代世襲的國家。2011 年 12 月開始執政。2012 年起，金正恩持續集中精力進行軍事與經濟建設，並且改善人民的生活水準，目標為強盛大國。期間雖然與韓國（南韓）稍有零星衝突，但是歷經朴槿惠、文在寅等大統領的善意回應，雙方關係仍然保持和平交流與對話。尤其在 2018 年及 2019 年，與美國總統川普成功會面，共同致力韓半島和平穩定與繁榮發展，使得東亞國際與對美情勢皆呈現好轉。因此，有助於兩韓未來的和平統一。

➕ 韓國史小提醒

金正日（1941-2011），原名金正一。出生地為蘇聯遠東聯邦區首府伯力（位於黑龍江附近）。金日成綜合大學政治經濟學系畢業。金正恩（1983-），曾留學瑞士肄業，返國就學，取得今日成綜合大學、金日成軍事綜合大學學位。

金正日執政

一、為朝鮮建國領導人金日成之子。

二、因德國柏林圍牆崩塌與蘇聯解體。 ●●●▶ 計畫改革開放（1990）

三、經濟發展：加強 3 處：羅先、元山、開城；
　　　　　　設置 4 特區：羅先、新義州、金剛山、開城。

四、對外關係：與共產圈中共、俄、越、古巴，及歐亞非等往來。

五、首次與來訪的韓國大統領金大中會面，緩和南北韓分斷 52 年對立。

六、擴大雙方交流與和平友好。

●●●▶ 南北韓於雪梨、雅典奧運皆共組一隊，
　　　共持韓半島旗。

●●●▶ 象徵統一

七、曾與來訪的韓國大統領盧武鉉會面。

八、朝鮮官方曾通過南北韓軍事分界線，來韓參加六方會議（2008）。

九、韓國大統領李明博對朝鮮改採保守強硬政策。

▲朝鮮 4 個經濟特區位置圖
（羅先．新義州．金剛山．開城）

白頭山
羅先
經濟特區
新義州
經濟特區
金剛山
觀光地區
平壤市
開城工業區
大韓民國

金正恩執政

一、為朝鮮前領導人
　　金正日之子。

二、朝鮮為世界近現
　　代史上，第一個由
　　金日成、金正日、
　　金正恩三代世襲
　　的國家。

三、持續軍事與經濟建設，改善人民生活水準。

●●●▶ 目標：強盛大國

四、曾發生多次零星軍事衝突。

五、持續與韓國大統領朴槿惠、文在寅和平交
　　流與對話。

UNIT 5-25
韓國大統領朴槿惠與文在寅執政時期

朴槿惠為韓國第一位女性大統領，因故提前下臺，文在寅因此當選大統領。兩位施政皆首重民生經濟、國安外交、友善北韓與國家統一。而韓流威力持續升溫。

朴槿惠的登場與施政

朴槿惠【박근혜】為朴正熙【박정희】前大統領的長女。由於 1979 年，父親朴正熙遇刺後，便遠離政壇。1997 年，則復出，曾任未來希望連帶、大國家黨【한나라당】、新世界（國家）黨【새누리당】（即今自由韓國黨【자유한국당】）等黨魁，以及擔任五屆國會議員。2001 年，由於熱愛中國文化，短期留學中華民國臺灣，與臺灣關係良好。2002 年，曾獲朝鮮【조선】（北韓【북한】）邀請，訪問領導人金正日，之後受到禮遇而通過板門店【판문점】返國，於是贏得極高的政治聲望。2012 年，代表新國家黨參選第 18 屆大統領選舉中，贏過民主統合黨文在寅【문재인】與無黨籍安哲秀，而如願當選，成為韓國史上首位女性大統領，也是韓國唯一父女皆為國家領導人之先例。其執政理念為致力順應民意，實現經濟復興、國民幸福、文化隆盛、平和統一的韓國，直稱「朴槿惠政府」（第六共和政府）。也使韓國財閥可以繼續生存，因為韓國財閥的崛起，最大功臣即為其父朴正熙。而其經濟政策則重視民眾的工作權與民生經濟。對外關係方面，2013 年，訪問中國大陸，曾經以中文發表演講，強調致力雙方經濟、政治與文化等方面的合作。對朝鮮，由於核武問題，持續透過善意對話，使雙方關係成功地重新出發；積極促進雙方和諧、和平、交流與合作，以達成未來統一，而有助於韓半島經濟繁榮；並且強調南北韓統一成為第一價值。對美國，則探討朝鮮問題、日本歪曲歷史與獨島領土問題，尋求美國協助。對日本，重申日本必須承認侵韓之史實與道歉，才能維持兩國友好關係，同時也闡明韓國致力守護北方界線與獨島主權的意志。

朴槿惠的下臺與文在寅執政時期

2017 年，朴槿惠因其親信干政與貪瀆等弊案遭彈劾罷免而提前下臺，並遭判刑。為第 18 任暨第十一位大統領，任期為 2013.2.25.-2018.2.24.（2017.3.10 因故免職）。爾後，文在寅代表共同民主黨【더불어민주당】在第 19 屆大統領選舉中，贏過國民之黨安哲秀與自由韓國黨洪准杓而當選。文在寅執政理念主要在振興民生與經濟，並且維持對朝鮮與美俄中日的六方關係。尤其是 2018 年，文在寅前往朝鮮首都平壤【평양】，與領導人金正恩會面，同時在板門店【판문점】舉行南北高峰會，並且兩人攜手共同跨越南北 38 度分界線，最受世人矚目。2019 年，邀請金正恩訪韓，強化與朝鮮友好關係。為第 19 任暨第十二位大統領，任期為 2017.5.10.-2022.5.24.。

✚ 韓國史小提醒

朴槿惠（1952-），故鄉為慶尚北道大邱市。西江大學電子工程系畢業。由於母親曾在1974年被誤殺，而代理第一夫人。文在寅（1953-）故鄉為慶尚南道巨濟市，慶熙大學法學系畢業。曾為學運領袖、人權律師、國會議員、共同民主黨黨魁、盧武鉉大統領的青瓦臺秘書長。

朴槿惠（18 任，在位 5 年〔因故僅 4 年〕，第 11 位大統領）執政

一、朴正熙前大統領之長女，執政黨大國家黨改名：新世界黨（2012）。

二、韓國史上首位女性大統領；韓國唯一例。●●●▶ 父女皆國家領袖

三、與中華民國臺灣友好：曾短期留學臺灣（2001）。

四、曾獲北韓邀請，訪問領導人金正日。

五、執政理念：順應民意、經濟復興、國民幸福、文化隆盛、平和統一。

六、韓國財閥續存：經濟主力。●●●▶ 財閥崛起大功臣
＝＝＝ 其父朴正熙

七、經濟政策：重視工作權與民生經濟。

八、韓半島無核化與和平穩定。

九、對外關係：

對中國大陸 以中文演講。●●●▶

1. 強調經濟、政治與文化等合作。
2. 協助韓半島無核化與和平穩定。

對北韓 1. 善意對話，成功重新出發。

●●●▶ 積極促進雙方和諧、和平、交流與合作。

2. 未來統一有助韓半島經濟繁榮。●●●▶ 強調南北韓統一成為第一價值。

對美國 探討北韓問題、日本歪曲歷史與獨島領土問題。●●●▶ 尋求美國協助

對日本 1. 重申日本必須承認侵韓之史實與道歉。
2. 闡明韓國致力守護北方界線與獨島主權的意志。

●●●▶ 維持韓日兩國友好關係

文在寅（19 任，在位 5 年，第 12 位大統領）執政

執政理念

一、主要振興民生與經濟。
二、維持對北韓與美俄中日的六方關係。

前往北韓首都平壤，與金正恩會面

在板門店舉行南北高峰會

●●●▶ 最受世人矚目

UNIT 5-26
南北韓關係及未來發展與統一

韓國以「韓半島信任進程」推動南北韓和平關係發展，為實現韓半島的統一。同時，推動安全穩定與交流合作的均衡發展；分階段地促成北韓政體的改革與轉變；致力實現東北亞繁榮與世界和平的對北韓政策。

南北韓關係的共識

邁入 21 世紀以來，韓國【한국】的「韓流」【한류】旋風向全球持續發威，促進韓國經濟突飛猛進，民生富裕繁榮，社會祥和安樂，政治民主也穩定發展，使得韓國崛起【한국굴기】，已經成為經濟貿易與文化創意的強國。如此成果，全都由於韓國歷代大統領的卓越領導，展現優勢，以及韓民族的愛國愛族，團結奮鬥，互相合作所致。而追求韓半島【한반도】的民族與國家統一就成為南北韓【남북한】關係的主要課題。但是朝鮮【조선】（北韓【북한】）則是以先軍政治為首要宗旨，致力發展核武，來達成強盛大國【강성대국】。因此，核武問題似乎成為南北韓關係的緊張敵對的局面，以及南北韓未來的發展與統一的障礙。所以，南北韓的民族與國家統一雖然是雙方的共同願望與共識，但是朝鮮（北韓）必須放棄核武，以和平、和解、友好、親善等的方式，才能順利達成統一。同時，雙方對以聯邦制度的方式都表示同意，但是統一主張的先決條件，仍有歧見，即韓國主張「一國兩制」的兩個政府體制必須統一一致的聯邦制度；而朝鮮（北韓）則主張「一國兩府」的兩個政府體制不同的聯邦制度，同時強調聯邦制度才是最光明正大的朝鮮民族共同統一方案。因此，雙方雖然尚未達成共識，但是仍然持續協議中。

南北韓未來發展與統一

對於南北韓的發展與統一，兩者尚須協商的未來發展課題，大致如下：一、政治方面，彼此間必須以誠信善意為原則，隨時對話，來謀求和解，和平相處往來。二、經濟方面，首先建立相互信任，進而相互合作支援，共同開發區域資源，平等互惠。民生方面，由於韓國現為世界首屆一指的已開發的先進國之一，並且達到高收入的等級，名列前茅，因此，應該大量提供物資糧食，來改善朝鮮（北韓）自然環境因素的不足，將朝鮮（北韓）生活水準提高。同時，強化南北韓的經濟合作，以及擴大對北韓投資，擴大開放南北韓經濟特區，以「韓半島信任進程」，最終實現半島的和平與穩定。三、文化方面，韓半島上的韓民族固有的民俗文化差異不大，但是由於政治前提下，教育之故，使南北韓民眾根深柢固的思想意識差異頗大，因此也造成生活上的差異，如：敵視、立場、主義信仰等的異中求同，拉近距離與隔閡，可能十分困難，需要一段漫長的溝通與融合，來取得相互的共識與認同。此外，美中不足的是，雙方的零星衝突時常發生，不免引起韓半島或國際的緊張與危機，尤其朝鮮（北韓）目的在藉以鞏固其內部團結，並且展現軍威，以及特別是針對美日兩國的動向。而中共、俄國則希望南北韓應該共同維護韓半島和平和諧與安全穩定的責任，進而達成東北亞繁榮與世界和平為目標。總之，南北韓若能消除歧見與敵對，相互讓步與包容，如此，未來韓半島必定實現統一，並且南北韓統一絕對是必勝的，未來統一後的南北韓必定可以更進一步地發展成為經貿、文化、科技的大國。

圖解韓國史

南北韓關係及未來發展與統一

| 韓流 | 21世紀韓國崛起 •••▶ | 歷代大統領卓越領導 |

韓民族 •••▶ 愛國愛族，團結奮鬥，互相合作。

| 南北韓關係主要課題 | 民族與國家統一 |

一、南北韓共識。•••▶ 聯邦制

二、韓國：一國兩制。•••▶ 體制必須統一一致。

三、北韓：一國兩府。•••▶ 體制無須統一一致。

四、統一最佳方式：放棄核武。•••▶ 和平、和解、友好、親善。

五、統一最大障礙：發展核武。•••▶ 先軍政治、強盛大國。

| 南北韓未來發展課題 |

一、政治：誠信善意。•••▶ 對話、和平。

二、經濟：首先建立互信，進而合作支援、平等互惠，擴大經濟合作投資。
　　　　　•••▶ 以「韓半島信任進程」，最終實現半島的和平與穩定。

三、民生：糧食物資提供北韓。

四、文化：民俗文化相近；政治意識則差異頗大。•••▶ 異中求同

五、共維韓半島和平和諧與安全穩定。•••▶ 達成東北亞繁榮、世界和平為目標。

六、南北韓相互讓步與包容。•••▶ 統一必勝

七、未來統一後的南北韓。•••▶ 發展成為經貿大國

＋ 韓國史小提醒

　「韓半島信任進程」為韓國大統領朴槿惠所提出的實現新韓朝關係的程序。透過雙方公開透明的對話，相互合作，並且堅守承諾，才能累積信任，邁向和平與統一。

大韓帝國歷代皇帝表列

西紀 1897 年至 1910 年，2 代皇帝

01. 高宗（1897-1907）：李熙【光武】
02. 純宗（1907-1910）：李坧【隆熙】

大韓民國歷代大統領表列

西紀 1910 年至今，19 代大統領

01. 李承晚（1948-1952）〔第一共和〕
02. 李承晚（1952-1956）
03. 李承晚（1956-1960）【03. 代理：許政、郭尚勳、許政】
04. 尹潽善（1960-1962）【04. 代理：張都暎、朴正熙】〔第二共和〕
05. 朴正熙（1963-1967）〔第三共和〕
06. 朴正熙（1967-1971）〔第四共和〕
07. 朴正熙（1971-1972）
08. 朴正熙（1972-1978）
09. 朴正熙（1978-1979）【09. 代理：崔圭夏】
10. 崔圭夏（1979-1980）【10. 代理：朴忠勳】
11. 全斗煥（1980-1981）〔第五共和〕
12. 全斗煥（1981-1988）
13. 盧泰愚（1988-1993）〔第六共和〕
14. 金泳三（1993-1998）
15. 金大中（1998-2003）
16. 盧武鉉（2003-2008）【16. 代理：高健】
17. 李明博（2008-2013）
18. 朴槿惠（2013-2017）【18. 代理：黃教安】
19. 文在寅（2017-2022）

朝鮮民主主義人民共和國歷代國家領導人表列

西紀 1948 年至今，3 代領導人

01. 金日成（1948-1994）
02. 金正日（1994-2011）
03. 金正恩（2011-）

圖解韓國史

第6章
結論

韓民族一向重視本國的歷史，稱為國史，也屬於韓國民族史。是一部正史，可作為省思過去，力行現在，預期未來的規範。其中，也包含國族文化的優良傳統。因此，成為族譜的基礎，以增添家族的光榮，國史等同於族譜，進而提升愛國愛族的意識，發揚愛國愛族的情操。由此可知，韓國的國史教育可説是成功的觀念。

6-1　韓國史的重要性

6-2　國史即族譜

6-3　國史即國家命脈

UNIT *6-1*
韓國史的重要性

歷史是記載人類活動發展的時事，不僅是涵蓋古今，也要開創未來，是一項實錄，也是為人處事的實鑑，永續國族的典範，韓國史所重視的就是要活化歷史，應用於生活中。

圖解韓國史

古今發展真實記載

邁入 21 世紀以來，以「文化立國【문화입국】」為國家發展戰略的大韓民國首先以人文領域振興產業，成功地贏得重大成果之後，再以科技領域主導產業，兩者產業相輔相成，使得經濟貿易持續迅速成長，國家政治穩定，社會欣欣向榮，民生安定幸福，可謂高速現代化。由於大韓民國從 1997 年亞洲金融風暴的逆境中，逐漸成長茁壯，同時以危機就是轉機的信念，反而成功地在世界上打開知名度，引起全球一股流行盛況，即為「韓流【한류】」、「韓風【한풍】」。如此的潮流，使得國外人士們競相學習韓國語文，遊學韓國大學，購買韓國商品，觀光韓國景點，體驗韓國文化，刊行韓國旅遊書籍，以及出版介紹韓國衣食住行育樂等各類出版商品，甚至於與韓國各大學進行學術交流合作，與韓國各大企業進行貿易往來。並且就連出國留學深造也以韓國為主要對象。如此，就起了韓國史【한국사】的作用與功能，就是確實記錄韓國從古至今的發展，盛衰起伏的傳承，人事時地物的變遷。並且，含有所謂知古鑑今，知己知彼，獎善除惡，引以為戒，以免重蹈覆轍，以及善有善報、惡有惡報的歷史意義與價值。這些也就是歷史教育的目的與最大的真理與重要性。因此，其實對歷史而言，各國道理皆同，無一例外，這是因為歷史涵蓋全人類生命所有一切言行的真實記載，如：人文、社會、自然、科技等四大範疇。

遵循歷史正道法則

如前所述，人類必須遵循歷史正道法則而行。反之，若缺乏歷史概念，只會盲目操弄、歪曲、誤用歷史，則是不學無術，害人害己，而成為違反了歷史正道法則的文盲一般。韓國學之中，韓國史的份量占絕大多數，所以，韓國史的重要性，絕對不容輕忽。而以重要性而言，韓國史，即為大韓民國的歷史。韓國具有自主獨立的五千年歷史，歷史可作為一個國家民族，以及其文化的一切命脈，也是永久延續的一切象徵，為人類民族精神文明的重要成果。為此，韓國一向注重歷史，尤其是國家民族文化的歷史更為重視，強調愛國愛族、愛歷史、愛文化。同時，將韓國史加以保存維護，傳承給後世子孫。並以其豐碩的成果引以為傲。再者，學以致用，使韓國史生活化，實用化，普及化，以文化創意方式應用於人文社會、自然科技之中，才是振興與發揚韓國史的重要性。

21世紀「韓流」

21世紀「韓流」 ▬ 韓國高速現代化

韓國史

作用功能

▬ 記錄韓國古今發展、盛衰起伏的傳承、人事時地物的變遷、知古鑑今、知己知彼、獎善除惡、引以為戒、以免重蹈覆轍、以及善有善報、惡有惡報。

·····▶ 歷史教育的目的與最大價值

歷史通則 ▬ 遵循正道法則 ·····▶ 勿缺乏歷史概念、勿違反歷史正道法則。

屬於韓國學 ▬ 自主獨立的五千年歷史、國族命脈的永久延續象徵、人類民族精神文明的重要成果。 ·····▶ 韓國一向注重歷史、國族文化的歷史。

主張 ▬ 強調愛國愛族、愛歷史、愛文化。 ·····▶ 加以保存、引以為傲、學以致用。

應用 ▬ 生活化、實用化、普及化。 ▬ 「韓流」文化創意方式。

··▶ 應用於人文社會、自然科技。 ··▶ 振興與發揚韓國史的重要性。

✚ 韓國史小提醒

　　「韓國崛起」一詞由來，為邁入21世紀初起，韓流已經躍升為全球的最大規模的流行風潮。使得韓國音樂、影視、電玩、動漫、公演、食品、料理、服飾、精品、藥妝、文具、造型、韓語教材等產品歡迎或成為學習的對象。甚至於韓國語文也從冷門語言變成熱門的國際第二外語之一，廣受重視。因此，韓流現象在世界各國普遍存在，其中以東亞地區的中華民國臺灣、中國大陸（含香港）、日本、越南、泰國、馬來西亞、新加坡、蒙古等最為明顯。另外，也瀰漫於歐、美、澳、非等洲。如此諸多成就，使韓流讓韓國成為文化創意產業的始祖；也促使韓國成為經貿大國；更促進韓國成為世界時尚流行的指標。而且韓國製造也成為品質的保證。

UNIT 6-2
國史即族譜

韓國史十分強調國與族的理念，認為國家的歷史就等同於一個家族的族譜。因此，將國族視為一個大家族，培養團結合作，和諧互助，以及效法聖賢的國族觀念。

圖解韓國史

族譜為國史的依據

韓國學者一向主張國史【국사】即族譜【족보】，由此可知一個國家擁有屬於自己的歷史是一件非常重要的大事。國史是一個國家的歷史，是記錄一個國家一切的人事時地物。國史是永續一個國家的民族命脈，有如一個家族的族譜，代代相傳，即家有族譜如同國有歷史一般，即家族史，不可缺少。這是因為韓國史歷代祖先與先聖先賢發揮智慧，致力創造悠久的歷史，讓後代子孫將愛家的精神，擴及愛族愛國的意識，才能慎終追遠，緬懷效法聖賢的典範，如同自己家族祖先，加以敬愛崇拜。雖然族譜是以血緣為紐帶，記錄私家之事，但都是秉筆直書，真實地完整記載，可作為一種歷史史料，值得參考引用。因此，可以凝聚族群的向心力，強化族群團結意識，進而將族譜擴大為國家的歷史依據，就可以展現維繫國家生存發展的作用。

族譜為國史的基礎

換言之，國史與族譜都具有同質性，如：族譜的功能為增加知識，教育家人，注重家庭倫理道德，而運用在國史，提升為強化智慧，教化全民，注重國家法律秩序。同時，族譜的功能為友善家人，團結家族，運用在國史，可提升為愛民親民，團結國家與民族。因此，族譜可作為國史的基礎。另外，國史除了必須記錄國家政府或官方各種運作之外，也必須記錄地方的民間社會風俗文化，以及民族起源與發展，而這些資料來源，就必須依賴族譜，因此，國史可謂是國家官方所公認的官修族譜，而族譜則是自己家族自由私修的族譜。最後，韓國史之中的歷代開國始祖皆為各家姓氏的始祖而記載於韓國族譜裡，如：檀君儉朝鮮「王氏」【단군왕검조선「왕씨」】、箕子朝鮮「韓氏」【기자조선「한씨」】、高句麗「高氏」【고구려「고씨」】、新羅「朴氏、昔氏、金氏」【신라「박씨」,「석씨」,「김씨」】、伽倻「金氏」【가야「김씨」】、百濟「扶餘氏」【백제「부여씨」】、渤海國「大氏」【발해국「대씨」】、高麗王朝「王氏」【고려왕조「왕씨」】、朝鮮王朝「李氏」【조선왕조「이씨」】。由此可知，韓國姓氏最初大多源自於歷朝王室【왕실】，以及再延伸到歷朝人物，源遠流長。總而言之，韓國的國史與韓國的族譜，兩者之間的關係可說是環環相扣，密不可分，有如「國家」一詞，「國」與「家」同樣重要，即國史是國家的正史，而族譜則是家族的正史。因此，韓國的國史是由依據韓國的族譜為基礎所建立起來的實錄。

> **＋ 韓國史小提醒**
> 　韓國姓氏的使用是在三國時期借用中國漢姓制度。高麗王朝時代開始才有編纂族譜，確立貴族階級的姓氏制度。韓國人一向十分重視其家族的歷史，而講述祖先的事蹟，所以每一個家庭均有族譜，世代傳承，引以自豪。並且為團結和睦，成立有許多姓氏的宗親會。

國史與族譜的功用

國史 ═ 族譜 重要歷史記錄 ⋯⋯▶ 永續國家民族命脈、代代相傳。

家有族譜 ➡ 家族史 ═ 國有歷史 ➡ 國史 ⋯⋯▶ 具同質性

創造悠久的歷史 愛家的精神 ➡ 愛族愛國的意識 慎終追遠，
緬懷效法聖賢的典範。

⋯⋯▶ 如同敬愛崇拜家族祖先。

族譜作用 歷史史料 ═ 凝聚族群的向心力、強化族群
團結意識、為國家歷史依據。 ⋯⋯▶ 維繫國家生存發展

族譜功能 增加知識、教育家人、注重家庭倫理道德。

國史運用 強化智慧、教化全民、注重國家法
律秩序、愛民親民、團結國民民族。 ⋯⋯▶ 如同官修族譜與地方誌。

族譜功能 友善家人、團結家族、可為國史基礎。 ⋯⋯▶ 私修歷史

韓國最初各姓氏由來

韓國歷代開國始祖 ⋯⋯▶ 源自歷朝王室

檀君王儉朝鮮 ═ 王氏。

箕子朝鮮 ═ 韓氏。

高句麗 ═ 高氏。

新羅 ═ 朴氏、昔氏、金氏。

伽倻 ═ 金氏。

百濟 ═ 扶餘氏。

渤海國 ═ 大氏。

高麗王朝 ═ 王氏。

朝鮮王朝 ═ 李氏。

韓國各姓氏發展 再延伸到歷朝人物。

UNIT *6-3*
國史即國家命脈

一個國家必定有其歷史,是為國史,如同國家的生命與脈絡,象徵自主獨立。其中,國史教育是鞏固全民愛國愛族意識與保存歷史文化的必要課題。

圖解韓國史

國史蘊含民族文化

在韓國,國史是國家的歷史,也是一部正史,如同國家的命脈,代表國家自主獨立,深植於半萬年的悠久歷史發展中,源遠流長,永續綿延。同時國史是歷代祖先與現代國人所共同創造的輝煌成果,是一種具有豐碩無價的文化財產,再者國史也如同國家之中的民族,也是一個民族的命脈,因為國史是由民族歷經漫長的時間所共同奮鬥而創造出來的,所以,國史就是國家的歷史,也是民族的歷史,稱為民族史【민족사】,也是一部正史。其中,國史所保存國家的文化、民族的文化,更為重要的是,國史如同國家的命脈,民族的命脈,國家與民族的文化就如同國族的血脈與精神。

國史強化愛國族觀

韓國為了培養全民的韓民族【한민족】偉大的愛國主義精神,從小學【初校,초교】的社會課程便開始灌輸愛國家與愛民族的觀念,以及民族團結的民族意識,並且重視民族文化的保存與發揚,這就必須以國史為主。而到了國中【中學,중학】、高中【高校,고교】的階段,也有國史課程,持續強化青少年的愛國愛族、團結一致、重視文化的觀念。到了大學的階段,歷史學系的數量非常多,幾乎每一所大學,系名多樣化,如:設有史學系【사학과】,或歷史學系【역사학과】,或國史學系【국사학과】,或韓國史學系【한국사학과】,可見韓國十分重視青年的歷史教育的養成,當然在大學各系必修或選修科目,都必須有歷史領域,作為延續強化青年的國史觀念。進而至研究所【大學院,대학원】的階段,也都設置歷史學系博碩士班。一般而言,前十名的韓國著名歷史學系(含史學系、國史學系、韓國史學系)的大學,如:首爾大【서울대】,高麗大【고려대】,延世大【연세대】,梨花女大【이화여대】,慶熙大【경희대】,首爾市立大【서울시립대】,漢陽大【한양대】,成均館大【성균관대】,中央大【중앙대】,西江大【서강대】。這些名門學府皆位於韓國首都首爾(漢城)市【서울시】,許多歷史學名師也齊集於此,師資陣容堅強,各專其學術研究領域,亦即按歷史時代區分,如:古代【고대】、中世(高麗)【중세(고려)】、近世(朝鮮)【근세(조선)】、近代(開港)【근대(개항)】等五項為主。總之,韓國一向受到國史薰陶,培養國家統一、團結合作、憂患意識、愛國愛族的價值觀來激勵其國人,以國史維護保存與永續國家命脈。

✚ 韓國史小提醒

韓國自古以來接納中國文明。如同詩書禮樂之邦,仁義教化之國,而史稱「小中華」。雖然如此,韓國民族確實始終能保持自主獨立的主體性,因此,在吸取中國文化之後,兼容並蓄,也能發展韓國民族自身的傳統文化特色,實為難能可貴。所以才使得韓國得到「君子之國」、「東方的禮儀之邦」的美譽。

國史即國家命脈

韓國國史 ＝ 國家命脈、代表國家自主獨立、深植於半萬年的悠久歷史發展。 ‧‧‧‧➤ 源遠流長、永續綿延。

共同創造國史 歷代祖先與現代國人 ‧‧‧‧➤ 具豐碩無價的文化財產。

國史 ＝ 國家與民族命脈、國家歷史、民族歷史、國家文化、民族文化。

國史 ＝ 民族史 ＝ 正史

文化 ＝ 國家血脈與精神、培養韓民族偉大的愛國主義精神、愛國家與愛民族的觀念、民族團結的民族意識、重視民族文化的保存與發揚。 ‧‧‧‧➤ 以國史為主

小學、國中、高中：國史課程 ＝ 強化青少年的愛國愛族、團結一致、重視文化觀念。

大學、研究所：歷史學系或國史學系或韓國史學系 ＝ 韓國十分重視青年歷史教育養成。

韓國著名前十名大學歷史學系 首爾大、高麗大、延世大、梨花女大、慶熙大、首爾市立大、漢陽大、成均館大、中央大、西江大。

大學歷史學系的歷史時代區分主要為：
古代、中世（高麗）、近世（朝鮮）、近代（開港） ‧‧‧‧➤ 韓國歷史通論

韓國國史的價值觀 培養國家統一、團結合作、憂患意識、愛國愛族。 ‧‧‧‧➤ 維護保存與永續國家命脈

壹、韓國形成發展史與大事年表

一、韓國民族與歷代王朝形成歷程表

【一】韓國民族形成歷程表

1. 東夷民族
2. 濊貊民族
3. 夫餘、高句驪、沃沮、濊、韓、馬韓、辰韓、弁韓等民族
4. 高句麗、百濟、新羅、加耶等民族
5. 高句麗、渤海民族
6. 高麗民族
7. 朝鮮民族
8. 大韓民族

【二】韓國歷代王朝與現代國家形成歷程表

1. 古朝鮮時代：檀君朝鮮、箕子朝鮮、衛滿朝鮮、
   　　　　　　三韓社會——馬韓、辰韓、弁韓
2. 三國時代：高句麗、百濟、新羅
3. 統一新羅時期、渤海國時期
4. 高麗王朝時代
5. 朝鮮王朝時代
6. 大韓帝國（仍屬於朝鮮王朝）時代
7. 大韓民國（南韓）、朝鮮民主主義人民共和國（朝鮮『北韓』）

二、大韓民國歷代變遷圖表

時代區分	朝代區分	分布地域			
史前史 （西紀前2333以前）	先史時代 （西紀前2333以前）	北部		南部	
古代史 （西紀前2333-936）	古朝鮮時代 （西紀前2333-前108）	檀君朝鮮 箕子朝鮮 衛滿朝鮮	扶餘國、東濊、沃沮	三韓社會	馬韓 辰韓 弁韓
	三國時代 （西紀前57-676）	高句麗		百濟 新羅 伽倻	
	南北國時代 （660/668或698-935）	渤海國		統一新羅	
	後三國時代 （892-936）	後高句麗		後百濟	

時代區分	朝代區分	分布地域	
中世史 (918-1392)	高麗王朝時代 (918-1392)	高麗王朝	
近世史 (1392-1910)	朝鮮王朝時代 (1392-1897)	朝鮮王朝	
	大韓帝國時代 (1897-1910)	大韓帝國	
近代史 (1910-1948)	韓國獨立運動時代 (1910-1945)	韓國獨立運動	
	大韓民國光復時代 (1945-1948)	大韓民國光復時期	
現代史 (1948-今)	大韓民國分裂時代 (1948-現今)	朝鮮民主主義人民共和國(朝鮮『北韓』)	大韓民國 (南韓)

三、大韓民國歷代國王與大統領即位順序表

【一】**檀君朝鮮**〔**古朝鮮**〕（西紀前 2333 年至西紀前 37 年）

檀君王儉【古朝鮮開國始祖傳說】

【二】**箕子朝鮮**〔**古朝鮮**〕（西紀前 12 世紀至西紀前 196 年）

箕子【中國正史古朝鮮開國始祖】

【三】**衛滿朝鮮**〔**古朝鮮**〕（西紀前 195 年至西紀前 108 年）

衛滿

【四】**三韓**

馬韓（西紀前 100 年至西紀後 300 年）

箕準

辰韓（西紀前 100 年至西紀後 300 年）

弁韓（西紀前 100 年至西紀後 300 年）

【五】**高句麗**（西紀前 37 年至西紀 668 年，28 代王，國祚 705 年）

01. 東明聖王（西紀前 37- 西紀前 19）：高朱蒙

02. 琉璃王（西紀前 19- 西紀後 18）：高類利

03. 大武神王（18-44）：高解無恤

04. 閔中王（44-48）：高解色朱

05. 慕本王（44-48）：高解憂

06. 太祖王（53-146）：高宮

07. 次大王（146-165）：高遂成

08. 新大王（165-179）：高伯固

09. 故國川王（179-197）：高男武

10. 山上王（197-227）：高延優

11. 東川王（227-248）：高憂位居

12. 中川王（248-270）：高然弗

13. 西川王（270-292）：高藥盧

14. 峰上王（292-300）：高相夫

15. 美川王（300-331）：高乙弗

16. 故國原王（331-371）：高斯由

17. 小獸林王（371-384）：高丘夫

18. 故國襄王（384-391）：高伊連

19. 廣開土王（391-413）：高談德

20. 長壽王（413-491）：高巨連

21. 文咨明王（491-519）：高羅雲

22. 安臧王（519-531）：高興安

23. 安原王（531-545）：高寶延

24. 陽原王（545-559）：高平成

25. 平原王（559-590）：高陽成

26. 嬰陽王（590-618）：高元

27. 榮留王（618-642）：高建武

28. 寶臧王（642-668）：高臧

＊ 後高句麗：弓裔（901-918）：【新羅王子】

【六】百濟（西紀前 18 年至西紀 660 年，31 代王，國祚 678 年）

01. 溫祚王（西紀前 18- 西紀後 28）：扶餘溫祚

02. 多婁王（28-77）：扶餘多婁

03. 己婁王（77-128）：扶餘己婁

04. 蓋婁王（128-166）：扶餘蓋婁

05. 肖古王（166-214）：扶餘肖古

06. 仇首王（214-234）：扶餘仇首

07. 沙伴王（234）：扶餘沙伴

08. 古爾王（234-286）：扶餘古爾

09. 貴稽王（286-298）：扶餘貴稽

10. 汾西王（298-304）：扶餘汾西

11. 比流王（304-344）：扶餘比流

12. 契王（344-346）：扶餘契

13. 近肖古王（346-375）：扶餘句

14. 近仇首王（375-384）：扶餘須

15. 枕流王（384-385）：扶餘枕流

16. 辰斯王（385-392）：扶餘暉

17. 阿莘王（392-405）：扶餘阿莘

18. 腆支王（405-420）：扶餘映

19. 久爾辛王（420427）：扶餘古爾辛

20. 毗有王（427-455）：扶餘毗

21. 蓋鹵王（455-475）：扶餘慶司

22. 文周王（475-477）：扶餘牟都

23. 三斤王（4771-479）：扶餘三斤

24. 東城王（479-501）：扶餘牟大

25. 武寧王（501-523）：扶餘斯麻

26. 聖王（523-554）：扶餘明禮

27. 威德王（554-598）：扶餘昌

28. 惠王（598-599）：扶餘季

29. 法王（599-600）：扶餘宣

30. 武王（600-641）：扶餘璋（薯童）

31. 義慈王（641-660）扶餘義慈

＊ 後百濟：甄萱（900-936）

【七】新羅（西紀前 57 年至西紀 953 年，56 代王，國祚 992 年）

01. 赫居世居西干（西紀前 57- 西紀後 4）：朴赫居世

02. 南解次次雄（4-24）：朴南解

03. 儒理尼師今（24-57）：朴儒理

04. 脫解尼師今（57-80）：昔脫解

05. 婆娑尼師今（80-112）：朴婆娑

06. 祇摩尼師今（112-134）：朴祇摩

07. 逸聖尼師今（134-154）：朴逸聖

08. 阿達羅尼師今（154-184）：朴阿達羅

09. 伐休尼師今（184-196）：昔伐休

10. 奈解尼師今（196-230）：昔氏奈解

11. 助賁尼師今（230-247）：昔助賁

12. 沾解尼師今（247-261）：昔沾解

＊金閼志【新羅金氏王朝始祖傳說】

13. 味鄒尼師今（261-284）：金味鄒

14. 儒禮尼師今（284-298）：昔儒禮

15. 基臨尼師今（298-310）：昔基臨

16. 訖解尼師今（310-356）：昔訖解

17. 奈勿麻立干（356-402）：金奈勿

18. 實聖麻立干（402-417）：金實聖

19. 訥祇麻立干（417-458）：金訥祇
20. 慈悲麻立干（458-479）：金慈悲
21. 炤知麻立干（479-500）：金炤知
22. 智證王（500-514）：金智大
23. 法興王（514-540）：金原宗
24. 真興王（540-576）：金彡麥宗
25. 真智王（576-579）：金舍輪
26. 真平王（579-632）：金伯淨
27. 善德女王（632-647）：金德曼
28. 真德女王（647-654）：金勝曼

【八】統一新羅

29. 太宗武烈王（654-661）：金春秋
30. 文武王（661-681）：金法敏
31. 神文王（681-692）：金政明
32. 孝昭王（692-702）：金理洪
33. 聖德王（702-737）：金隆基
34. 孝成王（737-742）：金承慶
35. 景德王（742-765）：金憲英
36. 惠恭王（765-780）：金乾運
37. 宣德王（780-785）：金良相
38. 元聖王（785-798）：金敬信
39. 昭聖王（798-800）：金俊邕
40. 哀莊王（800-809）：金清明
41. 憲德王（809-826）：金彥昇
42. 興德王（826-836）：金景徽
43. 僖康王（836-838）：金悌隆
44. 閔哀王（838-839）：金明
45. 神武王（839）：金祐徵
46. 文聖王（839-857）：金慶膺
47. 憲安王（857-861）：金誼靖
48. 景文王（861-875）：金膺廉
49. 憲康王（875-886）：金晸
50. 定康王（886-887）：金晃
51. 真聖女王（887-897）：金曼
52. 孝恭王（897-912）：金嶢
53. 神德王（912-917）：朴景暉
54. 景明王（917-924）：朴昇英

55. 景哀王（924-927）：朴魏膺
56. 敬順王（927-935）：金傅

【九】渤海國（西紀 698 年至 926 年，15 代王，國祚 229 年）

01. 高王（698-718）：大祚榮
02. 武王（718-737）：大武藝
03. 文王（737-793）：大欽茂
04. 廢王（793-794）：大元義
05. 成王（794）：大華璵
06. 康王（794-808）：大嵩璘
07. 定王（808-812）：大元瑜
08. 僖王（812-817）：大言義
09. 簡王（817-818）：大明忠
10. 宣王（818-830）：大仁秀
11. 大彝震（830-857）
12. 大虔晃（857-871）
13. 大玄錫（871-895）
14. 大瑋瑎（895-907）
15. 大諲譔（907926）

【十】高麗王朝（西紀 918 年至 1392 年，34 代王，國祚 475 年）

01. 太祖（918-943）：王建
02. 惠宗（943-945）：王武
03. 定宗（945-949）：王堯
04. 光宗（949-975）：王昭
05. 景宗（975-981）：王伷
06. 成宗（981-997）：王治
07. 穆宗（997-1009）：王訟
08. 顯宗（1009-1031）：王詢
09. 德宗（1031-1034）：王欽
10. 靖宗（1034-1046）：王亨
11. 文宗（1046-1083）：王徽
12. 順宗（1083）：王勳
13. 宣宗（1083-1094）：王運
14. 獻宗（1094-1095）：王昱
15. 肅宗（1095-1105）：王顒
16. 睿宗（1105-1122）：王俁
17. 仁宗（1122-1146）：王楷

18. 毅宗（1146-1170）：王晛

19. 明宗（1170-1197）：王晧

20. 神宗（1197-1204）：王晫

21. 熙宗（1204-1211）：王韺

22. 康宗（1211-1213）：王祦

23. 高宗（1213-1259）：王皞

24. 元宗（1259-1274）：王禃

25. 忠烈王（1274-1308）：王昛

26. 忠宣王（1308-1313）：王璋

27. 忠肅王（1313-1330；1332-1339）：王燾

28. 忠惠王（1330-1332；1339-1344）：王禎

29. 忠穆王（1344-1348）：王昕

30. 忠定王（1348-1351）：王胝

31. 恭愍王（1351-1374）：王祺

32. 禑王（1374-1388）：王禑

33. 昌王（1388-1389）：王昌

34. 恭讓王（1389-1392）：王瑤

【十一】朝鮮王朝（西紀 1392 年至 1910 年，27 代王，國祚 518 年）

01. 太祖（1392-1398）：李成桂

02. 定宗（1398-1400）：李芳果

03. 太宗（1400-1418）：李芳遠

04. 世宗（1418-1450）：李祹

05. 文宗（1450-1452）：李珦

06. 端宗（1452-1455）：李弘暐（魯山君）

07. 世祖（1455-1468）：李瑈

08. 睿宗（1468-1469）：李晄

09. 成宗（1469-1494）：李娎

10. 燕山君（1494-1506）：李＜忄隆＞

11. 中宗（1506-1544）：李懌

12. 仁宗（1544-1545）：李峼

13. 明宗（1545-1567）：李峘

14. 宣祖（1567-1608）：李昖

15. 光海君（1608-1623）：李琿

16. 仁祖（1623-1649）：李倧

17. 孝宗（1649-1659）：李淏

18. 顯宗（1659-1674）：李棩

19. 肅宗（1674-1720）：李焞

20. 景宗（1720-1724）：李昀

21. 英祖（1724-1776）：李昑

22. 正祖（1766-1800）：李祘

23. 純祖（1800-1834）：李玜

24. 憲宗（1834-1849）：李奐

25. 哲宗（1849-1863）：李昪

26. 高宗（1863-1897）：李熙【建陽】

◎高宗：大韓帝國皇帝（1897-1907）：李熙【光武】

◎興宣大院君（1863-1895）攝政：李昰應

27. 純宗：大韓帝國皇帝（1907-1910）：李坧【隆熙】

【十二】大韓民國（西紀1910年至今，19代大統領）

01. 李承晚（1948-1952）〔第一共和〕

02. 李承晚（1952-1956）

03. 李承晚（1956-1960）【03. 代理：許政、郭尚勳、許政】

04. 尹潽善（1960-1962）【04. 代理：張都暎、朴正熙】〔第二共和〕

05. 朴正熙（1963-1967）〔第三共和〕

06. 朴正熙（1967-1971）〔第四共和〕

07. 朴正熙（1971-1972）

08. 朴正熙（1972-1978）

09. 朴正熙（1978-1979）【09. 代理：崔圭夏】

10. 崔圭夏（1979-1980）【10. 代理：朴忠勳】

11. 全斗煥（1980-1981）〔第五共和〕

12. 全斗煥（1981-1988）

13. 盧泰愚（1988-1993）〔第六共和〕

14. 金泳三（1993-1998）

15. 金大中（1998-2003）

16. 盧武鉉（2003-2008）【16. 代理：高健】

17. 李明博（2008-2013）

18. 朴槿惠（2013-2017）【18. 代理：黃教安】

19. 文在寅（2017-2022）

【十三】朝鮮民主主義人民共和國（朝鮮『北韓』）
（西紀1948年至今，3代領導人）

01. 金日成（1948-1994）

02. 金正日（1994-2011）

03. 金正恩（2011-）

貳、韓國歷史大事

西紀前

2333	檀君王儉朝鮮開國。
1122	箕子朝鮮建國。
400	古朝鮮部族聯盟形成。
194	衛滿朝鮮建國。
108	古朝鮮滅亡，漢設四郡。
57	始祖朴赫居世新羅建國。
37	始祖朱蒙高句麗建國。
18	始祖溫祚百濟建國。

西紀後

372	佛教開始傳入高句麗。
384	佛教開始傳入百濟。
405	百濟博士王仁將文化傳至日本。
527	佛教開始傳入新羅。
576	新羅建立花郎道。
660	新羅滅百濟。
668	新羅滅高句麗。
676	新羅統一三國。
699	始祖大祚榮震國建國。
713	始祖大祚榮將震國改國號為渤海國。
818	渤海國被譽為海東盛國
892	甄萱建立後百濟。
901	弓裔建立泰封
918	太祖王建高麗王朝建國。
920	高麗王朝首都定為松岳（開城）。
926	遼滅渤海國，渤海王子大光顯歸順高麗，賜予「王」姓。
936	高麗王朝統一韓半島。
958	高麗實施科舉制度。
1108	高麗大將尹瓘築咸興九城。
1196	高麗崔氏政權成立。
1115	女真族大酋長完顏阿骨打統一女真族，建立大金國。
1227	日本倭寇侵襲高麗。
1270	蒙古干涉高麗內政開始。
1355	高麗恭愍王實施政治改革。

1361	高麗大將李成桂掌管東北面。
1371	女真族大酋長李之蘭來投李成桂陣營。
1388	高麗大將李成桂威化島回軍。
1393	太祖李成桂朝鮮王朝建國。
1396	朝鮮王朝首都定為漢陽。
1437	朝鮮世宗設置六鎮於女真地區。
1445	朝鮮世宗創制「訓民正音」；設置四郡於女真地區。
1482	朝鮮委任女真族裔大臣童清禮擔任朝鮮政府與建州女真之間溝通橋梁的使命。
1506	朝鮮燕山君廢位。
1592	壬辰倭亂。
1115	女真族大酋長努爾哈齊統一女真族，建立大金國。
1627	丁卯胡亂。
1636	丙子胡亂。
1712	白頭山定界碑建立。
1776	洪氏勢道。
1860	崔濟愚創立東學。
1864	興宣大院君執權。
1873	興宣大院君失勢，閔妃得勢。
1882	壬午軍亂；太極旗國旗制定。
1884	甲申政變。
1894	東學革命；甲午更張；清日在朝鮮戰爭。
1895	清日簽訂下關條約；閔妃被日刺。
1897	大韓帝國成立。
1904	日韓簽訂韓日議定書。
1907	高宗退位，讓位純宗。
1910	韓日合併；大韓帝國結束，朝鮮王朝滅亡。
1919	三一獨立運動展開；大韓民國臨時政府成立。
1926	朝鮮王朝末代王純宗去世，發生「六‧十萬歲運動」。
1993	韓文拼字統一案發表。
1945	大韓民國光復；韓國與朝鮮（北韓）分立。
1948	大韓民國成立，李承晚當選第一任大統領，為第一共和；朝鮮民主主義人民共和國成立。
1950	韓國與朝鮮（北韓）戰爭爆發。
1952	韓國首次直選第二任大統領，李承晚當選。
1953	韓戰結束。
1956	朝鮮（北韓）提倡千里馬運動。

圖解韓國史

1960	李承晚連任大統領選舉舞弊下臺。尹潽善當選第四任大統領，第二共和開始。
1963	朴正熙當選第五任大統領，第三共和開始。
1965	派兵越戰；韓日建交；朴正熙當選第六任大統領。
1967	朴正熙當選第六任大統領，第四共和開始。
1971	朴正熙當選第七任大統領。
1972	朴正熙當選第八任大統領；南朝鮮（北韓）發表「南北共同聲明」。
1977	朝鮮（北韓）建立「主體思想」。
1978	朴正熙當選第九任大統領。
1979	朴正熙大統領被刺，崔圭夏當選第十任大統領。全斗煥發動「雙十二政變」奪權。
1980	光州事件；全斗煥當選第十一任大統領，第五共和開始；朝鮮（北韓）主張「高麗民主聯邦共和國」。
1981	全斗煥當選第十二任大統領。
1985	朝鮮（北韓）加入防止核武器擴散條約。
1986	韓國主辦漢城亞運。
1987	朝鮮（北韓）女間諜金賢姬犯下大韓航空機爆破事件。
1988	盧泰愚當選第十三任大統領，第六共和開始。韓國主辦漢城奧運。
1990	韓國與蘇聯建交；朝鮮（北韓）經濟崩潰。
1991	韓國與朝鮮（北韓）個別加入聯合國；南朝鮮（北韓）開發朝鮮（北韓）境內金剛山。
1992	韓國與中華人民共和國建交；韓國與中華民國斷交。
1993	金泳三當選第十四任大統領；朝鮮（北韓）宣布退出防止核武器擴散條約。
1994	朝鮮民主主義人民共和國（北韓）國家主席金日成去世。聯合國對朝鮮（北韓）進行核項目調查並對其進行制裁；美國前總統卡特前往平壤斡旋，與朝鮮（北韓）達成北核問題框架協定，此為朝鮮（北韓）核危機的直接淵源。
1997	亞洲金融風暴，韓國 IMF 時代開始；金大中當選第十五任大統領。
1998	朝鮮（北韓）領導人金正日擔任國防委員長；朝鮮（北韓）開放金剛山觀光旅遊；朝鮮（北韓）試射大浦一號導彈飛越日本領空。
1999	韓國主辦冬季亞運（江原道）。
2000	韓國大統領金大中前往朝鮮（北韓）首都平壤與領導人金正日舉行南北高峰會談，為首位國家領袖踏上朝鮮（北韓）境內，
2001	「韓流」（韓國文化流行風潮）開始興起盛行。
2002	韓日共同主辦世界杯足球賽；韓國主辦釜山亞運；朝鮮（北韓）公開宣稱擁有核武。
2003	韓國大邱市地下鐵發生重大縱火案；首次六方（韓朝美中日俄）會談。

2004	韓日世界杯足球賽；盧武鉉當選第十六任韓國大統領；盧武鉉遭到彈劾通過。
2005	韓國首都漢城中文改為首爾；朝鮮（北韓）承認擁有核武。
2006	朝鮮（北韓）試射大浦二號導彈飛越日本領空；朝鮮（北韓）首次進行核試驗，造成國際情勢緊張。
2007	韓國潘基文出任聯合國秘書長；朝鮮（北韓）確實關閉核設施；韓國與朝鮮（北韓）列車首次跨越三十八度線運行；韓國大統領盧武鉉首位徒步跨越三十八度線，與朝鮮（北韓）舉行南北高峰會談；李明博當選第十七任大統領。
2008	美國解除對朝鮮（北韓）貿易制裁。
2009	韓國第一次成功發射羅老號火箭進入太空；韓國造船居世界第一；北核六方會談、東北亞安保會議；朝鮮（北韓）宣稱成功發射衛星；前韓國大統領盧武鉉、金大中相繼逝世。
2010	韓國漢字教育納入小學教育；韓國第二次成功發射羅老號火箭進入太空；朝鮮（北韓）炮擊韓國天安艦與延坪島事件。
2011	韓國高級中學韓國史課程改為必修科目；「韓流」威力席捲世界；朝鮮（北韓）國家領導人金正日去世，其三子金正恩繼任。
2012	韓國世宗特別自治市正式啟用為行政首都；韓國大統領李明博為首位國家領袖登上獨島巡視，宣示主權；朝鮮（北韓）成功發射銀河三號火箭進入太空。
2013	韓國第三次成功發射羅老號火箭進入太空；朴槿惠就任韓國第十八任大統領。
2014	韓國發生世越號沉船重大事件；韓國主辦仁川亞運；朝鮮（北韓）多次入侵西海北方界線，威脅白翎島海域。
2015	韓國政府確認韓國史教科書國定化；朝鮮（北韓）砲擊韓國京畿道漣川郡一處野山；前韓國大統領金泳三逝世；「新政治民主聯合」新黨名啟用（原新千年民主黨、開放的我們黨、民主黨、民主統合黨、共同民主黨，為第一大執政黨）。
2016	朝鮮（北韓）試爆氫彈成功、陸續發射導彈；開城工業區全面中斷運作；韓國大統領朴槿惠遭彈劾。
2017	韓國大統領朴槿惠彈劾通過下臺、文在寅當選就任韓國第十九任大統領；韓國世越號沉船成功打撈上岸；朝鮮（北韓）陸續發射導彈、核試爆遭全面經濟制裁；「自由韓國黨」新黨名啟用（原大國家黨、新世界黨，為第一大在野黨）。
2018	韓國主辦冬季奧運（江原道平昌郡）；韓國大統領文在寅與朝鮮（北韓）領導人金正恩在板門店舉行南北高峰會談；朝鮮（北韓）中止核武；韓國自製太空火箭世界號試射成功。
2019	朝鮮（北韓）領導人金正恩與中國大陸國家主席習近平會談；韓國大統領文在寅與朝鮮（北韓）領導人金正恩預定舉行南北高峰會談。

一、史料

01.（高麗）金富軾：《三國史記》

02.（高麗）一然法師：《三國遺事》

03.（高麗）李奎報：《東國李相國集》

04.（高麗）李承休：《帝王韻紀》

05.（朝鮮）柳得恭：《渤海考》

06.（朝鮮）徐相雨：《渤海疆域考》

07.（朝鮮）鄭麟趾：《高麗史》

08.（朝鮮）鄭麟趾：《高麗史節要》

09.（朝鮮）鄭麟趾：《龍飛御天歌》

10.（朝鮮）權近：《東國史略》

11.（朝鮮）徐居正：《東國通鑑》

12.（朝鮮）安福鼎：《東國綱目》

13.（朝鮮）崔恒：《經國大典》

14.（朝鮮）李肯翊：《燃藜室記述》

15.（朝鮮）朴殷植：《韓國痛史》

16.《朝鮮王朝實錄》

17.《二十五史・東夷傳、高句麗傳、百濟傳、新羅傳、朝鮮傳、高麗傳、渤海傳、北狄傳、外國傳、外夷傳、屬國傳》

18.（清）唐晏：《渤海國志》

19.（清）金毓黻：《渤海國志長編》

二、韓國古代史

01. 文定昌：《檀君朝鮮史記研究》，柏文堂，1966

02. 朴成壽：《檀君紀行》，教文社

03. 李基白：《檀君神話論集》，새문社

04. 姜舞鶴：《檀君朝鮮의 實存》，柏文堂

05. 千寬宇：《古朝鮮・三韓史》，一潮閣

06. 金小南：《辰韓國馬韓史》，蓋馬書院

07. 韓國古代史研究會：《三韓의 社會와 文化》，新書苑

08. 盧泰敦：《高句麗史研究》，四季節【韓文版】

09. 韓國東北亞歷史財團：《古朝鮮・檀君・夫餘》，韓國東北亞歷史財團

10. 韓國高句麗史研究財團：《韓國高句麗史研究論文集》，韓國高句麗史研究財團

11. 文定昌：《百濟史》，人間社

12. 李基東：《百濟史研究》，一潮閣

13. 申瀅植：《高句麗史》，韓國梨花女子大學校

圖解韓國史

14. 申瀅植：《百濟史》，韓國梨花女子大學校
15. 申瀅植：《新羅史》，韓國梨花女子大學校
16. 申瀅植：《統一新羅史研究》，韓國學術情報
17. 文暻鉉：《新羅史研究》，韓國慶北大學校
18. 文定昌：《加耶史》，柏文堂
19. 千寬宇：《加耶史研究》，一潮閣
20. 尹乃鉉：《韓國古代史新論》，一志社
21. 申瀅植：《韓國古代史新研究》，一潮閣
22. 申瀅植：《韓國의 古代史》，三英社
23. 李基白：《韓國古代史論》，一潮閣
24. 李丙燾：《韓國古代史研究》，一潮閣
25. 金哲埈：《韓國古代史研究》，韓國首爾大學校
26. 鄭璟喜：《韓國古代社會文化研究》，一志社
27. 盧泰敦：《高句麗史研究》，臺灣學生【中文版】
28. 王承禮：《渤海簡史》，黑龍江人民
29. 王承禮：《中國東北的渤海國與東北亞》，吉林文史
30. 黃林福：《渤海史話》，黑龍江人民
31. 孫玉良：《渤海史料全編》，吉林文史
32. 楊保隆：《渤海史入門》，青海人民
33. 魏國忠：《渤海國史》，中國社會科學
34. 林桂萍：《中韓東明王朱蒙始祖神話研究》，東吳大學中國文學系研究所碩
　　　　　　士學位論文

三、韓國高麗時代史

01. 金恩澤：《高麗太祖王建》，韓國文化社
02. 金庠基：《高麗時代史》，東國文化
03. 朴龍雲：《高麗時代史》，一志社
04. 柳在河：《高麗王朝史》，學文社
05. 閔賢九：《高麗政治史論》，韓國高麗大學校
06. 閔賢九：《韓國中世史散策》，一志社

四、韓國朝鮮時代史

01. 李源鈞：《朝鮮時代史研究》，韓國國學資料院
02. 李成茂：《朝鮮王朝史》，東方미디어
03. 李成茂：《朝鮮兩班社會研究》，一潮閣
04. 潘允洪：《朝鮮時代史論講》，教文社

05. 王永一：《建州女真的形成時期（1403-1467）》，國立政治大學民族學系研究所，碩士學位論文

06. 王永一：《李之蘭에 대한 研究——朝鮮建國과 女真勢力》，韓國高麗大學校大學院史學科，博士學位論文

07. 王永一：《韓國與女真族關係研究》，渤海文教

08. 王永一：《韓國與中國東北邊政研究》，渤海文教

五、韓國近現代史

01. 千敬化：《韓國獨立運動史》，大旺社

02. 辛勝夏：《中國안의 韓國獨立運動》，韓國檀國大學校

03. 任永泰：《大韓民國史（1945-2008）》，들녘

04. 李在方：《韓國崛起——駐韓大使旅韓 20 年的觀察與見證》，賽尚圖文

05. 李永禧：《激動의 韓國近代史》，韓國翰林大學校

06. 李炫熙：《韓國開化百年史》，韓國學術情報

07. 金行善：《韓國近現代史講義》，선인

08. 洪萬杓：《韓國近代史》，創文閣

09. 姜萬吉：《韓國近代史》，創作과 批評社

10. 姜萬吉：《韓國現代史》，創作과 批評社

11. 柳洙鉉：《韓國近現代史》，韓國教育文化院

12. 韓國近代史學會：《韓國近代史講義》，韓蔚

13. 國史編纂委員會：《韓國獨立運動史》，國史編纂委員會

14. 李太健：《21 世紀北韓學特講》，人間愛

15. 李東薰：《北韓學》，博英社

16. 柳永玉：《北韓學概論》，學文社

17. 孫鍾國：《北韓學》，學文社

18. 王茹：《一鳴驚人韓國人》，花神

19. 王德復：《韓國地區經濟發展論》，遼寧民族

20. 王永一：《中國近現代史論綱——並論韓國》，鼎力

21. 朱松柏：《南北韓的關係與統一》，臺灣商務

22. 李明：《南北韓政經發展與東北亞安全》，五南

23. 吳家興：《韓國的經濟發展與政策》，臺灣商務

24. 林秋山：《朴正熙總統傳》，幼獅文化

25. 林秋山譯：《韓國近代史》，中華叢書編審委員會

26. 林秋山：《韓國綜論》【政經外交篇（上、中、下）、教育文化篇、南北韓關係篇、中韓關係篇】，水牛

27. 林秋山：《韓國憲政與總統選舉》，臺灣商務

28. 林秋山：《前進朝鮮：與北韓交流 20 年》，國史館

29. 陳寧寧：《韓國研究導論》：中國文化大學
30. 張少文：《韓國外交與對外關係》，臺灣商務
31. 張宏杰：《滾滾韓流：中國人比韓國人少了什麼》，知本家文化
32. 張慧智：《北韓：神秘的東方晨曦之國》，香港城市大學
33. 楊瑪利：《韓國，佔線中：從經濟破產到文化征服》，天下雜誌
34. 蔡茂松：《韓國近世思想文化史》，東大
35. 潘世偉：《投身亞太新合縱的韓國》，三聯
36. LG 經濟研究院：《2010 年韓國大趨勢》，麥田出版
37. 孔柄淏：《挑戰韓國大趨勢》，天下雜誌
38. 千金成著、蔣雪梅譯：《從黃江到北岳──韓國大統領全斗煥的奮鬥歷程》，
　　　　　　 聯經
39. 盧泰愚著、申雨慧譯：《韓國改造論－盧泰愚的民主化宣言》，故鄉
40. 何牧：《韓國四總統合傳（朴、全、金、金）》，中國社會科學
41. 金大中著、黃淑華譯：《金大中救經濟》，一橋
42. 金大中：《金大中自述－為了民主，我不後悔》，中央編譯
43. 文在寅：《文在寅의運命》，북팔
44. 金範：《文在寅》，首爾綠松
45. 李明博：《1% 的可能：韓國首爾：李明博的夢想奇蹟》，達觀出版
46. 李明博：《總經理治國：南韓總統李明博的視野與格局》，商周文化
47. 朴槿惠：《我是朴槿惠》，高寶
48. 韓海：《不敗女王朴槿惠》，風雲時代
49. 吳碩：《朴槿惠傳》，文經閣
50. 劉順達：《你好嗎？我是朴槿惠》，時英
51. 朴成祚：《南北韓統一必亡》，允晨文化
52. 金文學：《醜陋的韓國人》，大地
53. 董向榮：《韓國》，社會科學文獻
54. 拓墣產業研究所：《亞洲新勢力：躍升中的數位韓國》，拓墣科技
55. 約瑟夫・波丹斯基：《北韓危機：金日成之死與核武威脅的效應》，新新聞文化
56. 豐田有恆原：《韓國的挑戰》，前程企管
57. 鐸木昌之：《北朝鮮：社會主義與傳統的共鳴》，月旦

六、韓國史通論

01. 李基白：《韓國史新論》，一潮閣
02. 李丙燾：《韓國史大觀》，乙酉文化
03. 金聲均：《韓國史入門》，啟明社
04. 閔賢九：《韓國史學의 成果와 展望》，韓國高麗大學校
05. 國史編纂委員會：《韓國史》（全・新版），國史編纂委員會

06. 國史編纂委員會：《韓國史》（全‧舊版），國史編纂委員會

07. 國史編纂委員會：《韓國史論》（全），國史編纂委員會

08. 震檀學會：《韓國史》，乙酉文化

09. 裵勇一：《韓國史概論》，大旺社

10. 韓佑劤：《韓國通史》，乙酉文化

11. 韓永愚：《國史》，韓國首爾大學校

12. 韓永愚：《우리 歷史》（全），經世院

13. 邊太燮：《韓國史通論》，三英社

14. 아카데미：《韓國史大系》（全），아카데미

15. 高麗出版：《韓國史大事典》，高麗出版

16. 韓國史研究會：《韓國史研究入門》，知識產業社

17. 一志社：《史料로 본 韓國文化史》，一志社

18. 文東錫：《文化로 본 우리 歷史》，想像博物館

19. 池明觀：《韓國文化史》，一志社

20. 金哲埈：《韓國文化史論》，韓國首爾大學校

21. 韓國高麗大學校民族文化研究院：《韓國文化史大系》，韓國高麗大學校民族文化研究院

22. 李基白：《民族과 歷史》，一潮閣

23. 金鎬逸：《韓國民族史》，螢雪

24. 孫晉泰：《韓國民族史概論》，乙酉文化

25. 一中堂編輯部：《韓民族의 歷史》（全），青化

26. 韓國學中央研究院：《韓國民族文化大百科事典》，韓國學中央研究院

27. 韓國人의 族譜編纂委員會：《韓國人의 族譜》，日新閣

28. 韓國姓氏總鑑編纂委員會：《韓國姓氏總鑑》（上／下卷），韓國姓氏總鑑編纂委員會

29. 李秀健：《韓國人의 姓氏와 族譜》，韓國首爾大學校

30. 崔德教，李勝羽：《韓國姓氏大觀》，創造社

31. 王澎宇：《也是歷史：韓國政治‧經濟‧民俗‧歷史掌故》，武陵

32. 朱立熙：《韓國史》，三民

33. 李迺揚：《韓國歷史的傳真》，新文豐

34. 李迺揚：《韓國通史》，中華文化事業

35. 李丙燾：《韓國史大觀》，正中

36. 林秋山譯：《韓國史新論》，國立編譯館

37. 邵毅平：《韓國的智慧》，國際村文庫

38. 詹卓穎：《韓國史大觀》，幼獅

39. 簡江作：《韓國歷史與現代韓國》，臺灣商務

40. 簡江作：《韓國歷史》，五南

圖解韓國史

41. 韓國中央日報：《姓氏의 故鄉：韓國姓氏大百科》，韓國中央日報社
42. 韓國中央文化社：《韓國史》，韓國中央文化社
43. 扈貞煥：《韓國的民俗與文化》，臺灣商務
44. 林泰輔：《朝鮮通史》，臺灣商務
45. 王永一：《中國文化史論綱——並論韓國》，鼎力
46. 王永一：《韓國史論綱》，渤海文教
47. 王永一：《韓國研究論文志》，渤海文教
48. 王永一：《韓國與中國東北民族研究》，渤海文教
49. 王永一：《韓國韓文東亞時事短文閱讀》，鼎力
50. 王永一：《韓國社會文化概論》，渤海文教
51. 王永一：《韓國語言與文化導論》，渤海文教
52. 王永一：《韓國與東亞概況》，渤海文教
53. 王永一：《韓國民族姓氏研究》，渤海文教
54. 王永一：《韓國王永一博士個人族譜研究》，渤海文教
55. 王永一：《韓國經濟貿易概論》，渤海文教
56. 王永一：《歷史（一）——中國文化史：並論韓國》，鼎力
57. 王永一：《歷史（二）——中國近現代史：並論韓國》，鼎力
58. 林桂萍：《韓國神話傳說故事》（初版），渤海文教
59. 林桂萍：《韓國神話傳說故事》（新版），統一

七、韓國網站資料

01.《동아일보》（韓國東亞日報）
02.《조선일보》（韓國朝鮮日報）
03.《한국일보》（韓國韓國日報）
04.《중앙일보》（韓國中央日報）
05. 한국관광공사（韓國觀光公社）
06. 위키백과（維基百科）【韓文版】

MEMO

_____
_____
_____
_____
_____
_____
_____
_____
_____
_____
_____
_____
_____
_____
_____

MEMO
_____
_____
_____
_____
_____
_____
_____
_____
_____
_____
_____
_____
_____
_____
_____

國家圖書館出版品預行編目資料

圖解韓國史／王永一著. －－二版. －－臺北
　市：五南圖書出版股份有限公司，2019.08
　面；　公分
ISBN 978-957-763-444-3（平裝）

1.韓國史

732.1　　　　　　　　　108007914

1WM3

圖解韓國史

作　　　者 ─ 王永一（6.9）

發 行 人 ─ 楊榮川

總 經 理 ─ 楊士清

總 編 輯 ─ 楊秀麗

副總編輯 ─ 黃文瓊

編　　　輯 ─ 吳雨潔

封面設計 ─ 劉好音、王麗娟

美術設計 ─ 劉好音

出 版 者 ─ 五南圖書出版股份有限公司

地　　　址：106台北市大安區和平東路二段339號4樓

電　　　話：(02)2705-5066　　傳　　真：(02)2706-6100

網　　　址：https://www.wunan.com.tw

電子郵件：wunan@wunan.com.tw

劃撥帳號：01068953

戶　　　名：五南圖書出版股份有限公司

法律顧問　林勝安律師事務所　林勝安律師

出版日期　2015年 2 月初版一刷
　　　　　2015年12月初版二刷
　　　　　2019年 8 月二版一刷
　　　　　2021年 2 月二版二刷

定　　　價　新臺幣350元

經典永恆・名著常在

———————————◆———————————

五十週年的獻禮 —— 經典名著文庫

五南，五十年了，半個世紀，人生旅程的一大半，走過來了。

思索著，邁向百年的未來歷程，能為知識界、文化學術界作些什麼？

在速食文化的生態下，有什麼值得讓人雋永品味的？

歷代經典・當今名著，經過時間的洗禮，千錘百鍊，流傳至今，光芒耀人；

不僅使我們能領悟前人的智慧，同時也增深加廣我們思考的深度與視野。

我們決心投入巨資，有計畫的系統梳選，成立「經典名著文庫」，

希望收入古今中外思想性的、充滿睿智與獨見的經典、名著。

這是一項理想性的、永續性的巨大出版工程。

不在意讀者的眾寡，只考慮它的學術價值，力求完整展現先哲思想的軌跡；

為知識界開啟一片智慧之窗，營造一座百花綻放的世界文明公園，

任君遨遊、取菁吸蜜、嘉惠學子！